狂密與真密

第三輯

——平實導師　著——

ISBN 957-30019-4-2

佛云：「純情即沉，入阿鼻地獄；若沉心中，有謗大乘、毀佛禁戒、誑妄說法、虛貪信施、濫膺恭敬、五逆十重，更生十方阿鼻地獄。」

——《楞嚴經》卷八——

佛云：「是諸人等將佛涅槃菩提法身：即是現前我肉身上、父父子子遞代相生，即是法身常住不絕。都指現在即為佛國，無別淨居及金色相。其人信受、忘失先心，身命歸依、得未曾有。是等愚迷惑為菩薩，推究其心；破佛律儀、潛行貪欲，口中好言『眼耳鼻舌皆為淨土，男女二根即是菩提涅槃真處。』……汝當先覺，不入輪迴；迷惑不知，墮無間獄。」

——《楞嚴經》卷九——

目次

第二章　觀想及天瑜伽

《第二輯》：

第九章　無上瑜伽

《第三輯》：

第九章　無上瑜伽

《第四輯》：

第十四章　餘諸邪見—恣意解釋佛法修證上之名相

第十五章　密宗推廣之手段

第十六章　狂密與真密

第十七章　總結

自序

凡修學佛法者，全仗佛語開示、輯成經典以表佛旨，遵行不渝而證法道；凡我佛子親證佛道，莫不仰仗 佛力加持，然後方得一念相應、親證般若；若人欲修佛法、欲證佛道，而不依止 世尊，如是欲證佛菩提者，名爲愚人。然而密教之見、修、行、果，悉皆依止密教祖師自設之雙身佛—以恒時手抱女人而受淫樂之雙身「佛」爲報身佛（如是報身佛，實非真正之報身佛，悉是鬼神夜叉之假形示現），復以得自外道中之性力派雙身淫合之法而求佛道，以之作爲佛法之正修，而不依止創建佛教之 釋迦世尊，乃竟依止凡夫俗子之蓮花生上師，以爲密教之主，而與顯教分庭抗禮，不依止 佛，名爲顛倒。

蓮花生本是外道凡夫，肉胎出生，娶妻生子，並非眞正蓮花化生；密教上師爲建立密教之教主，是故渲染附會而流傳之，加以後人盲目誤傳，遂成密教所公認之蓮花化生，故名蓮花生。彼蓮花生既是凡夫，所弘之法復又全是外道性力派之世間淫樂邪道，乃是 世尊於諸經中一再指斥之欲界愛無明，說爲三乘一切佛子所應斷者，而蓮花生竟教人貪著淫欲中最大之樂觸，完全反 佛所說，焉得名爲「佛教之密教主」？是故學佛之人當依 釋迦牟尼佛，不應依止凡夫外道之蓮花生上師。

復次，已知依佛而不依凡夫外道已，當知依止正法而不依止於人（依法不依人）之正理。佛所說法，不外解脫道及佛菩提道；如是二法，綜而言之，則悉函蓋於佛菩提道中。解脫道之修證，要依斷我見及我執而得；我見者，執見聞覺知之心爲「常不壞我」，堅認此意識心由往世轉生而來，死已能去至後世，誤執此心作爲輪迴之主體識，是名我見；如是我見，即是密教「證悟成佛」後之蓮花生上師所說離念靈知心也。今者密教建立蓮花生爲教主之後，復又將彼常見外道法套用佛學名詞而說爲佛法，再將彼外道法高推爲更勝於佛教顯宗之法，名爲即身成佛之妙道，然實完全違背佛法，故名外道。

斷我見後尚須除斷我執，我執斷已，名爲三界一切人天應供之阿羅漢或辟支佛，此是解脫道之正修行也。今者密教上自教主蓮花生，下迄今時一切上師法王，悉以樂空靈知心及離念靈知心爲佛地眞如，悉墮意識之中；復又誤認淫樂空無形色、受樂之覺知心空無形色，名之爲空性，誤會般若經中 佛意，由此二緣名爲未斷我見之凡夫；依此而弘之法悉是常見外道法，與民間信仰所說之靈魂無異，唯是「有念離念」之差別爾。如是常見外道法若可依止者，則一切外道法悉可依止爲佛法也。

今者密教古今上師所說之法，悉是常見外道法，復以鬼神夜叉所傳之性力派雙身法爲中心思想，焉可依止？有智之人悉當審觀細思，而後知所取捨：依正法而不依上師。佛菩提道之正修，則是以佛所說：親證第八識如來藏爲首，然後依所證如來藏而親領受—親自現前領受如來藏之體性，因而發起般若慧之根本智（般若總相智）及後得智（般若別相智與一切種智）；以證此識故知實相，以證此識故起後得智中之一切種智少分，名爲道種智，是名初地菩薩，如是方名佛菩提道之正修行也。

然密教卻因不能證得第八識如來藏，因之不能發起般若慧；便另行發明觀想所出現之中脈內明點，作爲佛所說之如來藏阿賴耶識，以之矇混代替，作爲般若慧之修證而秘密之，不令顯教中人知其所證如來藏阿賴耶識即是明點。復以明點能通達中脈上下五輪之外道法證量，作爲佛教般若慧通達位之初地菩薩證量，以之籠罩顯教出家在家菩薩，及籠罩密教中之初機學人，令之崇拜不已，不敢生疑。

如是，密教古今諸師，悉皆依止蓮花生外道而欲求證佛法，悉皆依止中脈明點觀想之外道法而欲求證佛法，猶如煮沙而欲成飯，與佛法實不相應，名爲顚倒。是故一切佛教學人修學佛法，悉當依止 釋迦世尊，莫依止外道蓮花生；當依止佛教正法，莫依止密宗外道法；當依止佛教僧寶，莫依止密教外道喇嘛上師，否則即成顚倒想、顚倒修也。

復次，密教以男女雙身淫合之法，作爲佛法正修；以性高潮之一心不亂名爲等至，以行淫作爲禪定之正修行，與　佛所說外道及菩薩修證之四禪八定相違，亦與　佛所說之解脫道相違，更與　佛所說之佛菩提道完全抵觸、背道而馳。如是印度教性力派外道所說世間淫樂之法，而密教高推之爲超勝於佛教之勝法，依之而修者，必將導致後世之長劫輪迴三途而不可止，受苦無量，焉得名爲佛法正修？是故一切人修學佛法者，當依　佛所說法，莫依密教諸師所說之外道法。

密教興而佛教亡，是古印度之歷史事實。密教之興盛，必將導致佛法之衰落；興盛至極而完全取代顯教已，則必滅亡佛教；此因密教之法並非眞正佛法，乃是外披佛教表相，內實常見外道及淫合享樂之世間法——乃出家人行在家法；是故密教完全取代顯教之後，佛教即告滅亡，徒有佛教寺院及僧侶，本質已轉變成**鬼神爲中心、爲依止之外道**。

凡修密教之法者，全仗　佛力加被，此是密教一切上師法王之共識。而今密教諸師卻一致主張：「依止上師爲主，依佛爲次。」主張「應依上師所造密續、不依　釋迦佛所說經典，密續勝於顯教經典。」亦如宗喀巴之主張「依雙身法大貪而修，離貪即是違犯三昧耶戒。」而古今法王上師之修證，悉墮常見外道法中；密續中之一切經續，復是密教祖師之長期集體結集，非　佛所說；其中之法復是外道法，如是而言依止上師、不依顯教經典，依止密教所崇奉之鬼神化現雙身佛、不依止顯教眞正之佛，焉能證得佛法？則知密教諸師之言及密續所說，悉是顚倒之說也。

余造此書者，其故衆多：乃因密教學人普皆不知密教之本質，故受矇騙誤導；復因台灣顯教近年來有許多大法師，競相夤緣密教達賴喇嘛大名聲，以抬身價；如是作爲，導致顯教許多出家二衆，不知彼諸大法師攀緣密教自高之用意，誤以爲密教眞是佛教；復因求證般若極爲困難，久修而不能親證之，每見密教諸師個個皆有「證量」，所言證量「高超」——動輒入地、成佛，彼諸出家二衆不知密教底細，乃轉向密教求法；末因社會普遍不知密教非是佛教，但見弘密之道場爆發「性醜聞」已，便謂是佛教道場法師發生邪淫之事，怪罪佛教，令佛教常受密教之牽累，屢受其害。由是諸故，應造此書，以正視聽，以護佛教。

然造此書最大之原因，則是觀察密教以外道法代替佛教法義，處處說爲更勝於顯教之究竟成佛法門，如是以外道法冒充佛法，以喇嘛外道身冒充佛教僧寶，再以崇密抑顯之手段而蠶食鯨吞佛教資源，以漸進和平之方式，滅亡佛教於佛子不知不覺之中，將又重演古天竺佛教滅於密宗手中之歷史。而密教法義之當代首領，首推達賴喇嘛及印順法師；達賴公開推廣無因論之緣起性空觀，否定第三轉法輪之唯識諸經，依宗喀巴之說而指為不了義法；復又暗中弘傳雙身法，說為究竟成佛之法；印順法師則以顯教法師身份而主動繼承密教邪法，極力弘揚密宗黃教無因論之應成派中觀，明為反對密教（指斥密教雙身法），實際則以廣弘應成派中觀之無因論而護持密教，以此而否定 佛說之第三轉法輪諸經如來藏妙義，由此故令密教之雙身法獲得生存之空間；如是今時顯密二大師之弘傳密教邪法，一明一暗，同令密教得以擴大其勢力，同令佛教學人誤以為密教眞是佛教，其惡劣影響極為重大深遠，不能不據實加以披露。

由是諸因，必須盡示密教之法義秘密，必須盡辨密教法義之邪正，普令一切佛子及社會人士知之，乃有此書之著作與發行，欲令大眾了知密教之外道本質及其異於眞正佛教之處，以護眞正之佛教。

余作是辨正密教法義之行，欲令密教回歸顯教法義，驅逐密教崇奉之外道邪法遠離佛門，故以此書為緣，期望佛教法義回歸佛世之純淨—不夾雜密教諸外道法，普願我教一切大師學人悉知密教之眞實面目，亦令密教遠離外道法，回歸顯教諸經 佛說正法，而令佛教日趨純淨，以求賡續佛法慧命至月光菩薩降世之時。若密教不願修正其外道法者，則當令密教脫離佛教，與佛教兩不相干，方能令 世尊聖教從此永安，不復受密教外道法之干擾。

然今密宗諸師眼見余之辨正密教法義，不願修正其邪謬法義，而欲繼續原有邪法以救密宗外道法之將亡、思圖密宗謬法之久存，乃故意於網站上以顯教之學人之身份，化名誣蔑余爲附佛法外道，藉以混淆視聽－令人誤以爲是顯教學人對余之批判；如是行爲卑劣失格，猶如賊人之大喊抓賊無異。密宗諸師生大瞋恚於余－大肆詆譭余爲外道，然彼等只能私下對信衆飾言：「平實居士於密法外行，吾人不屑與之對話或辯論。」－而皆不敢、亦不能對平實之言論，公開書具眞名地址而提出佛教法義上之辨正，只能作諸飾辭及遮掩之說。

此因彼等密教中修行三十年以上之喇嘛上師實已自知：密宗之法只是將佛法名相套用於彼等祖師從外道所學得之世間法中爾，本質絕非佛教。彼等實亦自知未曾證悟般若，自知未證如來藏，自知尚未入菩薩法中；然若據實而言，必將遭致密教衆人圍攻，故無人肯據實而言；亦因難捨名聞利養，是故仍藉密教之法續受供養，因循苟且以度時日。由是之故，密教諸師於余所說密教法義之內涵，悉皆諱默如深，不敢作具名公開之辯解，亦不敢前來與余作私下之法義辨正；彼等皆已了知：密教之法皆是套用佛法名詞之外道世間法，皆不能端上大雅之堂故。

復次，密教之法，自始至終不離雙身淫樂第四喜之法，將之懸為修證成佛之最終鵠的，是故西藏密教之所有密續一切隱語所言者，悉皆同是此法，無有二意；若必各派一一密續皆一一加以闡釋者，則必導致極多前後重複之討論，讀者閱已，唯增厭煩，並無實義，是故僅舉代表性之宗派密續，以括弧註解之，令讀者能了其意即可。

復次，本書文辭必須淺白，乃至使用世俗常用而非正統之成語文字者，於此亦應說明。蓋密教之法確實邪淫荒謬，是故不許令外人知之，乃以隱諱之暗語而弘傳之，故其密續之中，多諸暗語。此諸暗語若不加以淺白之解釋，則學人讀之亦不解其義；若不解義，則不能辨正其法之正邪，此後密教諸師仍可從中作諸飾辭而轉移焦點、遮掩其謬，令余護持佛教正法之行功虧一匱；是故本書文辭必須淺顯明白，令讀者悉得解知其義，亦令密教諸師不能曲解掩飾。復次，鑑於密宗初機行者多屬教育層次較低者，為令彼等諸人讀已，能得真解余書所說之意，故本書言詞必須淺白，儘量避用一般人不常用之詞彙。

復次，本書對於所舉證之密教「經部、續部」文詞，多以括弧（）而附註於後，乃因：若必一一加以逐段解釋者，則篇幅將更大幅增加，是故採取較為簡便之方式，以括弧而附註之，節省篇幅；讀者閱已即知，便能據實而作解析、了知密教法義之邪正，即能回歸正道而捨邪法，則余目的已可成就，是故作此較爲簡便之方式而註釋之。

復次，本書原計劃篇幅爲一册約四百頁；然因密教法義之**全面**偏邪，導致評論之文辭量鉅，無法縮減，達於五十五萬餘字，乃於內文部份每頁增加三行成十七行，如此儘量容納之，仍需分成四册方能完印。是故編排較爲擁擠，可能導致年長讀者較耗眼力，實是不得已之舉，謹此先表歉意。

復次，本書爲防部份迷信之密教信徒大量蒐集焚燬—猶如昔年有人蒐集《正法眼藏—護法集》而焚之，故不以免費結緣方式流通，改以局版書發售之方式流通之，然因不以營利爲目的，故以不敷成本之「**成本價**」流通之，由本公司餘書所得利潤挹注之，以廣流通、廣益學人，如是護持佛教正法。

茲以此書出版在即，故敘緣由及編輯大意如上；普願顯密一切行者細讀此書，一一加以驗證而明辨之，以護自身、兼救他人，大衆同離破壞佛教正法之大惡業，莫再因循苟且而隨密宗邪法深入岐途。

菩薩戒佛子　平實居士　謹誌

公元二〇〇二年仲春序於喧囂居

蔣巴洛傑 序——從天珠談起

頂禮　一切智薄伽梵，身口意供養三寶

大約從十多年前開始，跟隨著歐美新世紀(New Age)思潮加上台灣本島特有的社會風俗，台灣地區興起一股天珠(Dzi)熱潮，原本是藏區婦女世代傳家的寶石，被有意無意的炒作爲「天上落下、非人間本有的寶物」、「配帶者無需修行，未來必可成佛」，爾後經現代科學檢驗，證實只是古代白化瑪瑙的加工品；今日台灣甚至成爲世界最大古天珠出口地—外銷至藏區以滿足全球收藏家。此一事實眞相之披露，終結了天珠美麗而變調的神話。

從人類學的角度來看，歷史上佛法的傳播，常會因時、因地而進行文化取代(Cultural Substitution)，甚至由環境決定(Environmental Determinize)重組後的文化元素(Cultural elements)，因此現代禪的李元松先生說：「密教的本質是一堆鍍金的垃圾圍繞著一粒鑽石。」但其中光芒耀眼的鑽石，是否眞爲 世尊兜羅綿手觸之本地、澄清紺目夜睹之明星？抑或只是以假亂眞的鋯石，只因炫光刺眼，密宗行者便無法、也不願看清其本質？

大體而言，中國完整地承接唐朝以前的天竺大乘佛教，而西藏則接續了此後印度佛教的外道化發展；在印度，大乘佛教興盛後，逐漸融入了大量的印度教的文化元素，互化（Transculturation）而演化出坦特拉（Tantra）佛教，然後成為印度佛法的主流思想，這一點可從那爛陀寺遺址的考古紀錄中看出，亦可由玄奘法師及義淨法師著作目錄中得到許多佐證。

吐蕃自松贊干布後（大約唐代初期），正式進入文字時代，並大量向印度及中國引入新的文化元素，其中影響最深遠的莫過於佛法正式成為其國教；黑暗期後，西藏幾乎完全地接收了印度的坦特拉佛教，並且融入了藏地苯教（Bon）的一些元素，經由後弘期仁欽桑布等譯師的弘傳，藏傳佛教主要架構便已建立：以小乘而後大乘、而後金剛乘（密教）、而即身成佛的修行次第為主。

就其哲學基礎而言，自古以來，藏傳佛教各派可總括為如來藏中觀與應成派中觀二個系統。前者如寧瑪、噶舉、薩迦、覺囊，其內容或曰如來藏、自續中觀、唯識見、輪涅不二見、大中觀、他空見等，皆是站在「世俗諦無、勝義諦有」的原則上，而各自講述其勝義諦要旨，其間差異南轅北轍，不可謂不大；而應成派中觀則是由較晚形成的格魯派宗喀巴師徒數代而發揚，挾其政治上新霸主的實力，造成如來藏系思想弘傳不彰、人才凋零，應成派中觀至今仍為藏傳佛教哲學的主流思想。

藏傳密教思想中則以無上瑜珈（Mahayoga）為最殊勝、最難行道，也是唯一可以頓超諸地而即身成佛（甚至不經中陰）之道。彼以爲福智兼備行人，可依此道成就三身，圓滿佛果；觀其修行之道，最初的第一、第二灌頂，皆是爲後來第三、第四灌頂建立基礎，向上成就第三灌頂功德事業，進修第四灌頂而成圓滿佛果，其間或有跳過智慧灌頂而直接進修名詞灌頂，但以不違背三灌精神爲原則。

1984年我開始修習密教，花了很長時間接受了完整的灌頂與教法，爾後將修行當做是正業，世間諸事放置一旁；日間讀經思惟—佛學圖書館藏書泰半過目—夜間修習密法，前後達十一年之久；當時密法資訊難得，擁者悉皆自珍，猶記得爲求斷簡殘篇，動輒南北奔波、尋師訪友；爲求法教，多次往來印度、尼泊爾間，走訪各派長老大德，多年來，也算親自見證了台灣密教的興盛過程。

一方面雖於前人修證軌跡多能一一親自經歷，另一方面心中疑問卻越來越深。雖然密法號稱是眞正的教外別傳，然而卻處處違背經典中世尊所說教示，其間差異，已無法用「方便說、一時說」來襲統函蓋，更糟的是：這些無法釋懷的盲點，求諸彼等「學行兼備」的大金剛上師們，卻都指鹿爲馬、籠罩一番。

天珠熱退燒後，台灣又興起天鐵（Iron Meteorite）熱潮。尼泊爾波大塔邊（Bouddhanath）的一家佛具店，有一次店家無意間將一支天鐵杵放在門口，被陽光曬後溫度昇高，只見一位台灣客將其拿起燙手後，就直嚷著佛菩薩來加持了，最後台灣客出了天價「請」走了這支「有感應」的鐵杵。從此之後，所有佛具店的老板都將鐵製品放在門口櫥窗曬太陽，以招徠台灣來的朝聖客。台灣佛弟子的慷慨捐輸，大大地建設了藏、印、尼等地的「佛寺」軟硬體，每每在異鄉遇到虔誠弟子，放棄了家庭與工作來依止密教上師，但所得到的仍是在生滅法中的胡思妄想，其心不可謂不誠，其行不可曰怠忽，而終究墮於妄想之中，實爲可憐憫者。

無上瑜伽四種灌頂的修習，都是在意識心上做想像及覺受的領納，甚至要求自我暗示及自我麻醉；有時加上鬼神力感應，不離妄想性自性。如諾那上師所言：「能與本尊對話，只是修行的第一步。」由外力鬼神賜予神異而不自知，等而下之者，淪爲鬼神之代言委辦；不論天瑜伽如何堅固成就，進入開刀房，只需一劑麻醉針便半點也無了，試問如此修行，怎可名爲成就本尊天色身瑜伽？

至於第二與第三灌頂內容，實爲印度教坦特拉派內身(Subtle body)氣、脈、明點之串習；所謂內身成就，是以印度教內容套上佛法三昧的名詞，與佛法修證實無相關，印度教派行者亦修習脈氣明點及雙運，亦多有虹光身成就者傳說，甚至密教史上許多大師也同是印度教之傳承大師。自從美歐嬉皮風潮後，印度教內身思想書籍，多有翻譯爲英文版本，吾人很容易檢驗出藏傳與印傳內身修習法門根本是同一根源，二者實際修習程序完全相同，唯密宗套用佛法名詞有異；然而密教行人泰多不願廣習佛法經典乃至世間法義，故密教行人無法也不願去承認此現象；又如苯教修習之「大圓滿、金剛橛」等五部法要，亦與密教所傳實質相同，歷史上苯教與寧瑪掘藏者原本就互通款曲，許多「大師」更是兼有佛教與苯教的宗教大師地位，如此，試問佛法與外道不共之處何在？

名詞灌頂顯示修證的終點，但觀乎四大派無上極密心要所言，與香港月溪法師「遍滿虛空大自在」荒唐臆想落處相近，仍是在意識心上蒸沙做飯、或勤做黑窟鬼活，尚無能力現觀自身七八二識作用，卻侈言已證佛地眞如，其實不離第六識體用，何來轉識成智？實則落入大妄語而不自知。

無上瑜伽的修證，於佛法三學皆無有實義，墮入與其他宗教相同的依歸處，而徒具佛法外相，也正是這個原因，天竺的佛教實質上早已亡於密教化的過程中，無待於異教徒的殺戮而後滅亡，因爲佛法的核心已失故。

總結來說，密教思想並非眞實的佛法，且處處違背　世尊經教，其徒衆因爲不具道種智、復不識文佛本懷，無力檢視教法修證的正確性與否，故皆以上師教導爲依歸，而不能有所簡擇。如此上代便已錯解，下代更形錯亂卻不自知，久而久之，便徒具佛法名相而行外道之實質；密教行人無力自行檢驗，再加上對密教法王上師之名聲權威崇拜等，無法面對事實的眞相，不能剖析正理所在，只能在情感上麻醉自己，要自己相信上師等同於佛、相信想像之天身終究成眞、相信所觀境嫻熟後即成眞實、相信本尊空行所顯境爲實、相信能觀與所觀會合一、相信鬼神化現本尊空行所授爲了義、相信定中所見是眞實、相信香巴拉國土、相信想像之淨土終究成眞、相信脈氣成就即是佛身、相信雙身法乃無上大法無關淫穢、相信樂明無念遍知即是涅槃本心、相信死後身內身外靜忿百尊轉化成佛即入輪涅不二……。

藏傳密教發展至今，益形壯大，光是台灣一地陸續出現的密教中心便達上百處，所吸引徒衆當在數十萬人以上，所聚集的資源更是難以算計；表面上似乎佛法大興，實際上則是帶領這些信衆走向外門法、外道法乃至毀戒重罪法，即是重演天竺佛教衰亡的歷史；而造成這些現象的更深一層內在原因，就是數十年來台灣佛學院所教授者，幾乎皆以印順法師著作爲其藍本。然而印順思想本質上即賡續藏密黃教應成派中觀思想，且其著作中處處暗示：「大乘佛法非佛說，無彌陀無淨土，無釋迦報身常住色究竟天宮說法，無菩薩無地獄……」等，其子弟若欲更上層樓，則必走向南傳佛法或藏傳佛法，向此二極中求取眞法，實可謂「著僧伽黎破世尊正法」；諸山長老或因不具種智無力勘驗，而信受印順之法；或欲攀緣密教徒衆財力名聲，競相附會依靠，令人不禁憂心：正法的未來何去何從？

三乘佛子應常深切反觀思惟：學佛之初發心爲何？是否益發照見自己內心的黑暗？是否學佛後已經破除了某些迷惑？生出了佛法的智慧？吾人是依智還是依人？所作所爲是否眞正利益衆生？是否眞在奉行 佛所說正法？是否親證菩提了義實相？ 又 佛說衆生七八二識不斷，試問二六時中，吾人七八二識如何無刹那無間斷地現量運作？如果連這個人人本具、時時恒在的阿賴耶、恒審思量的末那都不識，而說其他三昧如何神妙，無異自欺欺人。

1996年冬天，也許因過去生亦有些微福德，有幸從學於吾師 平實先生，此後得窺佛法堂奧，一方面重新修正佛法知見，正法脈絡一一浮現，以往學密之疑難陰霾，次第煙消雲散，才知過去錯誤成見及自我局限，於是由凡夫地而菩薩地而佛地，階梯軌徑方得明朗，漸具道種智及擇法眼，能知各家所學落處爲何，如觀掌中果；一方面由念佛法門入手，以無相念佛拜佛增進功夫，待定力成片，不待臨終彌陀示現，自心確知生西把握，赫然發現古今多少大德，感嘆生西有望卻苦無把握，箇中原因即落此處。待因緣到來，得見實相，則三乘一切了義經典磐基，盡奠於此，神鬼亦不知此眞如實相。依此方得以地地增上，自此悟後起修，依 佛語及 恩師教授，進修一切種智及正修諸三昧；凡此家裏事，只應家裏人知，非如以往之蜉蝣井蛙不能知蟠龍飛天。恩師 平實先生人如其名，雖過去生實常爲教法領袖，已往法教至今仍多有人禮拜供養，但決意放棄過往虛幻名聲，不屑世間諸師神頭鬼面，壹以平淡踏實作風自行化他，爲衆生典範─於自身證量成就，從不作無謂異譚，故慢心學人多起惡心輕視之念。吾師於正法命脈，輒以身命護之；即使受人輕之賤之，亦不稍改護法之心。悲心所至，不忍「衆生發善心而成就地獄業」，故秉持如來家風，作獅子吼，期望能振聾發聵以救護衆生。不明究理之人，常認爲其貢高我慢，實乃大謬。

多年來隨侍門下，知 吾師爲人處事隨和隨緣，極其慈悲幷無盡老婆，利益大衆無顧自身；今爲救護廣大佛子、爲佛法正本清源、爲正法長久延續，故不能視而無見，不能再作鄉愿，非下苦口針貶則重病不能瘉，故廣蒐密典諸續，徹底明示似佛外道脈絡，示種智摩尼珠以澄清穢濁、杜學人來世地獄之門，故造此《狂密與眞密》鉅著，非再來菩薩所不能爲。

忝列門下，師不以余魯鈍，囑余爲序，敬撰數語，祈願一切讀者能暫置個人成見，詳審比對密經密續，而後加以反覆思考、深切佐證本書內容，以救自沈。是禱！

菩薩戒子 **秋吉・蔣巴洛傑** 二〇〇二年春節序於雙和居

第九章　無上瑜伽

第七節　採陰補陽—於異性身中提取明點

採陰補陽之意者，謂藉雙身合修之法，在交合時，運氣從女人身中提取女方之明點（提取女方之淫液或其淨分），以求增益自己之脈氣明點，希望能於雙身修法中早日進入所求之「樂空雙運」境界，令淫樂之大樂現前而不致射精，以便長住於大樂境界中而「樂空雙運」、體驗「樂空不二」，由此証驗具足而『快速成佛』：

《《就採藥言：道家所謂採藥，是於經期初發之後，餘紅未斷以前（殘餘之月經尚未完全停止之前），在乾的時候（在剩餘少量月經未流出之時），就是道家所謂採藥時期。而張三豐所謂『方用中間算年月』，指此言也。而採藥復有兩種，有壬鉛、癸鉛之分，壬鉛是女子暖氣，癸鉛就是女子天癸（月經）。採癸鉛者既如上述，而一般道家認為採取癸鉛無甚意義，稱之為泥水丹法。而採取壬鉛才是正宗。而壬鉛採得後，昏迷七天；若功夫不好的，常有因此而致死者。由此可以証明，修道功是很危險的。又可証明道功修得的是趨入魔壞脈的功夫。若密法則選擇年輕身體好的，為最主要，並無所謂採藥；但以尋得大樂脈，用各種跏趺（用各種性高潮忍住不洩之功夫）以尋之，所採的就是明點融化的時期。修成就者，雙雙虹身飛去色究竟天。無論如何，絕無有昏迷者。》》（32-467）

所謂跏趺，非謂顯教所言之打坐修定，乃是以雙身法中之種種姿勢及方便而令樂觸極強，以致鼻息暫斷之境界；詳前所舉**宗喀巴**文中敘述，此不重贅。陳健民於此文中所言：『修成就者，雙雙虹身飛去色究竟天。』乃是臆想之言也，此說有二過：一者，虹光身不能飛去色究竟天；二者，修雙身法之樂空不二境界，永不能去至色究竟天。

所以者何？謂虹光身乃欲界之不淨身，乃由修淫樂之法而成就者，尚不能生至欲界六天，何況能去至色界？何況能去至色界之頂？

此謂欲界六天之天人，其男女欲皆較人間之密宗行者淡薄故；密宗修學雙身法之行者，其男女欲是人間有情中之最重者故，於雙身法中努力求淫樂之極樂及長久樂觸覺受故。欲界六天及人間雖皆仍有男女欲，然貪淫樂之心有輕重厚薄之分，而以人間為最重，越往上升則越輕。

譬如人間之淫欲樂觸，要須男女二根之交合，至於性高潮已，方得暫時滿足其貪；四天王天及忉利天之天人，仍有二根交會，至性高潮已，於淫根中有風氣出，得滿足貪心；第三天之夜摩天，男女互抱而得滿足貪心，已不須男女二根交會也；第四天之兜率陀天諸天人，只須互相牽手而得滿足貪心；第五天之化樂天諸天人，只須男女互視而笑，便得滿足其欲貪；第六天之他化自在天諸天人，則只須男女互視諦觀，便滿足淫欲。

如是，越往上提升，其男女互貪之貪求心便越淡薄；而二根交會之淫欲樂觸，僅至第二天即止，於第三天起已無二根交會之淫觸樂受也。今者密宗諸師不知此理，極力尋求淫樂覺受之至於其極，並求觸受之遍身及長久受樂，而於其中觀「空」，所觀之「空」又非 佛所言二乘法之「空」，亦非 佛所言大乘法之「如來藏空性」；如是極執著欲貪之心，如何可能上生欲界天？欲求上生至四王天，亦必定求不可得也，何況色界天？何況色界頂之色究竟天？有智之人所不信之。

若於男女互視之貪亦已斷除，而有基本定力者，方能上生於初禪天中，成色界天人。色界天人無男女相，皆是中性身，不分男女性，皆無男女根故，亦無五臟六腑而不受團食故。若人能遠離男女根之樂觸貪心，並遠離異性相處之貪、而有基本定力（初禪）者，方可於捨壽後生於色界之初禪天中；若人生前極力追求淫樂之觸受者，非唯不能上生色界，並已成為人間最貪男女淫樂者，尚不能生往欲界天中最低之四王天中，何況能生於色界之初禪天？尚不能生於色界中層次最低之初禪天，何況能生於二三四禪天？尚不能生於欲界六天最低之四王天，何況能生於四果羅漢所不能到之色究竟天？是故密宗所言雙身修法能令人往生色究竟天之語，乃是自意妄想，籠罩學人之說也。

復次，密宗諸師所修之雙身法，尚不能証得初禪定境，何況能生於色界天中？而且是色界頂之色究竟天？無是理也。所以者何？此謂生於色界天者，首須証得初禪定；欲証初禪定者，首要之務在於斷除心淫，於「眼見異性之貪」尚且已斷，何況牽手、擁抱、二根相入乃至性高潮？何況如密宗行者之追求長時受樂及極大之樂？此乃極重之淫樂貪求，雖然自稱心中無貪，其實皆是自我安慰之語，本質眞是大貪極貪之性也。

觀乎蓮花生所授之雙身修法內涵，又觀密宗行者於雙身修法境界中受樂時之觀想以淫樂供養下體中之『諸佛』者，可見彼等行者及『諸佛』皆是欲貪極重之「人」，云何可言長住淫樂觸受境界之中而無貪心？眞乃口是心非之人也；此乃事實，具載於密續之中，無可狡辯。

如是密宗行者，既未証得初禪定境，亦未斷除欲界男女淫樂之貪，而雙身法之大樂俱生樂等正是欲界中之極重貪，欲界中之淫貪者無過於此，云何而言能生欲界六天、色界天？乃至狂言能生阿羅漢所不能至之色界頂——色究竟天？無是理也。

復次，縱如密宗諸師所言而修，並能「証得」虹光身者，然而虹光身乃欲界人間之法，由欲界中最粗重之淫樂中所修証而成就者故，不能與色界天相應故。如是，欲界淫觸之法尚不能去至色界天之初禪天中，何況四果人所不能至之色究竟天？而人間之初地菩薩捨壽往生色究竟天時，乃是於中陰界時別生色究竟天身而生於彼，以彼所証之道種智所得果報而生於色究竟天，乃是道種智之可愛異熟果也，乃是斷除異生性、永伏性障後之可愛異熟果也，乃是勇發十無盡願、努力破邪顯正「救護眾生離眾生相」……等功德力所生之可愛異熟果也，此乃報得；非以中陰身或別修之一身（如虹光身）而生於彼也，虹光身不能住於欲界天及色界天故、與欲界天身及色界天身迥異故；彼身不具道種智故，雙身修法不能永伏異生性故，虹光身所依之雙身法本質即是「異生性法」故，異生性法所成就之虹光身永不能與色究竟天相應故；虹光身之証得者不能稍解初地之道種智故，永不能生起色究竟天之可愛異熟果也，初禪至色究竟天悉永離淫觸故。

密宗諸師不曉此理——不知雙身法之修行永遠不能証得佛菩提、永遠不能証得道種智，永遠不能証得初地功德，而妄想以雙身法所修得之虹光身欲昇色究竟天，眞乃愚痴之人也。指導或幫助明妃之上師本人，尚不能生往欲界天，何況能令明妃隨之同時飛往色界天？而且是色究竟天？無是理也。密宗喇嘛如是違教悖理之妄想，而弟子如是信受，云何可謂爲佛教之眞實佛法？更謂爲超勝於顯教之佛法？根本是外道法也。

蓮花生上師口傳，以行淫之法而提取明妃明點（淫液淨分）、可以當生成就金剛身（成究竟佛）之法如下：《《自明點能自在已，提女者有二種：一、依氣，二、依物。初、依氣者，被提女人已生子者七，不及未生子者一；有夫者七，不及無夫者一；身端悦意者七，不如年青者七。年十三至二十五者可提，年二十六至三十五者，唯能資以自提爾，彼明點無有可被提者。

各種空行中，以蓮花種性者可提（原註：可提即易提也，彼易漏故），說爲長壽所依。蓮花女、肉紅白鮮嫩，其紅菩提如雨而降，腰細，身材適中，美麗悦意；男一見生樂，女一被觸則自歡躍戰慄，此（乃）身中存（有）精華者；以杵近其蓮，自然生出大樂聲；杵入其中，如小孩吮乳，自知含茹，此即蓮種；距外間四指中，有脈圓形，於彼當先覓脈；覓脈加行，則在吻、抱、搜脅等行爲；彼樂生起，以杵外探，多說貪語。彼面紅氣喘身抖，蓮內有水潤，此時不可即行（此時不可即行提取其明點），當以「補品、酒」服之；再以冰片、丁香、紅白檀令服，令其明點淨分增長，然後平等住（然後雙方同時住於高潮中）。當男女大樂相等時，方可提上，此屬脈好者。

（若）於此不能提，當行覓脈方便：於女身搽酒、蜂蜜、酥油；另作毯質杵，形大如自大杵；唯應略長，頭宜略尖，以綾纏之，上塗鷲油、酒及酥油，插入其（插入明妃之）肛門中；另作二線球置其腰，以薄腰帶纏之；背枕以鞍，令仰臥；由此二、腰落近臀部，脈從陰門伸出，如小魚、如乳頭，以指撥開蓮瓣，於彼脈用藥塗之，以手伸（入而探其）脈，可令出蓮六指（可以使其伸出陰戶達六指之長）；中四指、下亦二指。引此脈插入杵孔中，則可提矣；於樂平等時（於二人皆已至性高潮時），自明點努力提上。果提上已，身亦生暖烘烘之相；此後生不（能）忍樂，當行散法，如羊抖身。

又法：以毯杵入蓮，女出歡聲，以左四指將指甲磨光，敷藥於脈，可以長伸而出、極柔；肛門中毯杵當取出，然（後）入蓮而提（原註：杵入、毯杵出，當同時行，如軍對仗一進一退）。

又法：以毯杵插入（明妃之）肛門，肢分抱緊，然後以藥塗脈，插入杵孔，杵稍入後，即將毯杵取出（貢師云：二杵同時內逼，女應力而死，宜慎重之）。

開脈之藥：生蜂糖、乾乳（原註：親師云：乳桶內常粘之乳。貢師云：取乳後，餘乳在垂者是）、白狗杵（白狗之陽具）、管仲、花椒、烏取花、硇沙，塗其脈上，並塗杵蓮；杵入蓮中，勿上氣下按；生猛貪，下部動作宜慢，杵含脈必生大樂，自身提散當勵行，令明點堅固。

他身明點者，自馬頭明顯，心目專注於緣馬頭眉間之白紋。杵左右上下力動，女子發抖、出嬌聲、喘氣。自杵孔內之吽，勾其蓮中紅吽，念長吽，提至頂與杭相合，具足六支身要（原註：如翻目等）。用力而行，必提無疑。……

以拳法提者：杵入蓮，女「不忍樂」生起，杵亦熱；樂生時，自己頂上爲所緣，杵從根全部插入，又稍向外提升，念長吽三，（觀想）母化光入杵孔中，從中脈至頂杭、無二，普遍全身、安住空樂無二定上；杵忽彎軟而燒熱猶存，此爲能提之相也，他日必得鮮色光明等功能。

具性相「空行母」，從十六至二十五歲，上等一夜（可提取）十次，中等四次，三次乃下等，最下等一次不間；氣必能入中脈。其相：二乳等出，空樂無二、自然出生。其受持光明：行者可出五色光。樂之覺受：雖入叢刺，身樂不闕，此名獅子遊戲三摩地，此爲依「具性相業印」之功德。

又自業印決定時，當爲彼說大小乘法，爲行第四灌頂，心細柔而攝受之。當令聽我吩咐，我亦當守秘密，則一切空行皆可攝持。氣息受持猛利法：左右中氣猛利呼出，以猛利氣吸女子。前氣下按，後氣上提，持氣不放，氣所住處鬆緩而住，識安本淨，身安樂熾然，凡所顯皆爲安樂，俱生智不斷出生，**得自身不死成就**。

其能提淨分者，長壽無病、面容光潔，受持三界財物，攝一切空行母，並得其授記，名稱普聞；**語可隨類說法，以空樂覺受度日，成辦事業八成就，得俱生法身，成辦虹光報身、及各種化身無間出生；三身無二，得安樂大身；上等現生成辦金剛身，中等中陰成就空行，下等第二生成佛。**》》（34-560~562、563~564）

如是成佛之教授，大異三乘諸經中所說之佛道，本質乃是「外道邪見邪修」之法也。如蓮花生所言：『**其能提淨分者，長壽無病、面容光潔，受持三界財物，攝一切空行母，並得其授記**，名稱普聞』，即有大過。譬如蓮花生於此段開示之後言如是境界即是已成究竟佛之人，云何如是眞實成佛之人尚須空行母（明妃）爲其授記成佛？無是理也。

復次，授記者乃於未成佛之無量劫前爲之，非於成佛之時爲之，云何蓮花生言行者於成佛時得到空行母之授記？無是理也。又：如是成佛之人，既已成佛而具足功德、能攝受一切空行母，如是之「佛」云何尚須於「成佛」時由明妃爲其印証？「成佛」時之授記者名爲印証、而非授記故。是故蓮花生上師如是開示者，過失極多，云何是已成佛之人所應說者？

蓮花生乃是密教教主，是密宗所崇敬之報身『佛』，密宗諸師一向說蓮花生之智慧証量是報身佛之智慧故，一向說蓮花生所傳法是報身佛成佛之法，而言　釋迦佛所傳法是化身佛成佛之法、不能令人成就報身佛故。然而如是「報身佛蓮花生」所說之法，竟連未成佛之菩薩們都能隨意破斥其邪謬，如是而可言其爲「已成報身佛」者，無有是處！

復次，虹光身非是佛之莊嚴報身，不淨氣分所成就者故，不重新贅言。蓮花生又言：『**語可隨類說法，以空樂覺受度日，成辦事業八成就，得俱生法身，成辦虹光報身、及各種化身無間出生；三身無二，得安樂大身；上等現生成辦金剛身，中等中陰成就空行，下等第二生成佛**』，如是之言亦有大過。

謂蓮花生所言如是「成佛」者，尚不能了知最粗淺之二乘解脫道（蓮花生尙執取長時安住淫樂觸受中之意識覺知心爲佛地真如心故，欲以如是心而常住於無餘涅槃中故），尙且未是聲聞法中之見道初果人，何況能知佛菩提道之般若所函蓋之「中道觀」及一切種智？故說蓮花生所言成就化身、報身、法身之言，皆是自意妄想所說也，非是佛法。

復次，密宗諸師歷來多言：密宗之內，自釋迦以來，曾有多位祖師已成報身佛、究竟佛；蓮花生則是密宗之第一佛、是密教教主。然而此等密宗之佛，其實仍是具足凡夫，菩薩七住位之般若智尙無，云何而可自封爲佛？密宗諸師云何可以高推其爲報身佛？

又：報身佛之常住大樂，實以斷盡煩惱障、所知障，令第八識之種子永不變易，如是名常；如是之「究竟常」能令第八識與別境五、善十一等心所法相應，一一心所皆有其不可思議之妙行，非等覺菩薩所知，故名大樂，而非以淫樂之樂爲其大樂，此樂是無常變異之法故。

密宗蓮花生『佛』則是以長住於淫樂之觸受、並且是一直保持在性高潮中之大樂，作爲密宗「報身佛」之常住大樂，蓮花生言如是「成佛」之人**以**「**空樂覺受度日**」故，而密宗一切人所說之空樂即是雙身法中淫樂性高潮之第四喜故，此淫樂是密宗樂空不二、樂空雙運之樂故。

然而如是欲貪乃是欲界中最粗重之貪著，尙不能得解脫欲界之功德，何況能得解脫色界之功德？尚不能得解脫色界之功德，何況能得解脫無色界之功德？尚不能解脫無色界之功德，何況能解脫三界繫縛之功德？尚不能得二乘解脫三界繫縛之功德，何況能得阿羅漢所不知之菩薩般若慧功德？尚不能得菩薩般若慧，何況能得佛地智慧？如是具足凡夫，而狂言能成「報身佛」、已成「報身佛」，有是理乎！

蓮花生既言如是成佛者**語可隨類說法**，頗能再度示現化身而破斥平實之說者否？密宗諸師既常倡言可以即身即生成究竟佛，應當多有即身修成報身佛果者，頗還有人能出面破斥平實所說之理否？密宗豈眞無人即身修成「報身佛」境界者耶？至今無人能前來破斥平實之法，而繼續任由平實破斥密宗之「根本大法—雙身法」。

若眞無人即身修成「報身佛」境界，則即身成佛之說顯然虛妄；若有人已即身修成「報身佛」境界智慧者，則應生不忍之心，出世破斥平實、以救密宗之即將危亡也。既眞實可以即身成佛，所成之佛復是報身佛，「更勝於釋迦化身佛」，應當有足夠能力隨意破斥平實之言說也，上地必知下地法故，上地必能指導下地故。

假使當今之世密宗諸師未能有人成「報身佛」，亦當已有成就「化身佛」者；化身佛亦應能指導平實也，云何無有一人敢於出面而具眞名破斥平實？云何竟無一人能來收服平實爲徒、令入密宗修學能成「報身佛」之法者？

密宗諸師不應如江燦騰先生之言：「不屑與平實居士言論」，所以者何？謂密宗諸師眼見平實破壞密宗之道如是嚴重，若不加以破斥摧滅，密宗於未來五十年中必將漸漸式微而至滅絕，如是嚴重行爲與後果，密宗諸師云何而有閑情作如是自外之言？不應正理也。

若彼密宗諸師悉不能以眞名出面破斥平實者，則已顯示彼等之怯懦及不具般若智也；如是焉得謂爲果地修行之已成佛道者？若彼密宗諸師眼見平實具體而有系列、有計劃之破斥密宗，竟然不知不覺其嚴重性，竟不能知如是作爲必將導致密宗未來之滅絕，則彼密宗諸師顯然皆非有智之人，不能見其嚴重後果故。密宗諸師及佛門中一切學人，於平實此言盍各思之？盍共思之？

是故蓮花生所言：修此雙身法而能常住淫觸高潮大樂之「成就報身佛」，而能成就「**語可隨類說法**」者，眞乃妄語之言也，眞乃依於自意思維之邪見妄想也，絕非眞正之佛法也；完全違背解脫道及佛菩提道故，完全未能証得第八識眞如故，悉未証得般若智故。

是故平實於此高聲呼籲：密宗學人應當早日詳細深入探究密宗法義

之正邪，應當以冷靜理智之心態而探究密宗法義之正邪；如是冷靜理智詳細深入探究之後，方能眞知密宗之本質也，方能眞知應當何去何從，而作正確之抉擇也。此乃密宗一切學人當急之務，萬勿輕忽、因循苟且，萬勿繼續深入密宗邪道邪法邪修之中，成就大妄語及破壞正法之大惡業，貽害自身。

密宗之男性行者可從女性行者身中提取明點而「迅速成佛」，反之，明妃亦可從勇父身中提取明點以令自己受益：《《又佛母提佛父者：自亥母頂，亥頭紅色，專注於此；（於坐姿相抱體位）以左右踵靠佛父臀部，二手交叉捻自大趾，念長吽，（令男性行者射精，然後提取）男明點如水銀入於臍上，與臍紅□字（梵字，略之）無間和合；目上翻等六支如前。男樂增上時行七或十次，男淨分必可提（男性之精液淨分必可提入自己身中）。男不可放鬆，當乘勢用力而動（以令男性射精），此爲要訣。此後當行散等拳法，用力爲之。》》（34-562-5）。以上所舉，皆是蓮花生之口訣。

蓮花生之《金剛引水教授》中亦言可以從明妃身中提取明點，非唯一處密續中言之也：《《具足種性者，欲依事業手印（欲依明妃而修雙身法者），當於密乘甚深引導法中所說具相手印者（具相之明妃）吸取淨分，當自習自力、得界分穩固後（須自己先練習至久住性高潮而不會漏洩精液，功夫穩固後），方可行。此手印，須端嚴悅意（之女），蓮花暖（性器官溫暖），種豐盈（淫液豐富），十三至二十五歲間，無嫉妒慳吝，不為世法所染。此種方便攝受自在後，俱生時（女方至性高潮時），須吻口、抱腰、咂舌，竭力以種種方便，令（明妃）生貪心（生起欲受性高潮之貪心），發生安樂（令明妃發生性高潮之覺受）。見其面紫紅，氣喘聲顫動，手足抖戰時，行者自觀（下體中有）本尊馬頭、印觀亥母，如生起次第而修加持兩（人之）密處。其覓脈方便，於前已述。於自他二根（於自己與明妃之男女根）相合時，生樂當如龜徐行，認識喜樂，樂大恐失菩提（樂太強時恐漏洩精液，應知自身所能承受之量，以免漏失）。觀杵摩尼頂（觀想龜頭尖端）有青黑色吽，頭向內，勾向外，心定於本來清淨上，離一切戲論邊際（不起語言妄想等），緣此青黑色吽字（而一念不生、住於此「定」中）。初修業（初修此事業手印法）者，必緣以觀想，猶龜、有椿焉。但大行者能定「安樂無分明體」上，自能令定增上（能長久住於此大樂而又一念不生之境界中，使此「定境」日益增上）。後持逆提法，如他身事業中已詳。取其精華者，當知手印蓮花（當知明妃下體）淨分之脈頭：手觸之如有二頭狀。次想金剛頂（頂輪），經五輪（經中脈之五輪）直提；中脈上達梵穴、下達蓮花，想蓮花（再觀明妃之下體中）並無經血、黃水等濁分，手印（明妃）具足一切相，用長吽字吸提入中脈，想吽又生吽、如絲線相連之數珠。此時頭應左右擺動，不斷念長吽、短吽，應以海衡須彌（以寶瓶氣將紅白菩提向中脈之頂端衝）、眼上翻、舌抵顎、身縮抵背，直往上提。

次、身覆於手印上（身體臥於明妃身上，二根相合），兩足長伸；第二指觸地，以二手大指緊按中無名小指之屈曲上，兩指伸按地，尾閭臀部稍向外張，行者餘身不令觸地；口誦長吽，想手印（觀想明妃之）紅界淨分（紅菩提種子之淨分）、如紫茸花之紅潤，化淨分（觀想明妃之淫液氣化）、以吽勾吸入中脈，依次入四輪（由海底輪上升，依次經過中脈其餘四輪而至頂輪），收頂杭，無分別住（一念不生而住於淫樂之中，住於體會空樂不二、而又雙運空樂之境界中）；但背腹相合、下氣猛提、頷壓喉結，眼上視等，與餘相同。

若於各輪用氣功之次，吸菩提決能提升矣。得吸提相後，須行分佈全身、如羊抖身法，並放手三跳等。若分別淨濁二分，當多行阿魯事業（原註：親師云：即放收肛門，自能排濁分、得淨分）。後應行獅子遊戲拳法，遣一切障，心定於本淨淨見上（覺知心定住於淫樂之觸受本來清淨無染之清淨見上），上氣隨自然出入；若於具相觀生執著，於所緣明點當生凝結之過患。

未行此法前，當備荳蔻、丁香、紅花、乳細末，和酥酪置座旁，至此以藥塗其脈上（塗於明妃之海螺脈上）。行者須先習身要：應具六法口訣、誦長短吽，身不可令日光照，修習一月後，自然吸取。此中扼要：知己杵入孔中（已確定自己之金剛杵已入於明妃之海螺脈孔中），氣乃可提，終成馬陰藏相（如此即可成就三十二相中之馬陰藏相）；明點即落蓮中，亦可返（若有上提之功夫者，即使精液因不能忍住高潮而射於明妃之下體中，亦可以此功夫而吸提、回至自身之中）。自淨分得堅固，具足性相印者，亦可提入。

印身當無病（所用之明妃應當爲無病者），精華無染污（明妃之淫液應無染污者—須未感染性病等）。

其提有三法：上提者，以下行氣得堅固者，可行；中提者，自生本尊，領納三昧耶物：於母降淨分時（於明妃分泌大量淫液時），口中含阿米打甘露（口中含著酒），以竹筒吸取（以竹筒吸取明妃所排洩之淫液入口中），與甘露相合（與口中之酒相融合），以舌自攪動（令淫液與酒相融合，並領受其味道），供養自界本尊（觀想以此味道供養自己下體內之本尊佛父佛母，然後吞服而滋養身體）。由此圓滿資糧，領納秘密三昧耶物，殊勝遊戲能令長壽（由如此修行供養於「佛」，及吞服此種極殊勝之秘密三昧耶甘露，所以能使成佛之資糧圓滿；如此殊勝之金剛遊戲能使色身長壽），後抖身。

下提者，身界增廣時（種子淫液增廣時），母降點（明妃排放淫液），其腰

（下）墊枕，蓮下以盤承之（於明妃下體之下以盤接取淫液），不可為陽光所照，以右鼻孔接竹筒而吸之，二手按二鼻孔，令氣專由筒達右孔，決可提其淨分，事後抖身。

其提淨觀想者，面前虛空蓮日月上，上師無量壽佛父母雙運間（觀想所成之無量壽佛抱明妃而享受淫樂），降流紅白甘露（降下男女二「佛」之淫液），充滿自頂與鼻孔，趨入一切身脈界內。母明點能提已，其相已詳前。此中三昧耶者：離能所取執著。

下提口訣者：以各種方便令生大樂：螃蟹、黑蟲、❀❀（藏文物名，意不詳）、雞下冠令食（令明妃食用），可開脈口（可打開明妃下體之海螺脈口）；腰以下用油塗之。

起分觀想：大杵入蓮，深入其中，當知自樂之量；又當知母（當知佛母明妃）生起樂相，即以手抱緊女腰、自身端正，女左脈開、降紅菩提，自杵如筒，由此提淨分，濁分留住（濁分，即是淫液之物質，留住不提取，只提取其氣分）；淨分從中脈入杭、十六明點間，空聲而提，二足大趾內勾，二手第二三指在自背後左右支身（原註：與前異，前臥提，今坐提也）除於大趾外，其餘身分不可支地，提下氣六加行中，唯四洲不縮（原註：即不縮手足），餘皆相同。

女（若）無念昏迷，縮如絨球，不忍，出惡聲，此爲被提相；此後分離，安住本淨，抖身行獅子遊戲、五輪等拳法。女現衰相，當以食品補之，否則易衰老。

又除障等，此處未明顯說者，餘處詳，希哉！空行心血法奇哉！**亥母六教授，吾為貪愛移喜錯嘉而說**（我乃是因爲貪愛移喜錯嘉而說出此法）。**藏之名山，願未來具種姓者早遇之。**》》（34-564）

此乃蓮花生上師傳授與「空行母」移喜錯嘉之《金剛引水教授》口訣中所言者，此法目的在於引導明妃大生淫水，而後提取之，令自身可以藉此修成「佛道」之意也。此亦屬於密宗即身成佛法門中、雙身修法之口訣，男性學密之人最後所必須知悉之要訣也。

密宗雙身合修法門，大多以男性行者爲中心而說，名爲父續；其以女性行者之立場而說者名爲母續。如是，從女性行者之立場而說之母續較少，實非完全平等之法也；顯教中則不如是，一切男女所應當修學之法門無有差別，悉皆同以第八識爲修証主體，悉皆同以眼見佛性、同以修證一切種智爲主體，所修法門平等無二，無所差別，各人之眞如佛性無二、無有領受之差別相故。顯密之法有如是之異者。

母續中說密宗中女行者（明妃、金剛空行母、度母、佛母、蓮花事業女…）修証無上瑜伽即身成佛之法者有四：一、觀想而修，二、於指上自修，三、以軟和物自修，四、與勇士和合。

一、觀想者，蓮花生上師於《女印受持密修》中如是說：《《初發菩提心，於三根本啓白，（然後觀想）自（己）一刹那（間變）成亥母，（並觀想自己之）蓮（下體）四瓣（大小陰唇四瓣）中有阿字莊嚴，心間由☆（梵字）成佛部空行，頂☆（梵字）金剛空行，喉☆（梵字）寶生空行，臍☆（梵字）蓮花空行，密處☆（梵字）事業空行，身相手印等，於大樂密修中當知。於彼面前，想一令自（己）生貪（欲心之）佛父馬頭金剛，心有啥字成佛勇士，頂☆（梵字）、喉☆（梵字）、臍☆（梵字）、密☆（梵字）各成四部勇士，餘如大樂密修（其餘未說者詳如大樂金剛密法中所說而修）。（所觀想之勇）父金剛杵（下體）觀成五股（觀成五股金剛杵）者，內有供養空行母之物（內有供養空行母之精液—白菩提），充滿（所觀成之下體中之本尊）佛父母一切毛孔，生起雜類勇士空行，如芝麻開莢（而出現）。

自他身外修眷屬者，則東有金剛空行勇士如常，乃至北方者。於蓮花四隅瓣上亦修四空行母，如是（觀想）男女交合，世間過失無有染犯，如蟲蠕動而入（觀想所成之勇父金剛杵如蟲蠕動而入，以引生淫樂），（復又）以頂（上）至（身中諸）毛孔諸空行爲所緣，（觀想）彼等空行勇士生起大樂，蓮花跏趺坐，踵（腳後跟）抵（住自己之）大小便口之中間，金剛拳置臍，觀想（自己之）蓮（下體）中紅啥（字）具雙圈，☆（梵字）爲空行命字、入（所觀成之佛父之金剛）杵中，彼杵（佛父之下體中有）供養物（白菩提—精液）如雨而降（似如）冰片，以此啥字（將佛父下體內之白菩提）勾來供（養）頂上上師（及身中五輪之）五處空行（勇父母）等。最後如羊抖身，如馬滾地，安住本體；中氣鼓出，令其堅固；初本尊身如影相降時，如龜之口訣者（詳前數節中所說），於頂注意。氣次第鬆緩，以猛利對治行之，此爲三要訣。提時用虎嘔法，手足心置地，口中念☆（梵字）九次，於左、右、中，三三行之以狐嗅法，從右提，右呼三次，左、中亦如是；身要於左、中提時，拳按乳，身稍向左右前偏，如頭帶蛇起勢；觀想者，於男杵內吽勾之，紅白明點沿女中脈供養上師空行如前。令明點安住法者，跏趺二手置膝，中氣鼓出，目視虛空，身如羊抖；二手如射箭式、拍脅下而行，下身轉變，以跏趺跳起、又跏趺坐。拳從膝沿上平伸而出，地角壓喉，上身左右各三扭，手到處搽，以獅子遊戲法，多次行、可以除一切障。最後持氣安住本淨，回向發願。領納四喜，無間而修。》》（34-569~570）

如上所述，須同男性行者一般引生四喜（四種淫樂），並修『樂空雙運』，令長住於四種性高潮之覺受（四喜）中而觀察『樂空不二』；如是長住於淫樂觸受中，令淫樂不斷現前而享受之，並須具有『淫樂本性清淨，淫樂無形無色故是空性』之『見地』同時存在，如是即名『樂空雙運』。

此法須精勤修之，不得荒懈。直至後來能於一切時中皆住於如是淫樂之中，即是已成就佛地大樂，已成就「報身」；密宗之報身佛皆是常住於如是『大樂』之中故。凡此皆屬意淫之法，與凡夫衆生意淫妄想無二，焉得名爲佛法正修行耶？

二、密宗之女行者於**指上自修者**：《《於指上自修者，修法與此上相同。》》（34-570）。謂若觀想之時，不能生起淫樂，或起淫樂而不能至性高潮者，可加上手淫之法，令生高潮而長住之，於中所修觀行之法，與此上所說之修法相同。唯因須以手淫爲加行，故名『於指上自修』。

三、以軟和物自修者，謂手淫之法仍不能具足生起淫樂者，可用此加行之法，令淫樂可以生起，或令淫樂速至高潮：《《以軟和物者，即用（較細之）竹筒長五寸，彼中貯羊杵（原註：未去睪丸者）、毛騾明點（毛驢之精液）、悅意男人明點（心中所傾慕之男人之精液）（裝入竹筒後），外以毯纏，以蓋蓋之。此外復以綾包、或以衣包，大小如杵等（大小應與男人勃起後之下體相同），以黃腊塗上、令軟不損蓮（以腊塗之使軟而不致於使用時損害自己之下體）。此外復塗秘密物（原註：師云不知。健評云：當係男法中之塗物），發大菩提心，觀想悅意勇士（觀想自己所悅意之男人），作種種貪行（觀想時手持所造成之陽物道具而作種種能令自己產生淫樂之行爲），蓮花（下體）水潤（之後），加持自他密處（加持自己及所觀想之男性二人之下體），令佛父母平等住（令所觀想下體中之佛父母交合而與自己同時住於淫樂高潮中）。身稍後仰，以左手抱左脛下部，右手持軟和物（右手持所製成之男人下體道具），先於太陽中曬熱，令軟且發熱（令腊融入道具而不致損傷自己之蓮花），於蓮花上下左右行其貪相（於自己之下體而作上下左右之生起淫樂之種種行爲）：（因淫樂而）生喘、身顫等；即以此杵深入緩行，自身從下向上騰舉。安樂大時（至高潮時），下身動皆停止，注視頂上上師金剛空行，目翻（眼向內看）；樂散又行，樂大復鬆，供養脈中五空行（樂觸若散失不強時則又繼續行淫，樂觸若太大時復又鬆之緩緩而行，於如是境界中觀想以己身中之樂觸供養自己中脈內五輪中之空行勇士與佛母）。

降：當依上師『如龜口訣』而行；持：當如池塞口（不令淫液漏失於外）。初當具不失明點誓願，上等：以本淨見認持，樂生時，即住於空樂無分本體上（樂受至高潮時即住於前文所說之樂空不二而雙運之，保持樂空不二之見地及樂受、不令消失），散等如前（長時享樂後，不欲再住於此大樂之中時，則將樂觸及所觀明點與淫液提升而散至全身，其法如前羊抖等法所說）。中等：當以氣持，生樂時，中氣鼓出，觀眉間紅色卍字右旋，樂散復行（樂觸若消失時，則重新再以道具而行手淫之法）。下等：塞孔者，生樂時，以二手第二、三指，按有骨無骨有毛無毛紅白合間（原註：二陰會合中間），觀想頂上空行，最後行下列各拳法……。

此拳法能令紅白混合之明點，從卡卡母卡脈（原註：師云即海螺脈也）升上五輪，依次供養（依照五輪之下上順序而以淫樂之覺受供養五輪中之「佛父佛母」同受此樂），此乃金剛空行引導中，外五大、內五空行、密五輪、再密，五明點、再再密、勝義五光明，一切受持之口訣，即在此矣。》》（34-570~572）

此是蓮花生上師所說「母續」中，密宗女性行者自己於手淫上不能獲得樂受時，須輔以「人造陽具」道具而引生淫樂四喜，於此四種淫樂之覺受中，觀察樂空不二，而長時雙運樂空，令樂受堅固而不退失之法也。此即密宗女性行者，不依賴男性行者之「自修即身成佛」之法也。

四、於他身而修無上瑜伽之即身成佛法—與勇士和合者，謂有因緣得與男性行者合修雙身法者：《《第四、他身—與勇士和合者：彼具足大慧力母，明點得堅固已，眞實以身布施者，初一剎那從空中現亥母身，心放五光作利他事已，光返自身，明空本尊上修等持（於一念不生之本尊觀想境界中而修一心安住），此後發心等，如常（此後之發心、行淫引生樂觸、供養佛父母、提明點、散佈全身等，都如常修之法）。男性相者，餘處應知（對於男性被提取明點…等者，詳如餘處所說，皆應了知）；此中約攝者，上等爲氣脈明點得自在之上師，如頂嚴尊敬，守戒如護佛目，以身爲侍者而供上師、令其歡喜，除我二障，圓滿二資糧迅速成辦密器。凡彼所說，如教奉行，得師加持；自脈雖劣，可成勝種，**即身成就普賢王如來佛位**。三種供養中，以身供養爲最勝（以自己色身供養上師，令上師於自己身上引生淫樂而得滿足，由此能令上師喜悅，此爲最上等之供養），中等如自朋友。

彼必於氣脈明點純熟（彼上師必須於氣脈明點等皆已純熟），於彼生起淨觀（原註：即觀彼爲馬頭「金剛」）以信心恭敬、如侍者行，於心相愛、不相離，以專一悲心而攝持；彼必具足佛法種性，當如法覓之。

最下等：（覓一年輕男人）如僕相依，當予彼以衣食、令心歡喜，專一相愛，然後爲彼灌頂，令入大乘，令修氣脈。（觀想）自（己）成（爲）亥母，於勇士（然後男性行者身上）淨身塗油，觀其莊嚴與杵及自蓮花（觀想男性行者具有種種三十二相等莊嚴，並對其下體與自己之下體皆作莊嚴之觀想）。貪行（與彼男人行種種淫行），無定而行（不必一定用何法引生淫樂，只要能引生淫樂，何法皆可），貪相生已（貪求性高潮之心相生起之時），加持蓮杵而行（如前所說觀想加持之法而行淫行，此勿重述）。樂起（進入性高潮時）則觀頂上上師金剛空行等：彼等密間（彼等空行父母之下體間）降（下）紅白甘露（入於自己身中），（自己）心住於此（大樂之中）修定（令覺知心一心雙運樂受與空、而不散亂）。父力弱而樂勝時（男性之性能力不夠強而樂受強烈時，白菩提之淨分已出現），當以六加行上提（應以六種加行之法將白菩提從男性下體中往自己身中上提），想樂充滿頭輪，轉頭抖身如上；喉輪開則攝持飲食，心輪則安住本淨，臍輪則生煖樂。若女（性行者）自（己太）年幼，於（明點降至）臍輪時，即宜上提『長、短吽』爲主要（以免紅菩提流失）；若女（方之寶瓶）氣（能得控制）自在，（則可將）明點降至密處而轉動（以便享受更大之淫樂而不致漏失紅菩提），能善巧於各種內外法，氣向外持、抖身，（以淫樂向所觀想之）毛孔（中）雜類空行尊前供養，（則）彼等（亦將因大樂而）降紅白（菩提入女性行者身中）充滿全身。（女性行者此時應將）身左右扭，可令明點堅固。（能到此境界者，）外：天、人、鬼；內（之）：空行、勇士，密（之）：空樂覺受，皆可攝持（從此以後對於一切外之天人、人、鬼，及內所觀成之空行、勇士等，皆可隨意與之共修雙身法而不致產生不良狀況）。此後，踵（到此境界以後將腳後跟移）近二腿與密處，二足用力下按，二手從勇士（二手從男性行者之）頂上伸出，氣外持，猛力提（吸取男性行者之明點向上猛力提升）。二手按二足心，氣外持，二足用力下按，二手用力上攀；此後跪地結獨股杵印，從密處向上手提升（從下體向上提升至高舉之雙手），舉於前方上空，觀供從密至頂諸輪空行上師（觀想以此淫樂供養：從自己密處等中脈五輪中之諸空行父母以及頭頂上之上師，皆受此淫樂覺受之供養）。羊抖其身、持瓶氣，安住本淨上。

此爲「持提散」合一，如是勝功德者，得共不共成就：不老、色美、髮不白、面無縐紋、識澄清、覺受增長、長壽、身柔、病少、身脈結開、生地道功德，淨分明點安住，遮止二取分別、智慧增上；身明點覺受生起，見十方佛刹，各種功德不可思議。如隨煩惱增上，現生多病，損害犯戒，上師空行不喜，脈與明點破壞、勇士本尊永不見面，念咒無力，易老死等，與前相反，於現世後世不吉祥事；如上功德過患當了知；雖遇如命難，亦當防護明點，如蓮師所說。移喜磋嘉書。》》

（34-572~574）

蓮花生之空行母移喜磋嘉，言如是修行之密宗女行者可以「不老、色美、……乃至可『生地道功德』」，謂能以此法生起初地乃至諸地功德—証得諸地果位。然此法純是外道修行法門，與佛法般若完全無關，不能得証第八識如來藏；若不能証得如來藏者，則完全不能知解般若之基本智慧，尚不能了知七住位菩薩之智慧，何況能了知初地乃至諸地之智慧？無是理也！唯有愚人方信如是之言也。

密宗行者修此雙身法而生大樂已，當住於最強烈之淫樂境界中，而觀想以此大樂奉供「諸佛」；密宗古今諸師認爲報身佛之『常住大樂』即是常住於此淫樂之性高潮中，以此自娛，是故應於『樂空雙運』時觀想「諸佛」受自己身中所受之淫觸，以此作爲對「諸佛」之無上供養。

如是以淫樂供養「諸佛」及上師者，密教部之「經典」中早已有之，非是後人之杜撰也，顯見天竺密宗已有此法也：《《復次教授秘密印智：彼一切身悉和合，自然妙樂成供養；以此奉獻速能獲：金剛薩埵等無異。眞實妙愛相應故，隨應所向樂觸生；以此奉獻於諸佛，得金剛寶等無異。堅固喜樂常相續，隨觸隨應勝樂生；以此奉獻於諸佛，得金剛法等無異。金剛蓮華杵相合，相應妙樂遍一切；以此奉獻作供養，得金剛業等無異。》》（《大正藏》18冊367-下）

此乃《大正藏》密教部《一切如來眞實攝大乘現証三昧大教王經》卷八中所說之「秘密印智」修法。所謂秘密印之智慧，即是雙身修法之『智慧』也。秘密謂不共顯教諸未受密灌及第四灌頂者，不共其餘一切人故。印謂男女合修過程中所行之手印以及身印（其中之淫行身手動作），故名爲印；又以此『大樂』爲報身佛之常住大樂，証得之時能自印証『諸佛恒受此大樂』，故名爲印。

此『經』偈中首四句所言者，謂男女雙方身分上下一切皆緊密結合，由此生諸妙觸，觀想供養「諸佛」，如是奉獻妙樂於「諸佛」，便可以成爲金剛薩埵之身份。次四句謂受於淫行之大樂時，心生『眞實妙愛』而觀想此樂供養「諸佛」，由此供養便可獲得「金剛寶」功德。第三四句所說者，謂於淫行中保持堅固而不軟退，並保持性高潮常住而相續不斷，用此常久而不間斷之性高潮供養「諸佛」，便可以獲得「金剛法」。最後四句者，謂男女雙方之『金剛杵、金剛蓮華』相結合，相應之妙樂遍滿身中一切處時，以此最勝之妙樂奉獻於佛而作供養者，即是成就「金剛業」。

由是邪見，此『經』中認爲密宗行者之男女淫行即是『金剛嬉戲』，如是金剛嬉戲正是供養『諸佛』之上妙殊勝法，是故又言：《《復次教授大菩提心成辦供養印智：堅固菩提心出生，我此觀想於諸佛；我以嬉戲供養故，即得諸佛勝妙樂。》》密宗古今諸師對於佛法之知見極爲膚淺，認爲報身佛之妙樂即是人間最粗重之男女淫觸欲樂，是故念念欲以淫觸之樂供養『諸佛』，由此供養而自以爲能成就金剛業、金剛薩埵、金剛寶、金剛法、金剛菩提；由此緣故，男性下體即名「金剛杵」，女性下體即名「金剛蓮華、金剛鈴、金剛蓮花」。

又謂諸報身佛皆是男女雙身合抱之狀，此是密宗報身佛之常態－於一切時中恒抱女人交合而受性高潮之淫樂、從不間斷，以此淫樂不斷爲密宗報身佛之果報；如是密宗之「報身佛」，與其明妃（佛母）永不分離，下體亦於一切時中交合而不分離；如是密宗之「報身佛」，常住於人間男女之下體中受於欲樂，是故密宗男女行者於觀修此淫樂之法時，必須觀想下體中之「報身佛」同受自己身中之性高潮淫樂。

由此緣故，密經中說『我以嬉戲供養故，即得諸佛勝妙樂』，謂密宗行者由以如此淫樂供養『諸佛』故，便使自己享受其淫行中所受之淫樂，成爲証得諸佛之殊勝妙樂，不同於俗人之淫樂，以此自謂雙身修法之行爲是「出世間行」；由如是淫行之功夫，控制精液不洩漏，故說雙身修法是「無漏法」，淫液不洩漏而受性高潮之大樂、即名爲成佛故。

如是邪見膚淺之言，而竟載於密宗經典中；日本編輯《大正藏》者不具智慧，竟將如是外道性力派之邪知邪見邪修法之密經、編入佛敎大藏經中，貽誤當時古人及後世之今人。若不加以檢校簡擇，以後無量世之學人仍將遭受荼毒，遺毒無量世，乃至法滅之際而後止。由是之故，於今必須詳細剖析，令諸學人不論學問深淺者悉能閱已即知其意，令佛教學人無一人不知，始得成其功也，是故不得以「誨淫」而視此書也。

當知密宗之知見及秘密行門若能公諸於世，則大眾悉皆知之，則大眾悉有能力判別密宗之邪與正，從此以後則可永遠不受其惑，能令佛教正法與密宗邪見邪行清濁兩分：此後各弘其教，兩不相干。佛教從此永離密宗之邪見糾纏，從此清淨而不受其染，此乃佛教眼前當急之務也。

由上舉陳之證據，可知密宗知見膚淺無比；如是粗淺邪淫、無以復加之修行法門，云何密宗諸師自言其智超勝於顯教諸師？譬如自小未受教育，自幼深居於原始叢林中，不曾出於叢林、不廣見聞之原始部落野人，而言來訪之大學教授知識粗淺，智慧不如彼之廣博。密宗古今諸師之膚淺無知亦復如是，完全未曾知解二乘解脫道，更未知解大乘般若，而狂言顯教之佛爲粗淺之化身佛，高推自宗所創立之『毗盧遮那佛』等假佛爲修証最高之究竟佛；若究其實，彼等所說之佛實非《華嚴經》中之『大毗盧遮那佛』，乃是冒稱《華嚴經》中之『大毗盧遮那佛』名義，而說外道法，以誑惑行者之鬼神爾。

密宗古今諸師，由不知其內涵故，爲其言語所惑；今者大眾既已知之，無復疑惑，則此後密宗諸師之「外炫其言、內秘其行」者，已無魅力可再迷惑佛門一切行者，佛教斯清，正法斯弘，即可漸入坦途也。

第八節 雙身修法違背「真如遍於一切法現行」之正理

眞實佛法說：眞實正理方名實相，實相之法遍一切有情、遍一切地、遍一切界、遍一切時、遍一切識。然雙身修法違此遍理：不遍一切有情、不遍一切地、不遍一切界、不遍一切時、不遍一切識。不遍之法者，即非眞實佛法也。

雙身修法云何不遍一切有情？以人間有情爲喻：譬如人類之中有半擇迦（五種黃門）石女等人，皆不能修學密宗之雙身合修法門，無男女根、或男女根不具足故，或雖具足男女根而有缺陷故，**宗喀巴自言須依男女根而修故**。

宗喀巴如是言：《《由彼行相隨順菩提性轉，故說**生為果性，此等於依明妃生四歡喜時說**（此等乃是依「與明妃修雙身法，生起四歡喜」時而言）。**由此中曉示弟子與業印**（由此雙身法中之道理而曉示弟子與事業手印之明妃）**：明了觀為本尊父母入於等至**（清楚地觀想爲本尊父母同入性高潮之第四喜中安住），

生起俱生喜時安住正見（並於自己與明妃皆生起第四喜之俱生喜時安住於「此即是報身佛大樂」之正見中）。則亦當了知行者與業印、或行者與智印、或行者與空色明妃，明了想爲本尊父母入等至中起俱生智。以彼同於明想本尊父母入等至時所生空樂，獲定解故（則亦應當了知行者自身與事業手印、或行者與智慧手印、或行者與觀想所成之空色明妃，明了地觀想爲本尊父母同入性高潮中一心不亂而起俱生智。以彼自身同於清楚觀想本尊父母同入性高潮等至時所生起之「覺知心空無形色、淫樂覺受亦空無形色」，由此而獲得必定不移動之見解故）。如於白牛決定牛相，則於彼類一切皆斷疑故。如是依止明妃發俱生（樂）者，是由依於和合作用上下弓形業風，吹燃臍部猛利之力，溶化頂上之菩提心，由風下吹，安住摩尼而生（安住於龜頭而出生此樂及此智）。》》（21-388）

如是**宗喀巴**所言之雙身法大樂俱生智，謂爲『行相隨順菩提性轉』，復又說言『此等於依明妃生四歡喜時說』，則顯然可知須依明妃合修之淫樂而得。復須『曉示弟子與業印（明妃）』：於淫樂高潮而生起第四種俱生喜之際，須明了觀爲本尊佛父佛母同入等至（同入性高潮）中一心受樂。

由**宗喀巴**所說如是之言，則謂男女根有缺陷者，或不具男女根者皆不能修之。既如是，則知半擇迦（五種黃門）及石女…等人皆不能修學此法也。何以故？謂無男女根者，不能由諸觀想法門而引生淫樂故；男女根有重大缺陷者，亦不能引生淫樂之觸受故。既不能引生身中淫樂，則四喜之引生已不可能，則知如是等人欲觀樂空不二者，已成絕望，遑論樂空雙運而久住其境界中？

如是，雙身修法實與半擇迦（五種黃門）、石女……等人絕緣，悉不能修証雙身法之『樂空雙運、樂空不二』法門。若此等諸人不能修此法門而証之者，則此法之實際－四喜之樂觸－不遍一切有情身中，不遍之法即非眞正實相；既非實相之法，云何修之而能成佛？無是理也！

復次，此雙身法非能遍一切人而修，譬如男人之老矣，其性能力因年老而衰退，不能長住性高潮中樂空雙運；是故陳健民上師年增之後，不免有此感懷：《《血虛只愛零星睡，杵弱多承吻抱恩；老去甘心離取捨，時來滿願有溫存。》》（34-305）

如男人之體弱陽萎者，完全不能舉陽，則不能受男女欲之樂觸；男根之樂觸既不生，則樂空雙運即不能成就，則樂空不二觀即成幻影。縱使年少之時曾修成第四喜，至年老之時仍將喪失第四喜之性高潮觸受，乃至喪失初喜之性高潮觸受，年老色衰以致不能舉陽而不能生淫樂之觸故。由是理故，說雙身修法不能遍一切人皆可修之也。其淫樂既因此事實而不遍一切人存在，則非是能遍一切人而皆可修者也，不遍之法則非眞實佛法也。

年老之人如是，因病或因車禍⋯等事故而割除性器官者亦復如是，皆不能生起淫樂之觸受，無能生起四喜之任何一喜，則皆不能修証大樂光明之雙身法，可知此法不遍一切有情，故非眞實佛法。若人謂言：「雖無男女根可與實體明妃（或實體勇父）合修雙身法，但可藉觀想之法而生淫樂，亦可生起四喜等，故雙身修法仍可遍一切人而修証之。」

如是之言乃是昧於事實之言也，謂淫樂之觸受，要有男女根方能生起，無男女根者即不能生起也。醫學上之常識亦復如是証明：男女根雖然猶存，若失其功能，則樂觸隨之喪失；如男性因年老或車禍而陽萎者，即因陽萎而令其淫根不生淫樂；以此推之，應知女根亦復如是，必因性器官之受損而致四喜不生，或生而不能具足，則已顯見淫樂之法非是遍一切人而有之法，縱能觀想而修，然因男女根之損壞而必導致樂觸不起，故知雙身法之淫樂不遍一切人間有情身中而有；不遍之法即非眞實佛法也，不遍之法絕非實相法故。

眞實佛法—修證如來藏—則非如此，不論是否具足男女根，皆可平等修學；是故半擇迦、石女、因病割除淫根者、因職業割除淫根者（如太監），因意外傷害而損害淫根功能者，皆可修學而實証之，不因其不具淫根、或淫根有缺陷而導致其不能修學，故說眞正佛法能遍一切有情而修學之。雙身法縱能依觀想之法而修，然若淫根有缺陷者，則樂不生起，亦不能修。亦有根無缺陷而樂不起者，亦不能修之。故說雙身法非是能遍一切人間有情而有之法，不遍之法則非眞正佛法也。

又此法不遍一切地—不遍三界中之九地，違眞如體性，故非眞見道之法，更非成佛之道。云何言此雙身修法不遍三界中之一切地耶？謂此雙身法要須淫根方能生樂，若無淫根，則淫樂不起，則四喜悉皆不生；若四喜之任何一樂皆不能生起者，則密宗行者欲修証『樂空不二、樂空雙運』者，即成空言，云何成就悉地？

譬如色界諸天及無色界四天之一切天人、天主等有情，悉無男女根，皆唯一種中性身故，色界天人皆無欲想故，何況能生欲行？既無欲想，復無淫根，則不能修雙身法，則已顯見此法不遍色界天及無色界天等八地，則非遍一切地—不遍色界之四禪地，則非眞正實相之法也；實相法遍三界九地、無處不存在故。

色界天人縱有欲想（色界天人絕無欲想，此乃爲辨証而假言其若有），然因無男女根故，亦不能因觀想而生四喜，四喜要因男女根方能生起故；既然四喜非能存在於色界天，則非遍一切地之法。既不存在色界天，當知更無可能存在於無色界天等四地中；如是不遍三界九地而存在之法，必非實相法，云何密宗古今諸師可言此雙身法是能成就佛地果德之法？無是理也！

又此法不遍一切界存，故非實相法：云何此雙身法之『密宗實際』不遍一切界？謂雙身法所証之四種淫樂（四喜），不遍一切十八界，故說不遍一切界。雙身法所証之淫樂四喜，既唯存在淫根而有，當知唯在身根及能領納淫樂之覺知心，則知此雙身法所得之四喜，唯在身根、身觸、身識、意識而有，於十八界之其餘十四界中不能存在；既非是遍於十八界而有之法，則是不遍一切界者，不遍一切界之法即非實相法，乃是三界中之有漏有爲法。不遍十八界之法，不可名爲實相法也；實相法第八識遍十八界，無一界無之也。遍一切界之法，方可名爲實相法也；修証實相法者方可成就佛法之修証也。雙身法之淫樂修証既非遍一切界之實相法，云何可說是「能令人成就佛果悉地」之法？無是理也！

又此法不遍一切時存，常有間斷時，故非實相法：此雙身法所証得之四種淫樂境界（四喜），乃是有間有斷之法，絕非實相法也。譬如密宗之『諸佛菩薩』於因地修証此四喜之時，或能如宗喀巴所言之『八時而修』，乃至如「冒名打那拉達之密宗喇嘛」連續三天與明妃合抱而不分離，竟其長時『常住四喜』之中，然而終有分離之時；分離之時則淫樂必將漸失，乃至終無絲毫淫樂之觸。

設若有法能令淫樂於明妃分離之後，繼續保持於色身之中，終必因彼色身之疲勞入眠而令意識中斷；意識中斷而眠熟時，則淫樂四喜之任何一喜皆將不存，成中斷法；中斷之法，則非遍一切時恒存；不遍一切時恒存之法，則非實相法，實相法遍一切時不斷故。

雙身法所証四喜既非遍一切時恒存之法，則已顯見其爲非實相法，非實相法不可謂爲佛菩提法之正修行也，云何密宗古今諸師昧於此一事實，而言雙身法之合修能令人「成就佛果悉地」？無是理也！一切佛門學人莫爲其所惑。

又此淫樂四喜之法，體性非恒、有變異性，故非實相法：譬如密宗『諸佛菩薩』於因地修証此四喜之時，常因淫樂之觸受不能永遠保持於性高潮狀態中，是故於淫觸高潮爲免射精而暫停淫行時，少時必致樂觸覺受漸弱，則必須復又『加行』，令淫樂再至高潮，然後又暫停止而免射精；如是反復而行，如是『樂空雙運』而「瑜伽」之。是故淫樂四喜絕非遍一切時恒存之實相法，有變異性故，非永不變異之法也。

宗喀巴等密宗古今一切上師悉皆如是教導弟子，弟子悉皆如是『精進』修行而「瑜伽」之，始終不離如是變異之法。變異之法則非實相，非實相法則必不能成就佛法之修証也，云何密宗諸師言此雙身法之『修行』能令人証得實相？云何言此雙身法可以令人即身成佛？莫道成佛，乃至小乘見道亦不可得，遑論大乘見道？遑論成佛？

又如密宗『諸佛』已成佛後，尚且樂於接受弟子供養淫樂邪觸，於受供養淫樂之樂受以後，始降甘露淫液加持弟子（詳灌頂章），則如是『報身佛』之樂受顯有增減變異；若無變異者，應彼報身佛於一切時皆降甘露淫液而不稍停，常住至樂極樂之中故。今見密宗所說之報身佛並非常住至樂之中，而是於密宗弟子請求時，方入至樂之中而降甘露淫液故，則已顯見其樂有增減變異也；有增減變異之法，則非實相法。

復次，何故言其增減變異？謂彼「密宗諸佛」若已如密宗諸師所言之成就「報身佛」者，而彼密宗之報身佛常抱『佛母』而常住性高潮中，名爲報身佛之『常住不變大樂果報』；則應彼『佛』不復能受弟子淫樂之供養，其樂已不能再增故，則弟子之觀想供養淫樂於「佛」者，實屬無義。

若供養爲能令彼佛受樂者，則彼佛之常住第四喜者，其樂即非究竟大樂；然而**宗喀巴**言應觀想供養淫樂於彼佛，而後彼佛受於大樂，密處乃有『甘露』淫液降注，而供上師作爲灌弟子頂之用，如是觀想而完成瓶灌，方是如法之瓶灌頂。由是灌頂理論，知雙身法所修四喜之淫樂觸受，非是實相法，有變異故；既非實相法，修之云何能成佛道？尚不能得二乘見道，而言成就佛果悉地，有是理乎？

又此法不遍一切識存，不遍有情七識心，故非實相法：此雙身法所証之第四喜（俱生喜），不能遍於一切識，唯能存在於身識、意識、身根等「二識一根」之中；既唯在此二識一根之中，不遍七識及五色根而在，云何可以謂爲實相之法？當知實相法第八識遍於七識心及五色根而存在運行，故是遍一切根識者；遍一切根識者方可名爲實相法也。

雙身法所証之四喜，皆不遍一切識，當知不是實相法；既非實相之法，則修証具足之後，仍與大乘佛菩提無關，仍與解脫道之二乘菩提無關；與三乘菩提無關之法，則必不能成就佛教之佛道，唯能成就密宗之虛妄『佛道』，墮外道法及大妄語罪，又復成就破壞佛教正法之大罪，一切密宗行者務必深思抉擇、知所進退。

西藏密宗四大派，必須修雙身法之原因，由陳健民上師所說，知過半矣：**《《所以要用雙身法的道理，就是用氣功把密輪外層的脈就解開**

了，然後遍行氣就把心輪外層的脈就打開了。心輪外層的脈打開了，氣就容易進中脈。然後下面用火衝（原註：拙火），上面用水洗（原註：頂輪滴明點），這樣子心輪就一層一層的打開了；所以開五輪，就要心輪先開；**但是修則要從密處起修啊！所以修雙運的重要性就在此。你不修雙運，密處外圍的脈就很不容易打開。所以人家都說這個睪丸是總精啊！一切精都組織在這個地方。要在這裡天天修，用空性三摩地的力，用氣功，用雙運，慢慢把這裡解開。**》》（32-235）

密宗老修行者，及諸法王等人，愛樂雙身修法之原因，除自己之貪著淫欲樂受以外，其根本原因在於密宗之修行理論，完全在於修証四喜；既以四喜爲其修証之標的，當然必定追求淫樂，四喜以淫樂之強弱與是否遍身五輪，及住於性高潮之時間久暫而定其層次故。四喜淫樂具足之時，同時觀察淫觸樂受空無形色故名「空」性；亦觀察覺知心住於性高潮中一心受樂，此覺知心亦無形色，亦名「空」性；如是久住第四喜之至樂中而不捨『覺知心是空性』之見解，名爲証得佛地『樂空雙運』之常住大樂佛果。

既然如是，當然一切中脈明點觀想若不能成就者，亦可要求已受三昧耶戒之異性行者幫助，而藉雙身法完成中脈明點之修証，乃至完成

『常住不變大樂』之俱生喜（第四喜）修証。而如是修証者，皆以實體明妃（女性行者則以實體勇父）之合修爲最上，**宗喀巴**於其所著之《密宗道次第廣論》中如是倡言；乃至主張出家喇嘛亦應以實體明妃合修爲最上。黃教如是，則其餘各派之行門亦可知矣！

如是希求常住於第四喜之淫樂而成『佛道』，並求『成佛』之後常住此第四喜之大樂中，正是貪欲之心，並且是大貪之心，如是常求此淫觸之樂者，云何而言以欲止欲？無是理也。譬如密宗上師如是言：

《《實際上，逃避女性的誘惑時，只是暫時迴避了貪愛而已。如果在自己房中遇到女人（原註：無閒雜人等在場），出家僧仍將守戒，但是**他就沒有此歡樂的經驗**。若是修三灌的瑜伽士，與其逃避，不如用之，**以便雲雨一番，豈不更好？**如果三灌行者有適可的對象，**他們可以行雙運，相互提升，以趨向最高的佛果**。在此雙運之樂中，她既不能動搖我們的空，也不能奪取我們的菩提明點。這豈不是摧滅貪慾之最上法門嗎？**有哪件事是比性交更沒趣的**？或是比它更苦惱的呢？金剛乘承認此事實，並傳授了許多果位之修法。……》》（38-417）

由如是語中，可見密宗「以欲止欲」之言，乃是遁詞爾，諸上師法王心中尚有希求樂受之心故，欲求第四喜之『常住不變大樂』故。然而密宗諸師之如是空言以欲止欲者，極爲常見，宗喀巴亦不免之，觀其所造《密宗道次第廣論》之言，即可証知余言之不謬也。以如是追求淫樂之最大樂受，作爲報身佛之『常住大樂』，心中常求淫樂之大樂，正是貪欲之輩，云何自言『以欲止欲』？眞乃掩耳盜鈴之邪教也，眞是欺世盜名之邪教也。

如陳履安居士語吾之言：《《密宗有許多大修行者在台灣弘法，他們都很謙虛客氣，持戒都很清淨，並未傳雙身修法；從來不自稱爲証悟之聖者，亦無人以佛自居。……》》然而彼等既以四喜爲修証佛果之境界，則於行門勢必追求淫樂之觸受；而淫樂之觸受中，則以實體明妃之合修爲最上、爲最能獲得第四喜之行門，如是密宗之理論與行門，欲求密宗喇嘛及在家之上師不求女人合修而獲淫樂者，殆無可能；欲求密宗喇嘛與在家上師不求淫樂者，殆無可能；密宗之修行理論本在淫樂上而修故，行門口訣之傳授亦完全在此性交之淫樂上用心故。如是密宗上師之心，欲求其清淨而解脫於欲界者尚無可能；如是所修所行，尚不能到色界境界，何況能到無色界境界？何況成就二乘解脫果？更何況成就大乘菩提之見道？而言果位修行之即身成佛，無乃世間最大之妄語乎？

陳居士以如是密宗之本質，而言彼等之謙虛、戒淨，無乃狡飾之辭乎？復觀彼密宗諸師之言全然開悟、果位修行等（譬如眾生出版社爲諸密宗喇嘛印行之開示等書所言，每言『全然開悟』、『果位修行』；達賴更主張性高潮中之明光極爲重要），皆無其實；而密宗所言果位修行之全然開悟，則是佛果；如是之言，則是以佛自居－向弟子衆等暗示自己已經成佛，已經全然開悟故，而此開悟復是果位之修行所成就故。然推究其本質，其實皆墮「常見見」中，未離常見外道之知見，尚不能知聲聞初果之見地，乃竟敢自稱果位修行之「全然開悟」，寧非世間之最大妄語者乎？故說陳履安居士爲密宗諸師出版諸書者，極爲不當；爲彼等密宗諸師而言於余者，亦違實情也。密宗行者於此，悉應深入客觀探討之，莫爲密宗上師之言所惑，以免隨諸上師墮大妄語及破壞佛教正法之惡業中。

第九節　密宗之除漏、証禪定、圓滿菩提

密宗之除漏、証禪定、圓滿菩提者，皆在此雙身修法之境界中，以淫行方法而作功夫，並以如是淫行中之境界觀行，作爲禪定及佛菩提之正修行：以精液不漏洩爲無漏，以長久安住於淫樂境界中之一心不亂爲禪定（三昧耶），以雙身法之『樂空不二、樂空雙運』境界証得，作爲圓

滿佛菩提。

所謂除漏者：《明點漏（合修雙身法時不慎漏洩精液）則所依退敗者，其能爲禪定中之障礙（障礙淫樂之性高潮中一心不亂境界），故須守護。六漏者，即：生樂遍滿盈中漏（因性高潮而不能控制，以致射精者），鬼魔習氣夢中漏（因鬼魔所引誘故夢中行淫而射精），病患諸擾液中漏（因身體衰弱而遺精），明妃作緣貪中漏（因與明妃合修雙身法而貪著性高潮故射精、成爲貪中漏），飲食不調覺中漏（因飲食不調而導致遺精），行止不端過中漏（因貪著女色男色而生過失、漏洩精液）。

生樂遍滿盈中漏：其以修習力增長淨分，而身爲樂受充遍之時，以其猛烈行或笑而漏失；守護之法爲：以「六勢變」「寂忿語導引」「特殊力之吽字」等爲守護（詳本章第六、七、八節等法）。又其開闔之際，若串習而行獅子解脫印，則明點無有漏失。

鬼魔習氣夢中漏：其以黑安息香、未腐敗之裸蟲腦、白芥子燃灰、未腐臭之蓮血（月經血），四者調製；舀白芥子於鐵上烘焙，復以石片反覆搓擠，令其出油，次舀安息香、亦以石搓擠，如是添加數回，次舀腦及血、調混爲如豆丸大小，置掌中以唾液或小香（小便），調勻爲汁，周圓敷於密處及腰間，定能敵之。又法：取黑繩三股絞合，打三十二結，多誦本尊心咒後纏縛於腰，取婦女衣垢佩帶之，亦可守護習氣之漏。又……。

病患諸擾液中漏：攝滋養之食，及三辛研粉，於空腹時服用少許，復裹以猛獸等粗厚暖熱皮毛於密處及腰間，立於距身一肘許，置火五或七堆環繞，定能息之。

明妃作緣貪中漏：其守護法爲於開闔際行特殊守護者，爲六變。其他亦有以安息香煙熏諸根門，置隼卵於囊，繫於密處，以野鴨初產之卵亦堪護之。又，可取完全成熟之花、果等分，研細末，加乳調製，於空腹時服用，此爲飲食及服藥中守護之最勝者。若於此乃（仍）未能護時，則倒立守護，自成本尊勝觀，拔諸毛髮、色過灰白等，身塗以黃牛糞末，左持內塡尿灰之椰子，右持孔雀翎，覆於密處，誦……。

若多寡失當而無樂者（若因成份多少配置不當導致行淫之際、淫樂覺受不能生起者），復修習與覺受等行之。『飲食不調覺中漏』及『行止不端過中漏』二者，則與前章所教示之飲食、行止之受甘露部分同，甚無差異。此等爲中集界時所斷，極要守護。》》（61-419~422）

如是六種漏失精液者，名爲「有漏」；若能依所傳之密法用功，而能不漏精液者，即是已除諸漏，成「無漏法」—成爲已經証得無漏境界之聖人—『漏盡通』成就，成阿羅漢。此『漏盡通』之成就與否，在密宗之中極爲重要；密宗行者若不能修成此『漏盡通』，則一切行門之精進用功，皆成唐捐其功，永遠被精液之漏失所繫縛，不得解脫於此繫縛；亦永不能『成佛』—永遠不能圓成『佛菩提』；密宗之解脫道修行，及佛菩提修證，皆以精液之漏與不漏、及能不能証得第四喜之最高淫樂爲分際故。有智之人閱此說明，對照余所引證之密宗古今諸師言說「開示」已，即知密宗『即身成佛之秘密道』是否邪謬，當即遠離。唯有餘諸崇拜言說表相、及貪淫之無智人方能繼續修學之。

　密宗修行法門既以雙身法之常住淫樂境界、及受樂之覺知心爲其中心理論本體，是故如何修成精液不漏之功夫，便成爲首要之目標，是故修証明點不漏之方法及口訣便益發重要，「有漏」之密宗男性行者不能長住於樂觸中故：

《明點不漏口訣：初修氣數次，想杵口（龜頭尿道口）上有白蓮花向外開放，其蓮柄從杵口入達臍間，此處有紅色吽字，其❂❂❂（梵字略而不錄）勾柄之勾如繩然，四肢用力，腹貼背、目翻、舌抵，結獨股杵印，手指倒插頂門，念長吽，心緣紅吽勾蓮花入杵，如翻腹然，杵蓮循中脈上至頂，杵成肉髻，髻上有蓮花，花上有紅吽，此爲不漏甚深口訣，凡滿遺、病遺、夢遺、貪遺（遺謂漏洩精液），皆可治。此口訣傳自香巴阿闍梨、火巴加倫師，外間無香巴噶居之傳承，本不應公開，弟子以此法與蓮師亥母甚深引導中馬陰藏相口訣有似處，而外間此種痛苦最多，故附載於此，當求護法空行忍赦。》》（34-632~633）

已修成脈氣明點者，以如上所說之法，及其他種種法門而修成明點不漏者，由修「守護三昧耶、及受用印」三種口訣，而受用事業手印（實體明妃）者，得圓滿密宗之菩提果：

《《守護三昧耶口訣：如典籍中了知三昧耶，如有闕犯，其補救口訣者，上月初十，下月二十五供磋子（食子）、行火供，念百字明；行者如不能攝持金剛空行，則不生起証悟，當常時在法爾義上修等持（當常時在如是雙身法上修等持），受用五肉、五甘露。不能攝持寶生空行（寶生空行母），則不能映蔽顯現之境。當遠世間，趨向寂靜處。不能攝持蓮花空行（蓮花種性空行母），則不能生暖樂。當修拙火，並依拙火熾然之事業母（應依已証得拙火而願與人合修雙身法之空行母而修雙身法）。事業空行不能攝持，加持衰弱、眷屬甚少，事多不敢作。當斷除貪著之物，修勝、共二成就法，修亥母密修法。》》（34-633）

如是攝持空行母（明妃）者，若能長住於淫樂之中，保持一念不生而不離『空性見』者，即是証得密宗所說之禪定—三昧耶。密宗所護持之三昧耶者，即是此淫樂之一心不亂「等至」也。密宗所言之等持與等至，皆是此『三昧耶』也。然此實與禪定「三昧耶」完全無關，禪定之等至等持等引，有其一定之定義：謂四禪八定。密宗倡導、修証之如是三昧耶，尚不能越欲界六天境界，云何可謂禪定三昧耶？無是理也！

証禪定者，必是初禪以上定境或定力，方可謂爲三昧耶也。如是，密宗以自意解釋三昧耶名，如同密宗以自意解釋佛法諸經所說一切佛法証量名相無異，皆隨自意而解，非依 佛所說之眞意而解，是故密宗諸師所說、所修、所証，悉皆背離佛法而修，卻以如是外道法門之理論及「修証」—具足外道凡夫之境界與邪見，卻來否定顯宗之正法修証者爲証量淺薄。荒唐無比。

《《受用手印口訣（受用實體明妃之口訣）：五部手印母口訣者，修誦圓滿已，修時以黃丹塗太極紋於自眉間，將修成就之天靈蓋（嘎巴拉）挾於左脅，手持三尖天杖、小鼓，到處行走。智慧空行如普通女子，信、智、悲皆大，年青美麗，手足皆左先動；指甲紅、肉白上紅；髮黃光，聲妙、腰細、氣味佳，額間有怒紋三，眉間放太極圈光；見已，起兮魯噶慢，左遶此女，念：（咒語，省略）吹其頂。吹已，觀（想彼）女子變成葉字，入自心中；以右手多次作牽入想，可以勾攝。勾已，手印（實體明妃）以香粉塗之，佩各種莊嚴，如自意行之（隨自己之意而與之行淫行）：初二、三日，看其面、手、足等（欣賞其姿色），此爲學色；以後學聲（欣賞其言語歌唱之音聲），以後嗅其氣，吻其遍身，吞其口水，摸其乳蓮。如明點將落（若因性高潮而即將射精），當定於安樂大手印上（不令漏洩而可長住此樂中），此爲學樂；初令明點降（至海底輪引生淫樂），次提（隨後上提而不令漏洩），次持（再後則保持住於此淫樂覺受中而繼續不斷、亦不射精）。此後（觀想）自（己）成兮魯噶，杵成五股藍杵，以吽莊嚴。明母，觀爲亥母（將明妃觀成亥母），蓮花觀爲三角生法宮（將明妃之下體觀想成三角形之能生一切法之宮殿），葉字莊嚴。無二相抱（以樂空無二之見地而與明妃相抱），先以杵尖行之（先以龜頭向明妃下體行淫），後全入；杵尖吽發光（觀想龜頭吽字發光），召生法宮中吽葉（召生明妃下體內之吽葉字）；葉上有火，火入杵中（火入自己之陰莖中），（上升而）充滿中脈，以燒五毒；觸頂杭，明點十六半半下降，四輪、蓮增長四喜（令自己之中脈內其餘四輪及明妃之下體皆增長四喜），定於此上（安住於此境界而不緣外境起心）。樂大則提（樂太大而恐射精時則將氣上提），緩緩復行（保持此樂時須緩緩而行、不可急躁，行之復行）；杵尖觀紅黑色呸字塞之（觀想以呸字塞住杵口，令精液不漏洩），內藍色吽向上提，杭如磁石，呸如抬舉；吽字乃上身拳法、目翻、手足勾等。當知念長吽、明點吽入中脈上杭，如空中星箭，直向上射；提已，跏趺（住於雙身合抱令精將出未出之狀態中，詳前蓮花生及宗喀巴對於跏趺之開示），手置臍，身左右轉，提下氣，**心定於無念上**。**如是明點遍於脈內，心任空樂無二，身變智慧光明身，圓滿菩提**。》》（34-633~635）

如是以雙身合修之淫樂法門，令明點遍於中脈五輪內，長住於淫樂之覺受中而享受其樂觸，及長住『淫樂覺受空無色法故名空性』之見中，如是長住而令覺知心**定於無念上**，名爲証得空樂不二，此時之色身即是**智慧光明身**，名爲**圓滿菩提**——成究竟佛果。然而此種「菩提」，完全異於 佛所傳授之三乘菩提，乃是密宗師徒所自設自稱之菩提，非是佛教中之菩提也。由是故知密宗**所証之佛果**，**乃是密宗自設之佛果**，**與我佛教所說之佛果無關**，同有佛名而證境證慧迥異故，二者之證境與慧不相關故；有智學人當自抉擇，而後知所進趣。

密宗獨有「貪道即身成佛口訣——單傳口訣受持空行秘密句」如下：

生死輪轉四生根唯貪，若無貪根生死轉涅槃。或視或笑執手與雙握，欲界具有四會當調伏，是故佛說四部之密宗。彼諸凡夫所作不淨行，爲十惡一貪果當餓鬼，於尼姑母姊妹而行淫，於口肛門畜生及其他，誘引女人其罪則更大。出家僧眾如作不淨行，其作犯罪較在家加倍；
彼等即佛所說四諦法，以出家人與女人行淫，由犯戒故不得入僧眾，
此屬律儀根本之戒條。於小佼童口或肛門行，所依非女罪過雖略小，
或輕或重總皆爲罪業，故三瘡門原無有差別。雖能守戒心中常思女，
貪欲生已明點乃漏去，此亦於戒未淨罪亦大，七淫經中佛曾廣宣說。
自己出精或令他人出，雖不犯戒洩殘罪亦大，惡作淨論不成爲清淨。
但能不致增長罪業已，如上所云無方便攝貪，瑜伽空行王云如能攝，
雖然甚毒可轉成甘露。又具德喜金剛續亦云：唯是以貪方可以破貪，
惟彼地道差別不相同。**從氣脈所得登地以上，女人雖依不致於犯戒；**
譬如印藏諸大成就者，依女人能不壞顯神通。若不變現神通顯功能，
氣脈雖好亦可用女人，於佛教化損害罪亦大；出家僧眾彼此互出精，
現在各寺此種行爲多，雖然犯戒輕重各不同，無量地獄苦痛豈易受？
集續論中此事曾詳述，以彼佼童作諸女人想，此人貪欲邪見而具足，
此罪較彼五無間更大。未足多吉謂吝巴所云，吝巴親見此事晝夜哭，
解析戒律曾明顯述之。具德時輪金剛續亦云：漏點一次決不得成就。
讓蔣多吉三昧海亦云：此事屬於菩薩根本戒。薩迦巴等雖不許此說，
然彼受持氣脈之行者，是根本罪異口皆同聲。別則大修行者如此行，

煩惱之頭亦不能壓伏，過失慚愧無有更大者。特別地位如大喇嘛者，不能領眾常令彼錯亂，不見喇嘛但能見犯人，於彼位敬眷屬弟子等，加持傳承皆因此斷除。何故於彼女人行之乎？觀彼罪墮侍徒雖妖冶，於彼不行堅持三昧耶。欲界眾生貪心本大故，當令罪墮修不淨觀法；於貪體觀猶不能寂靜，此後不取貪道取爲修，於戒不犯教化亦不壞，罪墮不生覺受增上法。**具足方便持戒行教授，經中所云普通行淫者，具有過失與此不相同**。本尊明顯密行原不同，覺受証悟增上特殊勝，此說究竟有何根據者？秘密摩尼明點經中云：唯此顯現如彼金放光，此爲根據諸論廣推行，忿怒下門大樂自解脫；也那領取甚深秘密庫，受持爲三灌頂等書中，本親打那洗等所著述。印藏典籍亦曾明顯述，其他經論明顯述者多；**凡經秘密灌頂之行者，於此可謂修智慧灌義**。

受持根本唯此爲妙法，一日斷缺即犯三昧耶。

無此當修本尊吻口法，修習之法身空脈亦空，氣稍住持免病經所云，如此分爲上根與下根。上根修習任何抱母等，吻口修法如下之次第：密處現吽吽轉五股杵，杵尖復有吽爲塞杵口；佛母密處阿本體蓮花，紅色四瓣塞口有呸字。杵入蓮花猛力而行之，貪火上燃頂杭乃化點，點入中脈由頂滿喉輪，心一剎那生起大貪欲；不能認識則爲普通貪，觀其本體可以見空性，此則名爲認識歡喜智。此後蓮杵復猛力而行，菩提至心心輪脈充滿，身心喜樂覺受乃充滿；若不認識當生大貪欲，觀其本體即可証空性，皆爲空樂無二殊勝智。此後加功復勵力抽擲，菩提至臍臍輪脈充滿，貪心更大遮止粗分別，喜與不喜二者等持住；若不認識貪心更爲大，觀其本體空樂自和合，此屬第三名爲離喜智。此後復行明點行下降，大樂生起如不可支狀，觀其本體空樂得雙運，此則名爲俱生歡喜智。

米足巴師所云之量者，明點半出半能存在時，於彈指頃俱生智現前。明點半存半出殊不可，如彼外道破者亦有之。

那洛所云到杵半節時，空樂甚大俱生智現前，忿寂下門大樂自解脫。謂到杵根明點當上提，此屬純熟具力大行者。初修業者到臍即當提，否則明點下降當壞失。

一切男人皆歡喜女人，對彼行淫爲生樂之故，此種凡人是具邪見者。此意彌勒菩薩亦嘗云：譬彼貪著犬口啣骨頭，自咬自己自貪著自血，勤加守護令餘犬瞋忌。世間邪淫原與此義同，此譬言彼童女身雖姣，於彼行淫令生樂凡夫，何嘗能從彼童女生樂？如狗齧爲乾骨頭所破，出血具味只爲骨頭味。

自身中脈下身海螺脈，脈端接於金剛杵之根，於彼摩擦明點下生樂，
安樂不知是名爲貪著。認識本體空樂合爲一，密宗所述是爲大手印。
無有安樂唯見彼空者，此爲經中所述中觀見，薩本則許亦爲大手印。
氣血精卵甚多青年時，作此觀想能生貪欲者，唯此觀想明點亦能下，
明點下已無不生安樂。若不降時當如仙人坐，二手抱臍杵垂兩踝間，
身界貪心較爲小焉者；**手節生起五種空行母，杵柔不起揉摩明點下，**
米勒所云降如龜走狀。
依次脈處認識彼四智，到杵根處刹那往上提，疑其必漏用水獸猴拳，
二下門間明點必經過，如放水處當用力按緊，肛門張開四肢猛力縮，
下氣上提以腹靠背脊，於二下門用力而提收；舌抵上顎眼向上翻視，
全身之氣完全向上提，吽嚇審三各以長聲呼，心緣於彼虛空法界上，
密杵明點如波翻上湧，到達臍間生第一歡喜，心二喉三頂四次第喜。
是否由下向上喜四智，爾時安住空性不可離，方可成就逆行之四喜。
此後心與彼虛空契合，如彼虛空觀廣大體性，如上拳法用力而行之，
明點勿漏如護守誓句，有此意樂雖漏不成罪；果能提上金剛如線柔，
身生安樂心顯現歡喜。此後當行獅子撒塵拳，如彼雄馬抖搖其全身，
心緣明點甘露遍全身，功德能生身樂心明顯。空行勇父可以兩收攝，

覺受証悟如上半月月，鬼神人之財物可攝受，可見氣脈明點諸功德，
彼意見如大樂自解脱，此則名爲自身具方便，於彼安樂極大增長後，
能得無漏空樂殊勝定。**對於持戒清淨之比丘，依於女身必起人毀謗，**
是故當用自身之方便，如上所云口訣之精要；脈如房舍氣如彼主人，
明點則如錢財而安住，**脈空明顯可攝持女人，其故蓋以脈爲內空行，**
內所成就外可兼帶來。氣爲內之勇士護法眾，氣修能熟可攝持男性，
明點爲內福德錢財等，不壞可增福德與受用。能依之內紅白之明點，
所依之智明點大手印，能所明點增減兩同時，戒律守護不增且乾枯。
如上而行不減且增長，於彼無違當善於了知。意不攝持漏點成大罪，
有攝持意漏點罪較輕。意之有無明點分淨濁，空行四要經中有所云，
與米足多吉所説相合。
如上自身具方便修持，於彼明點或遮止或否；能遮止者在未行拳前，
於彼水獸喉結以遮止。難遮止者以手取而飲，初如酸乳後如彼芝麻；
其次水銀顏色一二粒，定爲淨分生兒女之因，壞之罪大攝之功德增。
於彼既漏是難遮止者，念阿米打或沙哇本札，念已當乘氣熱即飲之，
壞明點罪則不致成立。觀想不明以貪而壞失，如上作已不成根本罪，
喜金剛續曾爲詳説明。如熱未散當飲冷成病，於彼則成二種根本罪。

白色澄清形如鼻涕者，此則名爲淨分之濁分，能持身肥且具足功德，
漏失之過亦略略有之。濁分中之濁分如牛溲，具潤有如條條之絲狀，
雖經攝持而漏則無罪。攝持之法觀想杵中孔，三吽相疊即之爲覆蓋，
四輪觀想頂上有杭字，明點星箭自上空所射，聲如細細入於頂杭內。
上爲回轉攝持散佈法，心住本體與虛空相合，寬廣安住其法爲最要。
鈍根種性補特伽羅者，觀想佛母不能生貪心，吾於自身本尊化光明，
轉成烏金裸體具二手；本尊佛母亦復化光明，本體亥母性相如美女，
於意相投專一而想思，於寂靜處與彼女爲伴；彼此於色生起大貪心，
於本體上觀照現且空，是由歡喜滿足起貪心。此後以笑作各種貪語，
於本體上觀照聲本空，更由笑説滿足助貪心。此後嬉戲兩兩相握手，
互相擁抱摸擦其兩乳，於本體上觀照觸而空。由是握手滿足動貪心，
此後彼此相抱而行事，金剛蓮花且平等功用，佛母樂不可忍動搖身，
出歡樂聲佛父母歡悦，於脈四處認識四喜智，提散所緣與上法相同。
特别口訣佛母來自頂，漸次高升齊彼虛空界，於彼蓮花我心專一緣；
此法較前提升爲更深，明點下降生起大安樂，欲不能提竟至於漏失。
自於佛母當同時觀想，於彼蓮花想本尊壇城，於壇城中行秘密供養，
念根本咒後加念下咒：麻哈蘇卡不札古魯和。

念已開放杵口以手承，於彼貝殼海螺亦可盛，其餘不可出勝樂經中。熱氣未散置舌而吞下，供養五輪空行勇父眾，彼等喜悅自身智現前，菩提壞失不成為罪過，新舊密派共許此方法。飲已所餘少分之明點，塗於額喉心臍之四處，根本咒後低聲念下咒：嗡、嘎雅、班札、雅扯、雅扯、雅扯、嗡。哇嘎、班札、雅扯、雅扯、阿。止打、班札、雅扯、雅扯、吽。沙哇、班札、雅扯、雅扯、啥。念已四處嗡白阿紅色，吽藍啥綠四字成四身，從彼放光至十方世界，一切諸佛身語意金剛，智金剛等精華皆攝之，此為守護菩提心要訣。（此係單傳口訣，不欲令公開此訣者受密宗上師口罵筆誅，故不舉示出處）。

如是單傳口訣所說「**從氣脈所得登地以上，女人雖依不致於犯戒**」者，謂密宗行者認為：氣脈通達者即是通達位之菩薩，通達位菩薩即是初地菩薩。是故只要氣脈修成，從頂至密處等五輪通達，便等同顯教之初地菩薩。然而如是初地卻非佛教中所說之初地，而是密宗所自設之初地菩薩。顯教經中所說初地菩薩者，謂先証得第八根本識已，了知自己現前體驗之阿賴耶識乃一切諸法之根本；由証此根本識故，能進修唯識增上慧學，了知八識心王之一一識體性差別，了知八識心王之『五法、三自性、七種性自性、七種第一義、二種無我』法，**通達初地入地心之**

道種智，故名初地通達位，並非以中脈五輪之通達而成通達位之初地菩薩，與密宗之初地完全不同。

顯教證悟者，欲入初地通達位者，除須具足入地所需道種智外，並須修集入地所需福德（法施及破邪顯正、救護眾生），及修除異生性，然後再於佛前勇發十無盡願，由具此四法故成初地菩薩。

今者密宗所說初地菩薩，乃以中脈五輪之通達作爲初地菩薩，完全不具備進入初地所需之根本智｜七住位菩薩明心之智慧；又完全不知不證不解道種智，根本不是佛教所說之初地菩薩。如是密宗所說所修之行門及理論完全異於佛教之法，所証完全異於佛教所証，本質完全是外道，云何印順法師可言密宗是佛教？如是密宗外道乃竟動輒以佛教之初地、諸地菩薩自居而籠罩顯教學人；其實完全是外道之修行法門，冠以佛教表相及佛法名相而誑惑學人而已。

然而台灣諸大道場之佛教大師，竟能容忍如是外道存在於佛教中，令其繼續吸取佛教資源、而用外道法取代佛法，欲令往昔天竺佛教被密宗李代桃僵之事重演於台灣及中國大陸。台灣諸顯教大師竟包容之而不加以破斥，反而夤緣密教達賴喇嘛在政治上之大名聲，以自抬身價，愚痴至此，眞乃不可思議之事。

如是密宗自稱之「初地菩薩」，雖然出家受比丘戒，由於中脈之氣脈修証通達故，於修証無上瑜伽樂空不二法門時，雖依實體明妃而修－以女人合修淫樂之樂空雙運法，則不屬犯戒。此乃密宗衡量出家人與異性合修雙身法時之原則，是故密宗之出家人若已修成中脈瓶氣，通達而不洩漏精液者，雖御女人，二根相入而受淫樂，亦不犯戒，此單傳口訣所說「**從氣脈所得登地以上，女人雖依不致於犯戒**」者，即此意也。此謂密宗法中所認定爲犯戒或不犯戒者，端在是否能御氣自在而不射精爲要，不在是否斷除此貪也，紅白花教以及黃教之宗喀巴，悉持如是見解，等無有異。此乃邪見，謂受此淫樂即是貪故，密法所求証之四喜皆是淫樂之覺受故，第四喜乃是人間淫觸之至樂至貪故。

復次，單傳口訣中所言「**具足方便持戒行教授，經中所云普通行淫者，具有過失與此不相同**」者，謂若能具足方便而不犯三昧耶戒（不因受淫樂而射精漏點者），即可使用此雙身法而與女人合修，並傳此雙身法，不論是出家喇嘛或在家上師；如是單傳口訣而教授弟子修學雙身法者，即是「持戒而行教授」者，謂如是行、不同俗人之行淫，謂如是行無有過失，與俗人之行淫有過失者不同。

於此單傳口訣中復言：『**凡經秘密灌頂之行者，於此可謂修智慧灌**

義。受持根本唯此爲妙法，一日斷缺即犯三昧耶。』如是意謂：已經受秘密灌頂之密宗行者，可以修持此雙身法，而生起樂空不二之智慧；若密宗行者受此秘密灌頂之後，不能認定『唯有此法爲妙法』者，則是犯戒之人。

若受此秘密灌頂之後，不能日日勤修者，而有一日斷缺—一日未修此『淫樂與空性不二』之法門者，即是毀犯三昧耶戒者。根據密宗之戒律，毀犯三昧耶戒者，死後必墮地獄。是故已受此秘密灌頂者，必須每日與異性合修雙身法而受淫樂、而樂空雙運，否則即成違犯三昧耶戒。

若密宗之出家人不能每日與異性合修者，則須如口訣中所說，自己方便而修：『若不降時當如仙人坐，二手抱臍杵垂兩踝間，身界貪心較爲小焉者；**手節生起五種空行母，杵柔不起揉摩明點下，米勒**（密勒日巴）**所云降如龜走狀**。』謂先以觀想法引生淫樂而修樂空雙運，若觀想法不能生起淫樂覺受時，則先觀想自己手上五指之一一指各爲一明妃，然後以此「明妃五指」**揉摩**陽具而引生淫樂至最高潮，令精液如**密勒日巴所云**「**降如龜走狀**」，不可如俗人之一時射精完畢；而是保持於最高潮境界中，只令精液如龜行過之絲狀、極緩慢而下，如是保持幾近性高潮之樂觸，令精將出而不速出，長住於此極樂之境界中。若能令精液不直接射出，而如龜走狀之只有少許自然流出，如是長住而修樂空雙運、樂空不二，修証『俱生智』而成密宗之「佛道」。

如是**密勒日巴所云降如龜走狀**，乃是第四喜之境界；住於如是第四喜境界中時，性高潮長住不斷，而一心安住之；此時之樂不唯遍身，亦至頭頂；然頭頂之樂與下體所受之樂有稍異之處，謂頭部覺受有如輕微之昏暈（然不同於昏暈），受極大之樂受（此樂難以言語描述，唯有證者自己能知。在家女性若有性能力極強之配偶，而常能享受長時間之性高潮連續不斷者即知此意），正當住此境界中時，鼻息往往暫停而不出入。此樂受與下體之樂受同存，若下體之樂受消失時，此頭部之樂受亦隨之消失。

如是之樂，世間已婚男人至捨壽時，千人之中難得一人曾受此樂；而曾受此樂之男性終其一生，亦難得常有；若一生之中曾有三、五次受此樂者，即已甚爲稀有也。密宗行者由修中脈明點及寶瓶氣之成就故，能常享受如是第四喜至樂，非世間男性常人所能知之；此即**密勒日巴**所云**降如龜走狀**之樂，乃是第四喜之境界也。如是境界，密宗喇嘛與上師曾證之人，於百人之中欲覓一人亦是難事，是故證得此境之人，在密宗之內即是證量極高「已成佛道、究竟成佛」之人，名爲法王。

然而此一第四喜境界之修證，縱然成功，亦只是外道凡夫爾；縱使成就精行仙之功德，色身能住人間、壽至千萬歲者，亦只是密宗外道之「聖人」，仍是佛教中之外道凡夫也，何以故？謂此密宗行者所修成法乃是外道之世間有爲法，《楞嚴經》中 佛說此名外道「精行仙」，與二乘菩提之解脫道完全無關，亦與大乘菩提之佛菩提道完全無關，是故天竺月稱、梅紀巴……等人，及西藏蓮花生、阿底峽、馬爾巴、密勒日巴、宗喀巴、岡波巴、……乃至今時之達賴喇嘛、陳履安……等人，悉是外道修行者，所說所修所證之法門，其理論自始即非佛教正法故。

如是密宗之通達位「初地菩薩」，根本不是佛法中之通達位初地菩薩，而冒用佛教初地名相以籠罩佛教學人，而用以引導佛教學人隨其步步誤入岐途，於後必將返身而謗正法爲非法，必將反謗佛教中眞正證悟之人爲錯悟，必將反謗眞悟之人爲凡夫、或謗爲證量粗淺；如是以凡夫身而謗正法賢聖，未來果報難可思之！說爲可憐愍者！

此是密宗『喇嘛』修證即身成佛之道時，無明妃可用時，於自己指上自修之法，密勒日巴獨處偏僻山洞中自修時，即是如此自修者。是故口訣中言：「**對於持戒清淨之比丘，依於女身必起人毀謗，是故當用自身之方便，如上所云口訣之精要。**」西藏密宗之喇嘛於晚間在寺院中自修時，爲防外人誹謗「與女人行淫」，即以如是之法而「指上自修」。

然而「脈如房舍氣如彼主人，明點則如錢財而安住，**脈空明顯可攝持女人，其故蓋以脈為內空行，內所成就外可兼帶來。**」此意則謂密宗喇嘛平時應以如上所說之方便法而自修雙身法，以免他人知密宗出家人與女人合修此雙身法時誹謗之。

然密宗之喇嘛，若中脈已打通如空管，上下悉已通達，而明點明顯分明，並可自由上下時，則因**以脈為內空行**故，由此**內所成就**故，身外之明妃亦可兼帶而來－可受用實體明妃，可與女人合修雙身法而受淫樂及修樂空雙運。

如此單傳口訣中所言：「自身中脈下身海螺脈，脈端接於金剛杵之根，於彼摩擦明點下生樂，安樂不知是名為貪著。認識本體空樂合為一，密宗所述是為大手印。無有安樂唯見彼空者，此為經中所述中觀見，薩本則許亦為大手印。」意謂：密宗女性行者與男性合修雙身法時，應與男性行者交合，而將自身中脈下端之海螺脈，與男性行者陽具之根部接觸而摩擦之，令生淫樂而洩下淫液，於此時受樂而觀察樂觸本來空無形色，故淫樂之觸受即是空性；而覺知此樂之心亦無形色，亦是空性；如是觀察淫樂之觸「空」與覺知心「空」等性，受樂之覺知心與淫樂皆同一「空」、其實不二，是名証得「樂空不二」者。如是修法即是密宗之無上瑜伽大手印法。

若不與異性合修雙身法，而只單修覺知心空、『悟』明覺知心即是空性者，亦可名爲大手印，然只是『**經中所述中觀見**』，不是究竟成佛，不能成爲密宗所說之究竟佛（經中所述之中觀見其實非如密宗如是所說，詳前第一、二輯中所說般若中觀見及如來藏見，此勿重述）。

若能觀察淫樂中之覺知心猶如虛空，而觀想覺知心自己與虛空契合，觀想覺知心如彼虛空之廣大體性者，則因追求至樂而漏洩明點時，亦因「**有此意樂雖漏不成罪**」；是故漏點時是否構成違犯三昧耶戒？各派所說亦無定準，只須能觀察覺知心自己如虛空廣大，證知覺知心自己即是空性，即可不受「漏不漏點」之限制，而不成爲犯三昧耶戒；是故若因求証最高之第四喜淫樂，而致漏點時，亦不成爲犯戒者，只須有此「猶如虛空之意樂」即可。是故此一口傳要訣中作如是言：「**此後心與彼虛空契合，如彼虛空觀廣大體性**，如上拳法用力而行之，**明點勿漏如護守誓句，有此意樂雖漏不成罪**。」

若能如此修証第四喜者，必須能長時間與異性交合而不分離，並保持淫樂一直處於最高潮狀態，而住於樂空不二、樂空雙運之狀態者，即是已經成就密宗所說之「究竟成佛」境界，如是之人即是密宗所說

『法、報、化』三身具足成就者。馬爾巴所傳授與密勒日巴之教法，即是此即身成佛之法，密勒日巴所修行成就、並傳與岡波巴者，亦是此即身成就『究竟佛』之法。

白教如是，紅黃花教亦復如是。故口訣中言：「若不降時當如仙人坐，二手抱臍杵垂兩踝間，身界貪心較爲小焉者；**手節生起五種空行母，杵柔不起揉摩明點下，米勒**（密勒日巴）**所云降如龜走狀**。」昔年密勒日巴獨居山洞中自修時所修者，不曾外於此法也。此即密宗「已經成佛」之諸「佛」所修之法。由如是法故，西藏密宗一切法會所召請之「佛」，皆是此雙身交合相之「佛」，密宗說一切報身佛皆常住此淫樂之大樂境界中，其大樂境界即是抱明妃交合而生之第四喜大淫樂也。

如是之「佛」而可名之爲「佛」者，佛教二字之定義實應改寫也。由此事實，故說密宗始自灌頂之理論，末至最後之雙身修法樂空不二、樂空雙運，皆違三乘佛法，皆非佛法，云何印順堅持密宗是佛教內之宗派？根本即是假用佛教教相及佛法名相作包裝之外道，猶如身披羊皮之狼，乃是僞作佛教而吸取佛教資源之外道，絕非佛教也。

薩迦派於此修法中，主張必須語、欲、加持等勻，謂身語等勻、所欲等勻、加持等勻：《《**身語等勻：自身與手印二者之四肢，剎那修等**

同本尊身，語脈等同誦密咒等之等勻。經亦云：『天身之心與，誓句心亦同』。所欲等勻：自依明妃而欲令俱生智現前契正等覺，明妃依我而亦作如是想者，是謂正覺菩提所欲等勻。加持等勻：（原註：此中加持等勻，涉及雙運實修太過，故予略過）。平實註：請詳本章諸節所說即知。》》（61-279）

薩迦派有如是補充說明：謂尚須依降、持、迴、遍、護等五種口訣要法而攝受之，詳如本章第六節中所舉，此勿重述。

修此雙身法者，尚有前行、正行、後行等，必須留意而修，然後可得如是見地：所謂「次第四喜、處四喜、所斷四喜、自性四喜」。

前行者謂於實修前應修之法也：《《**前行**：身具前行行止，右手日、左手月，交蓋覆於雙膝，面前吽、長吽短吽九次，左右各清淨三次，共三回。訣云：『出三與入三，輪等為淨治，若日等第三，隱入秘處孔。』其義為：初以食物精粹善調補界（以食補而令精液充足），捨宅登高，跏趺固握，右手心日輪壇城，左手心月輪壇城，交叉置蓋二膝，此為身要。心要者，下身或密處之一切淨分，如空管引水由中脈內逆引而上。語要者，如實修長吽、短吽，三次於中脈、次右三次、次左三次、次中三次等，以一切總計於中脈九次，左右二脈六次，共十五次。又由二鼻孔引息，出息三次、入息三次、共六次，如前述之式，如實了知。於彼等界（精液）之能量，守護三日等，即淨治輪，如彼若行之三日，則能隱入密處孔道中，於下行氣得自在。大調伏氣極上品者，亦有半日即如彼而修成。如此而行，若有頭痛、噁心、心口鬱熱時，當略延緩，善調滋補身界。若大小便閉及痛等，行倒立法即可祛除，此是大要也。

正行：由行加持等事（由作淫行等事生樂），略縮羅剎道，猛力吮吸二中指，雙眼上翻，以此能攝明點（以此方法能攝持精液而提升之）。又猛力喘息而語，行其他身之還罪法，如此亦能攝明點。其所說之義爲：於加持杵蓮者等等，由行身語等匀及所欲等匀，賜予觀清淨明妃之色等之次第，其利少。復於「波拉」及「益智」等分相配（當注意男女雙方之淫液相配，不可某一方過多或太少），則此搖彼磨，婉轉伸陳，即以貪火令明點降（即以貪受性高潮之貪而射精），其樂不可支；然護明點故，則……（原註：實修法略之。平實註：詳本章諸節所說即知……）身心鬆緩寬坦而住。於此時攝明點矣（於此時應觀想及吸提淫液入身而往上升入中脈，然後送至全身遍散等匀，詳前所述）。又於語猛力喘息而言，身之其他還罪爲遮止上氣。如彼而行，若樂少，則應抽送；若不可支時，則應持（以免太早射精而不能証得至樂之第四喜），此謂之爲「明點降復持、持復增」。

後行：其後明點不轉故，謂後行：為能同時「迴」與「遍」明點者，如象鳴、虎嘯、獸嘔、狐嗅。於臍、心、喉、頂等次第引導，以「解脫印」平攤身體。其所說義為：於等入之後行時，身跏趺，思惟明點由密處引提至臍處，意注於臍。語之「象鳴」者，即謂以象鳴之「嘻」聲引導，復專注由臍至心。語之「虎嘯」者，即謂以虎嘯聲之「嗚呼」而引導，專注由心至。語之「獸嘔」勢，即謂以嘔聲之「哈」而引導，識專注喉至頂。語之「狐嗅」者，即謂以狐嗅聲之「哈嘻」而引導。解脫印者，即於如實修，抖頭攤身。

其廣略二方便道中之共法為：於離明點口訣要中四不善巧：一、降不善巧、點迅失（降明點至陰莖而生樂受時，不知善巧，故令射精而不能長保樂受），二、持不善巧、樂短促（降至下體生樂時雖未射精而結束樂受，然因不知善巧而保持不洩，故使淫樂之住持時間短促，不能長住樂觸中），三、迴不善巧、水漣漣（由於迴護之不善巧，而致淫水太多，令淫樂覺受不能達到最好之境界），四、遍不善巧、病滋焉（至第四喜而享受最高之淫樂而射精後，攝持明點吸提迴入身中，然因不知迴入身中各處，令其遍身，因此而引生病情）。其對治四善巧者：一、降善巧為如龜步者四喜次第生，二、持善巧為身三變及語一變，三、迴善巧為旁生四變、即觸鳴等，四、遍善巧為獅子解脫印。身三變者即：……

（原註：實修法略之），語一變者即：猛力喘息而言語；又氣之束腰等爲如廣道。（原註：此中「實修法略之」部分，涉實修太過，宜向上師求之。）》》（61-285~288）

由如是善巧而如實修行之密宗行者，隨後可得慧灌之宗趣—廣狹空樂：《《慧灌之宗趣爲廣狹空樂。於出苦趣輪迴之法等，盡其所有如其所應而得証悟於空樂者謂之。總括而言，係以串習空樂覺受之力而至出世間道之第十一及第十二地。》》（61-292）

如是狹略之空樂與廣妙之空樂，能令密宗行者証得「六地七地」乃至「等覺地、妙覺地」，故說經由『串習空樂覺受之力而至出世間道之第十一及第十二地』。然而如是密宗之等覺妙覺菩薩，完全不能了知顯教七住位菩薩所証得之第八識阿賴耶，而以明點爲阿賴耶；完全錯解佛菩提之般若慧，而以証得樂空不二淫樂之世間智慧作爲佛教之般若慧；完全錯解二乘所証解脫道內涵，而以覺知心一念不生作爲解脫，仍墮我見之中；完全不知顯教初地菩薩所証道種智，而以貫通中脈及所觀想之明點明顯境界，作爲「初地」之境界；完全不知等覺妙覺菩薩所証十度波羅蜜之內涵，而以淫樂所觀之「空相」作爲顯教所証之空性。

如是而言証得佛菩提，眞是牛頭逗馬嘴之言，誤會之大，何止千萬里之遙？而諸密宗大師法王渾然不知其異，乃竟以如是誤會之欲界境界，作爲成佛之道，而處處貶抑顯教諸菩薩之修行爲因地修行、爲不究竟，自稱密法爲果地修行法，內實自矜雙身合修爲超勝於顯教正確修行之法，顚倒至此，可謂無與倫比者。

復謂如是修行之法，臨終時可生「勝空樂、成金剛薩埵」，亦可得法身之果—究竟成佛：《《果：慧灌之果爲法身之果，其於果位時述之，此時暫止。》》（21-293）

果位之述則云：《《決斷出世間脈：本頌中云：『各地初終間，第三灌溉之脈結以開解決斷』，即精血二脈相交於中脈三十二分位，故有心氣淨分行進且束聚等之三十二脈結，依喜等十二具蓮女（依令人證得初喜等十二位具備蓮花種性之女人），以四正斷之訣開解第一脈結，**登初地極喜地**。至解第十二地大智地之脈結時，謂決斷，此乃依氣明點而成。以解第一結時之力而引導或以四灌之要訣至第十地解三十脈結時，於每地間，得各地特具之功德故，由頂輪爲始，解一脈結，復由該地本身之功德略增長，於正行中以受用力而解開後脈結。復次，由該地本身之功德無餘增長而現無增長因之故，其終結時完全圓滿且融入時開解一脈結。於登各地時，各解三個三脈而決斷，而氣及菩提心則堅固不離散。如此，解開三十二脈，生十二地之悟証故，成出世間道，此爲內脈結決斷。此時所生爲：於中脈處受精血二脈相纏成束之總脈結處，其以心氣集攝其上，大持脈之覺受無邊所現等之可能生痛，彼所做寂止之故，爲外脈結之決斷。此爲教示約簡本頌之故，文殊上師所説之六教授示竟。現爲一補特伽羅，**欲現証圓滿正覺，須得祖師衆之耳傳相續不絕，故教示四耳傳**：即本頌云：『秘密咒耳傳等四不斷』句。其四耳傳爲：灌頂之河不竭、加持相續不失、教訣章節不紊、敬信心思能足。灌頂之河不竭，分三：因位灌頂之河不絕、道位灌頂之河不絕、果位灌頂之河不絕。因位灌頂之河不絕：由金剛持佛至所成自性之間，須得於上教示之上中下三種之一而得灌頂之河不絕。道位灌頂之河不絕：由上中下三品中，上品修四座、每座間悉能圓滿受持灌力；中品修三座、每座間亦能如斯；下品修二座、每座亦能如斯。其世間道持無量灌力，出世間道則持相續不斷之灌力。果位灌頂之河不絕：所依得十三地，能依完全清淨第十地，二相續同時解脱，受持融入四行之四灌。總之，能完全圓滿灌頂道。加持相續不失：即具四密咒際之自性：一、實修際：依上師們之耳傳訣要實修法門而實修者，爲「實修際」；二、覺受際：以實修法而應其所有生十五覺受等者，爲「覺受際」；三、加持際：心氣集攝而加持相續，爲加持內空行，如彼亦加持一切外空行者，其新恙不生，痼疾漸瘥，外內之蟲擾不生，漸無執八法，及拔除其他眾生之病苦及魔礙等加持威德，無有不生，此謂「加持際」；四、成就際：其於暫時得四宗趣成就，**究竟則得四身果之成就**者，爲「成就際」。此等爲實修祖師們耳傳訣要之憑。教訣章節不紊：以三會理而集界時，於羅剎等魔及障礙或災難衰敗等諸多不適出現時，如行水灘、危橋、險關等難處之道，了知彼一切悉爲自之道及緣起，以串習禪定而除遣靜慮之障礙，以熟識留難除遣魔障，學知功德與過患，此謂了知持煩惱而成就之教授。敬信心思能足：遭鬼或羅剎毆打等障礙之出現及覺見如來身等成就之顯現等，其一切疑慮自性，悉由身中脈氣相適緣起覺受作用之應現而生。彼等所生一切亦爲上師所示之自身道與緣起，故生特殊之信念，思上師與佛無異之無倒想。上即爲觀待耳傳訣要之四耳傳教示。》》（61-376~381）

如是，薩迦派認爲與異性合修時，若能解開中脈第一脈結時，即是解第一結；已解第一結即是見道，即是「初地菩薩」。顯教大乘法中所解第一結，則是打破無始無明－開悟明心－証知十八法界之眞實相，以是爲解第一結，完全異於密宗之解結。薩迦派之《道果－金剛句偈註》中，則以打開中脈及餘脈之脈結，作爲取証諸地功德之証據，實與佛法之修証完全無關，而套用佛法諸菩薩地之果位名相，以之迷惑學人及以自矜；師徒以此展轉奉承，自矜抑他，俱成大妄語業及謗正法業、謗賢聖業，愚不可及。

如是密宗諸地之証量，皆墮欲界有爲法之境界中，與無爲法、無漏法不曾絲毫相應，而謂爲已証初地、諸地乃至佛地。如此虛妄想像及套用佛法修証果位名相之宗教，有智之人云何信之不疑？群起相隨而修？眞不可解也，唯能以迷信名之爾。

余於往常略評密宗時，密宗諸師每謂曰：《《蕭平實不懂密法，密教諸書中所言皆是表相之法，故不了義、不究竟，唯有耳傳之法－上師口訣－所説者方是究竟法。而口訣之法非蕭平實所能得聞，故蕭平實評論密宗法義之言，非是眞正如實之言。》》

然而密宗一切宗派上師代代口耳相傳之口訣，實皆屬於外道法，將外道法之修証境界套以佛法中之果位名相，用來炫惑學人，與眞正佛教修証之法完全無涉。今於本書前後三輯中處處舉証密宗之口訣修法，令諸佛門學人了知密宗耳傳口訣之邪謬，具足顯示彼等密宗師徒之外道本質，從此可以不受其惑，轉入眞正佛教中而修正行，此則彼諸公佈口訣之密宗上師之功德也。

今觀密宗法義組織最完整之薩迦派所說『文殊六法、耳傳四法』之証境，彼等密宗師徒依此修行而成究竟佛者，所証之『四身果成就』者，仍然未能稍知別敎中第七住菩薩之般若慧；不知七住菩薩所証之粗淺般若慧，何況能知初地道種智之般若慧？尚不能知初地之般若慧，而言成就「佛地」之四身果者，無是理也。

如是於樂空雙運之中而「忘我」者，不可謂爲已證無我也。如是樂空雙運者所証知之樂空不二境界，只是凡夫外道知見，墮於欲界淫樂之貪著之中，空言以欲止欲，其實正是貪欲之徒也；此謂彼等深入密法修學之密宗師徒，俱皆於雙身法中追求最高之俱生喜故，最高之俱生喜是欲界中最強烈之淫樂觸覺故。

彼等若不能證得最強烈之淫樂覺受，則其樂空雙運、樂空不二之修証，即非究竟成佛故。是故密宗內之老修行者，必定依於如是知見而求欲界中最大之淫樂覺受；追求欲界中最大之淫樂覺受者，即是貪著欲界法者，尚不能解脫欲界境界繫縛，何況能証解脫果？如是完全誤會解脫果之修證者，而言已証解脫，寧有斯理？尚不能証得七住菩薩粗淺之般若慧，何況能成佛地四身果報？無是理也！由此可知密宗所說之即身成佛及當世解脫之法，皆是自意妄想所得之虛言，與佛法完全無關也。

第十節　密宗之法義與行門令佛教蒙羞

密宗之法義如是邪謬，而又由西藏密宗之廣弘於全球，已使歐美學佛法者誤會密宗之雙身修法即是眞正之佛教。如是廣弘之結果，已令佛教蒙羞；洋人已經普遍認定密宗之法教即是佛教之法教，並且是佛教中最高之修行法門，是故隨之認定雙身合修法門即是佛教修行法門之正修也。密宗如是『弘揚佛法』之作爲，已令佛教本來超脫世俗之高超形象，遭受嚴重破壞，令佛教蒙羞，亦令世人因之貶低佛教。

密宗由修此法故，倡言即身成佛；然彼等所云蓮花生大師之蓮花化生及已成佛者，實乃後人以訛傳訛渲染附會，令大衆信以爲眞，而後載之書中；迷信之人信之不疑，畢竟非有其實；現見密宗唐卡所畫蓮花生之化生身亦是抱女人之雙身交合相故，現見其爲肉身及娶妻生子故，現見所言成佛之境界皆未證得三乘見道之一故。如是密教教主，對於最低層次之聲聞見道見地，尚不能證得，何況大乘別教之般若慧而能證得？別教七住位之般若慧尚不能證得，而奢言即身成佛，眞是誤會佛法者之大言不慚也。密宗由因如是即身成佛之法，故因女人能以其女根而令人即身『成佛』，而名彼諸願與異性共修此法之女人及欲界「天女」、夜叉女、羅剎女、鬼女為「智慧空行母、佛母」。有文為証：《《第三頌敬禮大樂者，由「大樂能出生諸佛」之天女前當敬禮故，彼即般若佛母故。一體具諸自性者，金剛篷經（密宗之經典）云：『智慧彼岸法，說為瑜伽母；如何趨入彼？當行大手印。』……又密乘異名中觀，匯歸一樂，謂離一切邊為中，故於脈為中脈，於氣為智慧氣，於明點為大樂明點，心無分別，如童女看鏡光，於一切相具足勝義空性，此即釋般若佛母出生諸佛之理。……此頌中天女，泛指諸空行、或雜種女、或亥母、或無我母，皆無不可。》》（34-330、331）

此謂密宗因女人若願與異性共修雙身法者，由其女陰之具有令人証悟『樂空不二』、及令人修証『樂空雙運』，而獲得淫樂之第四喜、成就究竟佛地之功德，故名如是願與男行者合修雙身法之女人為佛母。雖然有時某些上師主張：『空行母或佛母之名，必須有氣脈明點上之基本証量、方可名之。』然多數密宗上師並非同一觀點，但凡願意提供色身與密宗行者合修之女人，皆可名之為佛母也。此種觀點，於密續之中屢見不鮮。

然而眞正佛法中所說之佛母，乃謂般若也，般若則是證知第八識體性，由親自觸證第八識，現前觀察而了知第八識體性，進而了知一切法界皆是由此第八識而出生，由了知此一眞實相故，說名了知法界實相，此智即是般若智。法界之實相智慧既是由證得第八識如來藏而生，當知一切法界之根本體性即是如來藏，是故證得第八識如來藏而出生之般若慧即是佛母。

復次，由證第八識如來藏故，生起般若之總相智與別相智已，進修一切種智—了知第八識中之一切種子、一切界，由此一切種子智慧之具足，能令菩薩成就究竟佛果；而此一切種智之修證，要因證得第八識而起般若之總相智別相智已，方能進修，故知所謂佛母者，當知即是證得第八識如來藏所生起之般若慧，絕非密宗所說之明妃等女人也，絕非密宗所說之空行母也；彼等女人皆錯會般若所說空，誤將覺知心空無形色而認作空性故，誤將淫樂空無形色而認作空性故，誤將一切法緣起性空、終歸壞滅之「空」相、錯認爲空性故，悉皆錯解般若空也；如是不知不解般若之女人，而名之爲佛母、空行母，眞乃虛妄之譚也。摩訶般若波羅密多經、小品般若波羅蜜多經，大品般若波羅蜜多經⋯等所說者，莫非如是。

密宗之「佛法理論」及修行法門，確實令佛教蒙羞：約十一（？）年前，曾有某無線電視台（似是台灣電視公司？）報導新聞云：「某國某教授

（國名及姓名今已忘之）如是言：『釋迦牟尼佛坐在蓮花座上微笑，是因爲祂正在享受手淫之樂，所以微笑。』如是之言，引起軒然大波，佛教界認爲這是惡意誹謗……群起聲討。」

然而造成歐美佛教研究學者作如是言之眞正原因，其實正是佛教自身，不應責彼歐美研究學者。所以者何？謂佛教諸方大師皆不肯正視密宗法義之邪謬故，大家同做老好人、同一鄉愿心態故，坐令密宗廣弘『樂空不二、樂空雙運』淫樂修法等邪法，承認密宗如是邪道爲佛教之正法故。

彼諸大師皆不肯破斥密宗，反而承認密宗是佛教之支派（譬如印順法師堅決認定密宗亦是佛教之許多支派之一，不肯承認密宗是「入篡正統外道」），承認密宗之雙身修法亦是佛教之修行法門；今時更有顯教諸師，競相貪緣密宗達賴喇嘛、以自抬身價，更加誤導學人：「密宗之法確實是佛所說之修行法門。」由如是緣故，令佛教中之學人普遍承認密宗是佛教，普遍承認密宗之雙身修行即身成佛法門，何況不知佛法之歐美佛教研究者，焉能分辨眞僞？是故歐美研究佛教之學者作如是謗佛謗法之言，雖然有過，而其過失實由佛教諸師之鄉愿心態、濫好人心態所造成，云何不責自身而責彼洋人教授？

是故吾人欲責外道之誹謗佛教者，當先反求諸己：當先檢討佛教徒（特別是出家法師們）自身是否已盡力摒除外道法於佛教之外？當先檢討自身有無努力向社會廣宣「密宗雙身法不是佛法」？是故當今應急之務，乃是全面廣破密宗法義之不如法、之違背佛法、之邪謬處，令大眾普知。逮大眾普知已，再有他人作如是謗　佛謗法之言者，則當嚴詞峻語大加撻伐，以免後人再作無根誹謗、傷害佛教。

未釐清佛教與密宗分際之前，教內學人尚且普遍不知密宗法義之背於佛法處，云何而有能力澄清外人之誹謗耶？是故欲求終止外道之無根誹謗、傷害佛教者，正本清源之計，即是辨正顯密法義之分際，即是「將原是外道之密宗，回復其外道之身份」，即是「與密宗劃清界限，令社會了知密宗本非佛教」；唯除密宗四大派及一切小宗派悉公開宣示：「我密宗放棄一切外道法，回歸佛教原來之三乘根本正法。」

密宗本是依附於佛教之護法神祇團體，自古已來原無自己之教義，只是依附於佛教，吸取佛教資源，並求諸護法神祇、幫助排除障道外緣之助道法而已。然而後來密宗卻爲了壟斷佛教資源，而引進外道神祇，假藉外道鬼神法之感應，以此手段迅速吸收初機佛教徒，從佛教中吸取資源、壯大自己。

然後又引進雙身修法，高推爲顯教之佛所未曾宣說之「報身佛」所說法；將此外道欲界輪迴之法，套用佛法修證之果位名相，曲解佛法修證境界之名相，將雙身法加以美化、合理化、佛教化，然後故秘此法，自矜於顯教。其實是：**外示佛教法王之相，內秘外道邪淫之行**。

如是密宗邪淫之本質，及荒謬之應成派中觀般若見，完全與佛法之修證無關，並且嚴重誤導佛教學人誤入及深入岐途，造成「**弘傳佛法而破壞佛法**」之結果。一切關心佛教前途、關心未來世自己學佛前途之學人，以及一切佛教長老，於此皆應深入了知，皆應深入觀察，籌謀健全佛教未來之大計；莫令往昔天竺佛教遭致密宗「李代桃僵」而消滅之故事、重演於今時之台灣乃至全世界。

若諸出家長老已見此事之嚴重性，而仍因循苟且，不思奮起破斥密宗、拯救佛教正統者，即是忘佛祖恩者，即是尸位素餐者，即是空受供養者，即是辜負信徒者，即是無知無覺痲木不仁者，即是鄉愿之人。

平實於此高聲呼籲：**懇請諸方出家大德長老，正視此事；為佛教之萬年大計，為今世及未來世之廣大學人，為今世及未來世之自己，儘速了知密宗之本質，並儘速為廣大學人宣說，摒除密宗引進之外道法於佛門之外，令學人從此不受外道法誤導，令佛教從此固本無憂。**

以此護持佛教之豐功偉德，而求佛法之證悟及進修種智，佛必冥祐而得成其大功，斷無不能成就之理；若仍尸位素餐、辜負佛恩，辜負信徒供養護持者，欲求佛法般若之證悟，無有是處。

今由蓮花生之開示，及密宗古今行者之奉行實修、與口耳遞相轉授，及無上瑜伽雙身修法流傳至今不絕者，足以証明此謗非是空穴來風。如蓮花生上師開示云：《《五部空行以心供我，我故開許而說。移喜磋嘉！汝其諦聽：**修智慧空行，有男人單修、女人單修法，皆遠而難行。如男女無二而修，則為一切空行勇士法中之最勝者**，自成馬頭抱大樂空行母，脈無餘成空行勇士，淨分不可漏失；從大樂中勸請空行，不修而任運行。自修本尊明顯，守護明點如有漏失，則為斷空行心命；心雖修，等於未修。於起正瑜伽士，自身修空行母，明點不漏，則於安樂中勸請，其語業功能兼帶出生心正定增長、神通出現；修長壽，此為最勝，是故應當精進，具足堪能。》》（34-538）

蓮花生上師如是再三說明雙身法之勝妙，再三勸令密宗行者精進而修雙身法，具載於密續之中，事證確鑿；西藏密宗四大派一切法王上師，亦皆不能否認，亦皆多少傳授此法，亦皆多少與異性弟子合修此法，是故創古仁波切之敢於眾生出版社印行之書中大言密宗之「全然開悟」者，絕非無因之言；是故密宗諸上師之動輒欲以佛慢降余者，絕非無因；是故密宗諸上師之處處崇密抑顯者，絕非無因。如是密宗上師之種種言詞，以及達賴喇嘛所言「雙身法淫樂能證最高層次之明光」等言，具載於眾生出版社爲密宗上師所出版之諸書中，陳履安居士何可籠罩於余、強言密宗未有此法耶？顯非誠實之言也。作此非誠實言者，即是斬斷自己法身慧命因緣之愚人也。

止謗莫如自修，佛教徒若欲消弭外道之誹謗者，根本之圖在於將外道法摒除於佛教之外，莫令外道法混入佛門之內，以免誤導今時後世學人。亦應對彼專作佛教學術研究之學者（譬如印順法師……）等人所造扭曲事實之行爲，及所謂「佛教思想史」之考證，加以正視。並應破斥彼等僞造「當代佛教歷史」之行爲—譬如讚歎「破壞正法之印順法師」，謂其爲對當代佛教有大貢獻之大師，而刊入國史館之文獻中—扭曲事實。凡此扭曲事實之行爲，悉應加以正視及處理，以免貽誤後世學人，導致未來佛教之滅亡。

彼等佛教學術研究之學者，完全不知佛法眞義，依於印順著作廣爲今時佛教界所接受之表相，而將印順破壞正法根本之行爲，加以讚歎，說爲對當代佛教有大貢獻者；如是顚倒事實，云何可以作爲當代佛教歷史之眞相？無是理也。我諸佛子於此亦應警覺，以免此事誤導學人及影響後代學人復入邪見之中。

佛子所應爲者即是將密宗邪法摒除於佛教之外，密宗之主要邪見在於引入外道法而取代佛教本有正法，以及應成派中觀邪見之扭曲般若正見。如是邪見而有達賴喇嘛及印順法師之努力弘傳，表相是弘傳佛教正法，其實正是從根本上破壞佛教正法，令佛教正法漸漸外道化，及令佛教正法漸漸淺化；最後目標乃是令三乘佛法根本之如來藏法消滅失傳，佛教之了義法、究竟法便告正式消滅，天竺佛教滅於密宗手中之故事便將重演於三十年後之全世界；如是嚴重性，一切關心佛教未來之佛教徒，皆不可忽視之。

於余之「破斥密宗雙身法」及「破斥印順法師密宗應成派中觀」之作爲，彼等被評論者必將反擊，亦必作諸垂死前之掙扎。譬如大陸地區諸多仍信密宗法門之出家在家法師與居士，故意於網際網路上以化名誣蔑平實爲十大外道之一，誣余同於外道；亦如台灣佛教淺學之人，以其本有「悟者身份」因余著作而證實其爲錯悟，頓失悟者身份，心生瞋恨及怨，遂於網站上以化名誣余爲「附佛法外道」，以茲洩憤。如同古時西藏密宗上師假冒覺囊派法王多羅那他之名，而揑造多羅那他廣修雙身法之《密傳》，將反對雙身法之多羅那他誣爲廣修雙身法者，藉以誤導後世覺囊派信徒相信之，如是作爲、同出一轍。

然而錐不自露、而終必出鑽於囊外，爲人所發現；光不自炫，而終必漸漸爲人所見。究竟了義之正法亦復如是，雖經誣蔑栽贓爲外道法，終必爲有智之學人所知，依之修証而符三乘經教之義理，終將漸爲學人認同，是故彼等顯密錯悟之師、以及貪緣密宗之法師居士，對余所造誣蔑之言，終將隨於時日之漸久，而被學人所知，終不能久瞞也。如是，時日既久，既不能達成誣蔑平實之目的，亦復成就誹謗正法及謗勝義僧之地獄業，以目前一時口舌之快、及今世數十年之名聞利養，而換取未來無量世之尤重純苦地獄重報，不可說爲有智之人也。

印順法師邪見之許多繼承弘傳者，雖然私下多方誣蔑於余，而不能對余評論印順法師邪見之諸多著作，以文字具諸眞實姓名加以法義上之辨正。雖然墮於如是窘境，彼等必定仍將不肯實事求是，探討正邪，必定續作飾詞遁詞，言彼等不屑與「外行之平實」辯論法義，而另闢蹊徑－以印順法師發行五十餘年著作所達成之大名聲，而藉國史館之學術會議，對印順作諸不符事實之推崇。如是之行，乃是彼等師徒對所弘傳印順之法所作「垂死前之掙扎」也。

可以想見者，彼等必將群起大作弘傳印順邪法之行，欲藉廣大聲勢而求生存；如是垂死之掙扎，非是智者之所應爲也。智者所當爲者，乃在於求證眞實之理，令與三乘佛法眞義相符，方是當初薙髮出家之本意也—於佛教中出家之目的乃爲求取眞實智慧故。彼諸出家修學印順著作之人，皆應於此懇切探究之、修正之，否則即是執迷不悟之人，亦是抵觸昔年出家本意之人也。

隨於弘傳印順邪見之法師居士而同造如是行之「佛教學術研究」者，亦非有智之人也；謂彼諸人作此不實推崇之事已，於十年、二十年後，將被後來之佛教學術研究者所譏嫌故。後時之佛教學術研究者，終將因於如實瞭解佛教法義，而了知彼等所作之種種虛妄言行文章，而據實依理加以批判，令其聲名掃地故。

如是之事，已可預見，是故彼諸夤緣印順名聲之佛教學術研究者，與其繼續爲以前之錯誤判斷而作辯護、而繼續推崇印順之邪見—認定印順是對當前中國佛教有貢獻者、繼續顚倒事實而作不實之推崇者，終將不免後人依於事實而破斥之，屆時一世英名悉付流水，悔之晚矣。

平實有鑑於此，先於此書作此慈悲之言，普願有智之人察納愚之至誠，令彼諸人知所當爲，亦知所不當爲；何以故？謂彼諸佛教學術研究者，其目的無非欲在「佛教學術史」上名垂青史爾，無非欲在學術界中爭得一席之位爾；如是心態無可厚非，佛教學術之研究亦可成為三百六十行之一行故，亦可作為謀生之工具故；然若無智，昧於事實而作不當之推崇，則久後終必求榮反辱，得不償失，願諸學術研究者注意於此。

今時密宗之雙身修法，不唯他宗他派非議之，古時密宗之內早已有所諍論：《《頌曰：為求師長灌頂故，當以承事施寶等，依教奉行等諸事，使賢善師心歡喜。由於良師心喜故，圓滿傳授師灌頂，清淨諸罪為體性，即成修悉地善根。……。如上已經開示了「安住於密咒乘以後，**將迅速而毫不費力地圓成正覺**，並究竟為他人謀福利」的方法，現在為了遮除某些對密咒乘的誤解，所以頌說：初佛大續中，極力遮止故，梵行者勿受，密與慧灌頂。若持彼灌頂，住難行梵行，違犯所遮故，壞彼難行律。彼持禁戒者，將生他勝罪，且定墮惡趣，故亦無成就。……。又對於密乘，有些人說：「既然不如實了知密咒的大理趣，要密咒乘來做什麼呢？應該趣入純淨的波羅蜜多乘、聲聞乘和獨覺乘。由於如此親近婦女，將產生非梵行的墮罪；由於行使猛烈的誅法，將產生殺生的墮罪；因此不應趣行密咒乘。」這是由於不了解密續意趣而作的貶損。密法既深奧又廣大，是利根者的行境，是佛教的精華，是某些有緣、特殊習氣和有善根者的行境。因此貶損密法的人，毫無疑問地將趣入有情地獄；因為他們貶損如來的法語，並且誹謗深奧的教法。》》（6-252~255）

然而密咒乘**迅速而毫不費力**所「**圓成正覺**」之境界，由本書中舉示種種證據而顯示之「樂空不二、樂空雙運」究竟成佛境界觀之，已知完全未與佛法般若慧相應，完全墮在凡夫外道知見中；如是修證成功之「密教諸佛」，皆未證得第八識如來藏，皆是外於第八識實相心而言說般若、而傳授般若故，於實相心外而說般若、而求般若者，皆名心外求法之外道故。

復次，密宗之法義，自始至終皆圍繞著雙身法之淫樂思想而運行；始從結緣灌頂，隨後修諸觀想、明點，復修天瑜伽，加修寶瓶氣，然後受密灌乃至慧灌，以及最後之**每日八時**精進勤修**雙身法**、長住於淫樂之樂空雙運中，在在皆以淫樂之樂空雙運作為修證佛法之鵠的；復謂報身佛之常樂我淨即是永住於如是淫樂之中而無間斷止息，名為成就報身佛境界。如是邪謬之法，早已墮於邪淫破戒等非梵行法中；又起惡心行於猛烈之誅法，以誅殺異見異行之宗派行者，早已墮於故意殺人之地獄罪中，誣謂：「**這是由於不了解密續意趣而作的貶損。**」空言密法之深奧廣大，其實不堪一究。

真正利根之學人，甫聞密法內涵已，便知應速遠離；眞正利根之學人，甫聞般若禪法已，便能依教奉行而於不久之後親證第八識如來藏，發起般若慧。密宗所謂之利根人、所謂之「有善根者」，卻是聞密法已、不知其謬，反而好樂密法所得之世間境界，貪求欲界中最高之淫樂覺受—雙身法之第四喜—違遠三乘涅槃正義，違遠大乘般若正義，違遠諸地種智正義，如是密宗行者，云何可謂之爲上上根人？無是理也。

而諸密咒乘之行者，普皆不知如是事實，空言密法之深奧廣大；其實不堪一究。是故密宗諸師所言：「上上根人方可修學密宗即身成佛之法」等言，皆是虛妄不實之言，唯能用來籠罩無知之初機學人爾。

阿底峽言：《《梵行者禁受密慧灌頂：『初佛大續中：：』等十二句的意義，我將依據我的上師乞食比丘與金洲的教授。上師《眞實顯示灌頂》中說：「灌頂有兩類：依止居士類和依止梵行類。問：哪些是依止居士類者？答：即所有一切續典中所宣說的。問：哪些是依止梵行類者？答：即從依止居士類中、除去密灌和智慧灌。問：爲什麼要除去這兩種？答：是這樣的：因爲所有一切依止佛法而生起的善，都是從教法住世而產生的；教法住世唯賴梵行者，而這兩種灌頂恰好又與梵行背道而馳。因此，這兩種灌頂將使梵行滅絕。如果梵行滅絕了，那麼佛教將會沒落；佛教沒落以後，所有現行的福德將會斷絕，而且由此將會產生無量的不善。是以，對於諸梵行者而言，這兩種灌頂應該斷除。」》》（6-255~256）

如是阿底峽所言者，顯示密教法中之矛盾本質：居士所得教法較梵行（出家）者完整。在家居士所得之法教，函蓋密宗一切之法教，所修之法教亦皆具足密宗一切法教；而出家修梵行者，反因不能接受第三第四之密灌與慧灌，並且阿底峽認爲出家人不能與異性親修雙身法之「樂空不二、樂空雙運」，則其對於密宗即身成佛法之修證，當知不如居士身之修證，與顯教所說四衆平等修證之理相反；如是違背出離生死根本法則之宗教，云何而言「密法既深奧又廣大，是利根者的行境，是佛教的精華」？無是理也。

由有如是矛盾故，後來之密宗四大教派，皆主張密宗出家人亦得接受第三第四之密灌與慧灌，亦得與諸女人合雙身法；紅白花教如是，黃教宗喀巴亦復如是主張（詳本書所舉宗喀巴之開示）。所以致此者，皆由密宗法義之違背三乘佛法二主要道爲因，是故口說密法是佛教中最殊勝之法，是佛法中之精華，其實卻在私下違背所說，而令出家喇嘛亦與女人合修雙身法，以求淫樂之至高覺受－第四喜。此即密宗法義與實修間之自相矛盾處。

阿底峽言：《《修密咒的條件：梵行者：問：倘若如此，那麼那些梵行者不可以進修密咒乘嗎？答：頌說：欲聞說諸續、火供祀祠等，得師灌頂者；知真者無過。一切密續和一切壇城的儀軌中，都宣說得很清楚：如果梵行的咒師想要聽聞、閱讀、向他人解說密續等典籍，以及想做火供、施食、唸誦，那麼只要『師灌頂』—瓶灌就可以了。上師—爪哇島乞食比丘，詳細說明了這個意義：『問：果眞如此，那麼梵行者豈不成了沒有大乘中最大乘善根的人了嗎？答：這絕對是錯的，因爲任何人只要獲得瓶灌、阿闍黎灌和隨許，就得到修習、解說、聽聞和閱讀密續的授權灌頂；這就是有善根的人。問：那麼，在家衆豈不是不需要密灌和慧灌了嗎？答：可以說不需要，也可以說需要。』》》（6-257）

如是，阿底峽亦陷入同樣之質疑中，而引述其師爪哇島乞食比丘之開示作答。然而如是開示，墮於模稜兩可之中，未能依問者所疑而明瞭答覆。既然已獲得師灌頂或阿闍黎灌頂者是已具足最大乘善根者，則如是受灌頂者若出家已，當知必較未出家之居士更具善根，則應得修雙身法而御實體明妃，云何復禁出家持梵行者不可御用實體明妃？無是理也。可見密宗「樂空不二、樂空雙運」法教之理論與實修，皆墮於進退兩難之境，雖作諸多飾詞，仍然難逃有智之人檢點。

後來之四大教派亦皆改變阿底峽之見解，悉皆允許出家喇嘛與實體明妃合修雙身法；由是事實，可見密法之理論與實際證境，與佛法之解脫道及佛菩提道完全無關，絕非佛法；如是而謂爲佛教之修行法門者，唯能令佛教蒙羞，令佛教遭致誤解，令諸外道亦可因此密法而自稱爲佛教，於眞正之佛教無一利而有百害，我教一切大師學人悉應了知，而後知所當爲也。

密宗諸佛菩薩（其實皆是鬼神冒名頂替），深知人間衆生貪著欲界淫樂，是故投其所好，以此欲貪而與衆生保持密切關係，以此「度化衆生」而廣勢力，並於密宗佛教存在之際，要求密教一切寺院於每一年多做薈供，以獲得五甘露及五肉等不淨物之供養。由是緣故，便將淫樂之樂空雙運境界解釋爲涅槃境界、解釋樂空雙運之覺知心爲一切法之法性，便謂證得樂空雙運、樂空不二者爲已證得菩提體性者，名之爲菩提薩埵。如是菩薩，眞是世間之最下劣衆生也，而密宗自矜自高之─謂之爲最上上根者方能修學之法，不應正理也。譬如**宗喀巴於雙身修法中，作如是**

開示：

《《…常住意謂盡虛空際三身常住。得悉地之一切貪欲，能作貪著一切有情事業，故是**具有無緣大悲之大貪者**（但凡可以合修雙身法之根性衆生，不論與己關係如何，皆願意與之合修雙身法而利益之，如是發大心者名爲具有無緣大悲之大貪者）。……二法性歌「最清淨勝法，本解脫如來，普賢一切性，修菩提薩埵。」由具不退轉之清淨，名最清淨。般涅槃爲一切法中之勝，勝中最勝謂佛涅槃，是彼自性故名勝法。由自性淨故名本來解脫，如實了知諸法法性故名如來。賢者謂善，普謂無餘，由此能生彼也。法界是一切法相或自性，故名一切性。有菩提體性之心者，名菩提薩埵。》》（21-323）

宗喀巴以如是「樂空不二、樂空雙運」之覺知心作爲菩提心性，以能如是「久住、永住」淫樂之第四喜境界者，名爲證得佛涅槃，與婆羅門外道中之性力派學說完全相同。印度教中現今仍然維持此法，以之爲基本教義，衆所週知；而密宗所說之法、秘以爲勝、用以自矜於顯教者，正是此法，與印度教完全無別，只是改用 佛所說之果位名相而已；審如是者，印度教亦應得名佛教，而可如密宗所言之更勝於佛教。

由是緣故，密宗上師每言顯教之 釋迦牟尼佛是化身佛，密宗所崇奉之大日如來是「報身佛、法身佛」，勝於顯教佛。印度教亦有如是之說，是故今時 釋迦佛在印度教徒之心目中只是其護法神而已，印度教認

爲 釋迦之修證不及濕婆神故，印度教認爲 釋迦「不懂」而且「未證」樂空雙運之法故。密宗諸師之見解，既與印度教此一觀點無異，如此以觀，密宗實與印度教無稍差異，唯是密宗以三乘佛經果位名相而說，印度教不用此諸佛經名相爾，唯此有異。

密宗所言之大菩提道，與顯教諸經所說者大異其趣，如薩迦派所說：《《大菩提道：雖心住於如智慧眼等之所緣境（謂雙身法之樂空不二、樂空雙運境界爲其所緣境），然於彼無執；於其無執中、智慧眼生光明無礙雙運。或又所緣之境如修命懃氣，於彼專心而住，若無此，則升起無修境界之其他相，如煙等覺受相；心住於彼，以「非有爲」故非實，「生起覺受之相」故非虛，此乃境之現空雙運大菩提道是也。》》（61-154）

此謂密宗行者於樂空雙運時，心住於如是境界中而受淫觸之第四喜至樂，以如是雙運境界爲所緣境；然覺知心住於如是境界中時，不於如是境界生起貪執之心，而觀察淫樂空無形色故名空性，觀察覺知心住於如是淫樂中時亦無形色，故名空性，二法俱是空性，是故樂空不二。因此觀察而生起智慧眼光明，並能觀察不致洩漏精液之善巧、而能長時住於淫樂之中「樂空雙運」等，即是無礙雙運。若此無礙雙運境界，是長住於第四喜者，即是證得大菩提、究竟成佛也。

又觀長住樂空不二境界中時，心住於彼淫樂之中，以命懃氣而運行之，令精液不洩而長保性高潮之大樂境界，於此境界之中應善觀察：覺知心住於彼境界中，既無形色故非實有，此覺知心能生起覺受之相故非虛無，如是不墮有無二邊，名爲究竟中道，即是究竟成佛之大菩提道。如是而謂爲「大菩提道」，迥異　佛說。　佛以雙具「解脫果及佛菩提果」，究竟成就而名大菩提，不以如是淫樂境界之修證作爲是否證得大菩提之依據也。

解脫果之修證者，首在斷除「覺知心我常住不壞」之我見，復以此見進斷我執，捨壽時滅盡五陰十八界自我，成眞無我，名爲解脫。密宗則是以覺知心處於一念不生境界，作爲無餘涅槃；如是而不入涅槃，常住三界中以雙身法而利樂有情，認爲如是即是輪迴與涅槃不二，簡稱輪涅不二。如是密法所說者，與　佛三乘經典所說完全不同，絕非佛法，我見我執俱在故。

佛菩提之修證者，首在證得第八識而發起般若慧，然後進修般若諸經所說之別相智，再進修第三轉法輪諸經所說之一切種智；一切種智圓滿者，亦已斷盡一念無明之習氣種子，如是方可名爲大菩提道之正修也。然觀密宗，下不能知解脫道之斷我見，中不能證第八識而起般若慧，上不能證一切種智，所說所修所證與佛菩提完全無關，與解脫道正修完全無關；以如是完全不涉佛道之外道性力派修行法門，空言即身成佛，空言解脫道，空言輪涅不二，無有任何解脫與佛菩提之修證本質，而附會外道法爲究竟佛法，以外道法代替　佛說之正法，作爲佛法之正修，云何可謂之爲佛教？乃竟諸方顯教大師競相奮緣密宗達賴…等人，捐輸錢財助之不足，身復往助，口復讚歎，不知自己正在爲虎作倀、助其破壞　佛之正法；如是顯教大師，焉得謂之爲有智之人耶？

第十一節　應將密宗之雙身法摒除於佛教之外

由上述「理、教」上之辨正，可知密宗之即身成佛雙身修法，絕非佛法，一切悲智增上之佛弟子，皆應設法摒除男女雙身修法於佛門之外，皆應廣爲學人說明，令諸學人了知：密宗之法義其實從根本上即是邪謬之外道法。如是廣爲學人宣說，方能令諸學人警覺、而不復重蹈過去學人失財失身、又復破戒破壞正法之覆轍。

密宗藏經所載小乘經典《示七交會經》亦云：《《…世尊在名爲《示七交會經》的小乘經中說：「梵志！這兒有某人自稱：我修清淨梵

行，且未曾與婦女雙雙交合過。但是當他看見婦女的玉體時，卻戀著婦女身上的服飾，與婦女共同嬉戲，愛樂婦女發出的歡笑聲，愛樂婦女的親近承事，愛樂隔牆婦女的飾物及歌、舞、音樂，眼見他人享受五欲之樂而心領神會。這些都不清淨。迴向梵行於天等處，也同樣不清淨。」《大乘七法經》也說：「如果借妄想來加強貪欲，尚且不應該，那麼以二根交合，就更不用說了。」》》（6-147）

密宗古今諸師明知 佛屢破斥欲貪，卻不斷飾言「於欲貪中能斷欲貪」，說言如是以欲止欲之法方是究竟佛法，誣言 佛曾說此法；然而初機學佛法者，往往不知其謬，以爲眞是 佛所說法，遂跟隨密宗上師足後，漸漸深入密教之中「修學佛法」，不知所學所修所證皆是外道輪迴欲界之法，令人不能不爲彼等哀傷感嘆：末法之際修學佛道甚難，往往受諸名師邪見所惑，極難回頭。

雙身修法令諸學密之人破毀律儀戒故，不應修學。修學密法之人，最後之成就目標即是淫樂之第四喜，及求長住此樂而不退失；住於如是第四喜之大樂中而認定其中之覺知心爲空性心，以爲成就究竟佛道。然而此法必致邪淫罪之成就，屬於不通懺悔之十大重罪之一。

如是之罪，在家之人尚不應犯，何況宗喀巴等出家之人，而教授密宗上師應與異性弟子合修？而以第三灌、於灌頂壇中佛像之前，與明妃合修雙身法，而求性高潮以漏明點（精液）於明妃之下體內，與明妃之淫液混合，復以如是互相混合之淫液爲甘露，而爲弟子灌頂？而授與弟子令嚐、以引生其淫樂？荒唐殊甚。

此是十重戒所規範之邪淫戒，一切宗派行者皆不應犯，而諸密宗行者及諸喇嘛，身爲出家之人，云何樂此不疲？不懼犯戒後未來世之地獄苦報？

密宗行者以爲出家喇嘛可以共女人交合，只要明點不洩，即非犯戒；由此邪見故，密宗出家在家等一切人，皆不懼違犯邪淫戒：《《經固有之：「欲於此生證菩提，一滴明點不可壞。」然余又聞：能無二智攝持者，壞亦無礙。密經復載諸善巧方便，使壞者亦不墮，且仍能超出三界。是出家人不壞明點，焉不許依（明妃而修雙身法）？且余非此亦不安矣。…夫明點不洩，戒必不犯，智慧展轉增上，阿闍黎當以此悅意，尚焉欺？…嗣師復將貪道口訣開示，授以秘密經論，大意謂：「以智攝持，智所依明點雖壞，不犯『禁行戒』。明點不漏，唯爲未生智慧以前，依之令增爾。」…間亦疑乎當犯比丘戒，然僅飲杯茶頃，即不復念之，時欲歌、時欲狎女人、時欲往陌生地帶暢所欲爲。》》（34-607~609）

由如是密宗上師所造之密經主張：若密宗出家之喇嘛已具有空性見之智慧，及具有脈氣明點功夫等者，雖然親與異性合修雙身淫樂之法，只要明點（精液）能不漏洩，仍屬不犯密宗之禁戒者；又或雖然於與異性合修雙身法時不愼漏洩明點，然若能以「樂空不二之智慧」而行淫樂者，亦不屬犯戒。

復次，密宗認爲：以如是修法爲究竟成佛之道，是故常與異性合修雙身法者，名爲精進修行者，不應因有時之漏洩精液而說爲犯戒。由如是緣故，密宗諸多老修行者，便以爲能具備樂空不二之智慧者，雖有時漏失明點，亦不犯戒。是故密宗中人以爲如是修法，乃是佛法之正修行，不同於俗人之行淫。

若依雙身修法之理論與實際而觀，密宗乃是出家人貪在家法：一者有諸未修得明點提降功夫之上師，爲貪他人美色故，即與人合修雙身法。二者雖有如是明點提降功夫而能不洩，然而卻依密宗法教而追求第四喜－人間淫樂之最高覺受；雖有「空性見」輔之，而其空性見卻墮於常見外道之意識心層次；如是本質乃是貪求欲樂之法，與佛菩提完全無關。由是道理，說**密宗之雙身法，乃是出家人貪在家法**，實非佛法也。

亦有以咒及藥物引誘女人，令彼所中意之女人生起淫意，與其合修：《《他們有許多咒子、藥物，可以引誘空行（母）的，我都不十分贊同。只有空樂眞正如法修到，那麼眞正的空行母，自己會送上來的。眞正的空行母來了，眞正的空樂得了，會具有眞正開中脈的條件，所以不能亂來。》》（32-398）

由此敘述中，已可了知密宗喇嘛上師之間，有不少人曾使用咒術或春藥等物，而引誘所中意之女人與其行淫。縱使眞能如法依於密教之次第修成功夫，而後御女者，本質仍是貪著欲樂之法，追求第四喜故，第四喜是欲界淫樂之覺受故；如是淫樂之法所證空性，與 佛所說之空性完全不同故；如是淫樂之法所證之樂，與 佛所說之「涅槃菩提樂」迥異故，故說密宗雙身合修淫樂之法，其實是**出家人貪著在家人之淫樂，是出家人貪在家法**。

顯宗之大菩薩乃是在家人行出家法，《華嚴經》之婆須蜜多尊者是其人也。如《華嚴經》所載：有衆生雖因貪著美色而往見婆須蜜多，然有一見即悟者，有見其笑而悟者，有牽其手而悟者，有吻其唇而悟者，有擁抱之而悟入者，……乃至有須與其同宿纏綿而後始悟者。如是諸人，一見即悟者，其證境高，慧力強；見其笑而後悟者，則低之；…乃至親吻、同宿共床而後悟者，雖是證悟之人，然唯能自度，證量極低，唯能入住第七住位中。

然而婆須蜜多尊者令人悟入者，非如密宗雙身合修之法，令人以淫樂中之無念靈知心爲空性，而是以證得第八識實相心爲空性，與密宗迥異，不可相提併論也。

密宗之雙身修法，則自始至終皆必須男女二根相入，所修所證之標的爲淫樂之第四喜覺受，所悟之「空性」則是覺知心之空無形色及淫觸之空無形色，如是而言樂空不二者，其實仍墮外道「常見」中，並且較諸清淨自修之外道不如也，彼諸常見外道尚知應遠女人而修清淨行故。

由是緣故，密宗貪緣《華嚴經》中婆須蜜多之典故，而主張其法能令人證得解脫乃至佛菩提者，其實是虛妄之語也，其法與婆須蜜多之法迥異故。如是密宗之雙身法，既非佛法，則應將彼邪法驅離佛教，不令佛門弟子衆等修之，以免衆多學人不知而修，干犯十重戒而墮地獄。

佛住世間而領四衆，故必須現出家相，身行究竟清淨、離諸世間行。然而 佛是一切智者，非不知密宗之邪見而不能爲之修之，早於《楞伽經》中破此邪見故，早於四阿含中說邪淫是輪迴欲界之法故；並已宣說男女二根相入之法乃是欲界中層次最低之境界，不能超出忉利天之上故。既知貪道必令衆生輪迴欲界生死，焉有可能於應身入滅之後，復現

「金剛持佛」而說此能令衆生淪墮欲界最低層次之有漏有爲法？無是理也。是故密經所說之雙身合修即身成佛法，謂爲 佛所說者，絕非誠實語，絕非 佛所說法；只是密宗上師取自外道之法，假藉 世尊名義而創造之續經續典而已，不足爲訓。

如是之法本質邪淫，古代及現代密宗之中，已經有人能見此邪見，而能破之：《《**黃教祖師宗喀巴**，爲除當時密教穢亂之漏習，雖具雙修法之條件，**未曾採用此種修法**，戒行精嚴，爲一代之典範（平實按：此非誠實語。如第二、三輯中所舉，宗喀巴亦主張出家人欲成佛道者應修此法，並應每日八時等精進修之，只是條件較爲嚴格而已）。他論修雙身法時，建議以男性佛像、女性佛像觀相代之，旨在淨化人性種種結使根執，也破除男女兩性之慾執，尤其在中陰身轉生時可避免迷惑而墮入六道中。另外近代寧瑪派法王龍欽巴也認爲肉體交媾雙身法，不是一般人適合的修行法，他說：「爲了第三智慧灌頂的緣故而降下明點等等，你以爲可以從她（他）人的身體幫助我們修行，但是**這種有漏道**欺騙了許多大修行者。依止解脫道是我懇切的勸告。」》》（62-349）

龍欽巴說了如是一段語重心長之語，可惜密宗中人多將此一段語視而不見，繼續以雙身法自矜於顯教，蔑視顯教無有此法，是故常常貶抑顯教爲因地修行，用以崇顯密宗，而說密宗之行門是果地之修行。然而密宗如是雙身合修之法，假饒窮其一生，日夜精進而修，能於數十年中常抱女人及二根永遠不離、常住如是第四喜之淫樂中者，所證之「空性見」仍與三乘菩提空性見之見道無緣，三乘菩提之任何一種見道悉不能證；豈唯不能斷思惑？乃至見道所斷見惑亦不能斷，如是密宗諸師所言斷惑證智之言，皆是空言，無可炫人者。**修如是密法者，正應羞於啓齒、羞於見人才是，有何可慢之處耶？乃竟以之自矜、崇密抑顯，顛倒已極。**

密宗許多老行者間傳言：某極有名氣之上師（姑隱其名），於捨報時、其下體一柱擎天，令在場諸人啼笑皆非。如是大失佛子律儀者，乃因彼於捨報時觀修無上瑜伽雙身修法，欲證佛地「第四喜之究竟空樂而取報身佛果」邪見所致也。此乃邪見，不可取也；又兼捨壽時大失佛子律儀，一切佛子宜應遠離如是邪見，莫再爲其所惑、誤入岐途。

此外，東密之主要教派亦排斥雙身修法，而與西藏密宗在知見上產生衝突，是故陳健民有如是之言：《《一些眞言宗的導師和著作者曾說：**西藏密乘最高的瑜伽並不是佛陀的教法。也有人認為蓮花生大士並不是真正的佛教徒，而只是一位婆羅門教徒而已！**（原註：甚至格魯巴派的一些大學者也如此認爲。）日本一些佛教泰斗排斥（原註：西藏密乘的）第四灌修法，原因是它（沒？）有第三灌的秘密法，他們認爲這是很壞、很不道德的修法等等。》》（37-163）

今時之台灣密宗之中，亦有人不贊成「一般學人修學雙身法」，如鄭蓮生上師便非無條件贊成修學雙身法。不論往昔或今時，在雙身法之發源地－印度之婆羅門教中，亦如是一向有人反對雙身法，認爲是有傷風化，而且是違背解脫道之邪見。是故雙身法之本身，古今一向皆有爭議。若彼捨壽之西密上師能有鄭蓮生上師之知見，則不致有如是大失律儀之事也。密宗若能再進一步絕對破除雙身法，不認同「有條件修學雙身法」，而能眞正遠離雙身法之邪見者，則密宗便可漸漸回歸佛教正法，則是今時後世佛教學人之福也。

鄭蓮生上師云：《《……因「人之所以爲人」之根本在淫欲，所以非自淫欲中解脫、不能見眞性，由此可知雙身（觀想）修法之眞實義諦，**豈有止淫而**（復）**入淫之理**？最後引用《楞嚴經》卷六之「明誨」爲本文之結語：『汝修三昧，本出塵勞；淫心不除，塵不可出；縱有多智，禪定現前，如不斷淫，必落魔道：上品魔王、中品魔民、下品魔女。彼等諸魔亦有徒衆，各各自謂成無上道，我滅度後，末法之中多此魔民熾盛世間、廣行貪淫，爲善知識，令諸衆生落愛見坑，失菩提路。汝教世人修三摩地，先斷心淫，是名如來先佛世尊第一決定清淨明誨。是故阿難！若不斷淫修禪定者，如蒸沙石欲其成飯，經百千劫祇名熱沙。何以故？此非飯本，沙石成故。汝以淫身求佛妙果，縱得妙悟，皆是淫根；根本成淫，輪轉三塗，必不能出；如來涅槃何路修證？必使婬機身心俱斷，斷性亦無，於佛菩提斯可希冀。如我此說名爲佛說，不如此說，即波旬說。』》》（62-349~350）

一切密宗行者，皆應謹記鄭蓮生上師如是之言，皆應謹記所舉《楞嚴經》中佛語，速速遠離雙身法，莫再被此密宗邪見之所蠱惑。

復次，修此即身成佛之法者，以追求至高之樂觸、欲成「究竟佛」故，必須求證第四喜；然而爲求如是最高之樂觸故，往往有人失精不止而喪身失命：《《婦人頭上插金釵，不是莊嚴過玉階，偶遇狂夫精不止，會陰一攢命無乖。（原註：敝友北平張伯烈、成都傅眞吾，皆死於婦人腹上。此等事，允宜教誡中年婦女。秘而不宣，亦何益哉！）》》（34-310）。如是密宗欲求「成佛」者，樂極生悲，有記載者如是，未記載者當不在少，密宗行者允宜知所警惕。

雙身法之樂非是 佛所言之大樂，而密宗諸師妄謂能延伸此第四喜之樂於一切時中不斷者，即是佛地大樂；密宗既認爲報身佛皆常住於如是淫樂之中，是故密宗認爲一切報身佛皆必定是雙身像，是故密宗所說之五方佛皆是抱女人之交合常受淫樂像。譬如**宗喀巴**云：

《《又《智成就》亦云：「二根所生樂，惡說爲眞實。勝佛未曾說：彼是大安樂；凡因緣所生，皆不名眞實。」若第三灌頂之俱生通達眞實義者，寧不與此相違？答云：「無過。彼諸經文是破道時之俱生智，爲自性或自體之俱生智。非說第三灌頂等之俱生不達眞實、或說彼諸善逝自性，是了知自性。一切樂中尊，故名爲大樂；大樂非無常，大樂恒常住。」此如《智成就經》後云：「以彼樂一切，皆非自性有；中無俱生智。」破彼非眞實樂，眞實樂是佛地之所有故。故若引彼經文以破通達眞實之樂，則應許一切有學道皆無彼樂，故眞實樂、及名自體俱生或名自性俱生，義謂不待功用因緣，盡未來際任運相續。》》（21-389）

宗喀巴於如是文中，主張第四喜之俱生樂乃是與生俱來者，非是因修而有者。又復辨證言：第三喜非是俱生喜，若第三灌頂之喜是俱生喜者，則第四灌及其後所修之雙身法中之第四喜即不可名爲俱生喜也。又言：此樂是衆生「與生所俱有」者，衆生是否能證得第四喜，並不影響其身中是否具有此樂之體性，故說此第四喜之俱生樂爲常住法、爲自體俱生、爲自性俱生、爲盡未來際任運相續者。

然而此說迥異　佛說之第八識實相心。此謂如是俱生樂固然於各人身中必有如是能成之功能，然此樂法並非常時永續顯現於衆生眼前，要待因緣而後能顯現之。　佛所言之第八識實相心，則不論衆生是否已證得之，此第八識心皆是恒常分明顯現，不曾一時而被遮蓋，唯是未悟之人不知之爾，已眞悟者皆悉如是現觀也。第四喜之樂，則要因種種緣之具足而後能令密宗行者修之顯現、而後方能享受之觸塵法，而非運行之法；　佛說之第八識如來藏，則是於一切衆生身中運行不斷，非是六塵中法；並能由衆生日日受用運行之，而衆生日日用之卻不能知之，故名日用而不知；如是，二者迥異其趣。

佛地由因對此遍一切時之如來藏具足了知，故於世出世間法具足了知，名爲一切種智之一切智智，成三界尊，具足解脫色，盡未來際永利衆生而無障礙，故名常樂我淨。凡此種種，顯示眞實佛法迥異密宗所說雙身法之第四喜大樂；一是六塵所攝法故，一是能生六塵之法故。宗喀巴不知如是正理，將第四喜淫樂境界說爲常住不變之大樂，主張第四喜之淫樂爲俱生樂，離佛道遠矣！

宗喀巴又云：《《三清淨眞實歌「尊無過常住，一切貪中愛；世尊大貪喜，我修眞實性。」言無過者，謂斷一切障及習氣。常住謂盡虛空際三身常住。得悉地之一切貪欲，能作貪著一切有情事業，故是具有無緣大悲之大貪者。以無相法而生歡喜故名大喜。有作「以眞實」者，義指前三頌中所說。此是寂靜論師所解，故以有具聲者爲善。二法性歌「最清淨勝法，本解脫如來，普賢一切性，修菩提薩埵。」由具不退轉之清淨，名最清淨。般涅槃爲一切法中之勝，勝中之勝謂佛涅槃，是彼自性故名勝法。由自性淨故本來解脫。如實了知諸法法性故名如來。賢者謂善，普謂無餘，由此能生彼也。法界是一切法相或自性，故名一切性。有菩提體性之心者，名菩提薩埵。》》（21-323）

此段宗喀巴之文意中，謂由見「世尊」因大貪－第四喜－而成佛道，是故「我修眞實性」，謂如是修雙身法之第四喜者能斷一切障及斷煩惱障之習氣。然而現觀密宗古今一切祖師所謂已成佛道者，實無一人已破所知障，何況斷盡所知障？何以故？謂密宗古今一切已修成第四喜境界而「成佛道」之人，悉皆不知不證第八識如來藏，而般若慧之證得實由證得第八識之後始能發起故；證得第八識如來藏已，方能進修般若之別相智及一切種智故。

復次，斷煩惱障者，要由斷除我見下手；而密宗古今諸師之所謂成就「佛地悉地」者，悉皆認定淫樂第四喜境界中之覺知心爲實相心、爲不生滅心；然而如是之見，正墮凡夫之「我見」之中，四阿含諸經中，佛說如是覺知心名爲五陰所攝之法，是常見外道所認定之「常不壞我」，是梵我外道所認定之「常住不壞神我、常住不壞大梵我」，我見所攝。如是我見不斷之宗喀巴，而言至尊成佛，無乃世間最大之妄語乎！而彼密宗諸師普皆不知不辨，云何可謂有智之人？

如是不淨貪染之法，而宗喀巴於此段文中強辯爲清淨勝法，狡言「能覺淫樂之性空無形質，故名空性」，謂如此修証者，即是最清淨之勝法，謂爲本來解脫、謂爲「普賢之性」；如是而修「菩薩行」，違佛旨意殊甚。

宗喀巴所引《三清淨眞實歌》：「尊無過常住，一切貪中愛；世尊大貪喜，我修眞實性。」謂「世尊」俱有如是雙身法所得淫樂之第四喜，並謂「世尊」之報身常住如是第四喜之大樂中，言此大樂是世中尊、是無過、是常住，謂此大樂是報身佛之眞實性，所以宗喀巴教人如是修此「眞實性」；眞乃一派胡言。

此淫樂者，欲入色界之前即應斷除，否則不能入初禪，何況能成阿羅漢？何況能成究竟佛？而密宗各派悉皆主張須證此欲界中最粗重之

「大貪喜」，然後成佛，顚倒殊甚！宗喀巴於此大過完全無知無覺，而隨順引用之，言「世尊大貪喜，我修眞實性」，認爲此淫樂是眞實性，並主張「應八時而修」－每日八時修之，如是一整月、一整年、一整劫、乃至整千劫而修之，以此爲精進。殊不知如此而修者，越精進則越墮落，越精進則越離佛道，益增輪迴而永無證得解脫果之時；所修完全違背 佛所教導之解脫之道故。

如宗喀巴所言之雙身法修行，尚不能斷除我見，不能證得聲聞初果之解脫，何況聲聞四果解脫？如此不能取證解脫果者，不能觸證第八識如來藏者，而言能證解脫及佛菩提果之般若慧，無有是處！

宗喀巴引彼歌已，自言如是修行則無過失，並能斷一切障及習氣，故云：「言無過者，謂斷一切障及習氣。」然而如是修行者，有諸大過，違 佛所言解脫道及佛菩提道故。如是而修者，尚不能破任何一障，何況斷之？何況除二障之習氣？此謂如是雙身法之第四喜大貪，正是解脫道所應斷之欲界愛，大乘中說爲一念無明之「欲愛住地」，乃是二乘聖人所斷「修所斷惑」之最低層次煩惱。

障者有二：煩惱障及所知障。斷煩惱障者證解脫果，能出三界輪迴；斷盡所知障者，能證法界實相究竟無餘，證得一切種智，由此圓滿佛菩提道而成佛果。

煩惱障中有見惑思惑二種應斷，見惑謂我見，我見者即誤認覺知心爲常住不壞之心，此是聲聞初果之所斷者。斷見惑後方有能力斷除思惑，思惑有三：欲愛、色愛、有愛。欲愛者謂貪著欲界五塵，主要爲貪著男女淫欲，故又名欲界愛；色愛者謂執著色界境界，主要爲貪著色身及色界定中之覺知心，故又名色界愛；有愛者謂執著無色界有，此謂執著無色界四空定中之覺知心爲常住不壞心，及執著無色界定中作主思量之心—末那識自己。

如是，欲界愛乃解脫道之思惑中所應斷之最粗重煩惱，乃解脫道中「修所斷惑」中層次最淺之煩惱，乃是解脫道中首先應斷之煩惱；斷已方能續斷色愛、有愛煩惱；俱皆斷盡，方出三界。今者密宗不唯不斷思惑中首先應斷之煩惱障，反令徒衆應修證此「必定令人淪墮欲界」之煩惱障中最粗重之大貪煩惱，而謂執取貪愛境界之修行者可斷一切障（一切障有二：煩惱障及所知障），眞乃強詞奪理之譚也。

如是煩惱障中最低層次之欲界愛大貪尚不能斷、不知斷，何況「心不相應無始無明住地」之所知障，而言亦能斷之？斷無是理！何以故？謂所知障乃是「心不相應無始無明住地」——一切衆生自無始劫來不曾與此無始無明相應過，此無始無明不與一切衆生之覺知心相應，故名「心不相應」；要待起心探究法界實相時，方才首次與此無始無明相應。今觀密宗尚不能知解脫道中最淺層次之正修，云何能與無始無明相應？不與無始無明相應之人，而言能斷無始無明之所知障－「能斷一切障」，豈有斯理？是故宗喀巴所言「修此大貪之法爲無過，爲能斷一切障」者，實是臆想之言、信口胡言也。

復次宗喀巴言修此大貪之法能斷習氣者，亦名無知之言，何以故？謂依宗喀巴之言而修此「即身成佛」之法者，唯能增長欲界貪之習氣，益增輪迴之因緣，何能修除一絲一毫欲界貪之習氣？而宗喀巴作此顚倒之言？如是「其心顚倒者」之所言，云何可信？而諸密宗信徒竟然不能覺察其謬，迷信崇拜之，信受奉行之，黃教師徒更將之封爲至尊，眞是引導衆生輪迴三界之至尊也。如是古今密宗上師俱是愚迷之輩，云何可謂是「大根器人、上上根器人」？

如是荒謬之法，邪見所施設法，完全違背解脫道與佛菩提道之法，根本成淫、成邪，而謂爲更勝於顯教清淨如實之法、而謂爲圓證顯教二主要道後所應修之法，便如愚人作如是言：「修學加減乘除，再學代數，然後修學微積分已，應當從我修學上上微積分法。」而探究其「上上微積分法」已，方才發覺其法尚非加減乘除之法，只是幼稚園中之學習數數－學數一二三－而已。而彼密宗傳法諸師不能知此事實，學密法之諸多學人亦不能知此事實，故余今以此書而剖析之，令衆週知，以後可免自誤誤人、荒廢光陰及以錢財，能轉入佛門之中正修佛法，是則大衆之福也。

宗喀巴又謂如是住於等至－男女同住於第四喜大樂中而一念不生－即是般涅槃。然而如是「涅槃」，其實違遠 佛於四阿含中所說之涅槃，誤會大矣！謂 佛於四阿含中所說無餘涅槃者，乃是十八界俱滅，方得名爲無餘涅槃。欲證如是無餘涅槃者，必須先斷「覺知心我常住不壞」之我見，復將「覺知心我、思量心我」之自我執著斷除，捨壽時方能取證無餘涅槃。而宗喀巴竟將如是「我」認爲常住不壞心，正墮我見我執之中，欲將 佛說入涅槃時應滅之心以入涅槃，完全違 佛所說，尚非 佛所說之聲初聞初果，云何可說是實證涅槃者？無是理也。

佛說欲入無餘涅槃者，應滅十八界－覺知心及思量心之自己亦滅－十八界俱滅盡，唯餘第八識如來藏離見聞覺知而常住；宗喀巴則以覺知心常處於第四喜境界中受樂，認作無餘涅槃，正是與 佛南轅北轍之說，相差何止千里萬里？宗喀巴將如是誤會之涅槃，認作 佛所說之涅槃，故云：「般涅槃為一切法中之勝，勝中之勝謂佛涅槃，是彼自性故名勝法。」以自己所想像之外道「無餘涅槃」作為 佛所言之涅槃境界，以欲界淫樂之境界代替 佛所說之報身佛境界；如是李代桃僵，公然轉易佛教修證之法義，使之由教內質變而成外道法之宗教，云何不是破壞佛教正法之人？而密教中人竟將如是凡夫、將如是破壞佛教之人奉為佛門中之至尊？顛倒至此！

如是以外道法代替佛法而令佛教質變為外道法之人，其本質更劣於一般追求世俗法之凡夫人，何以故？謂一般民間信仰之世俗凡夫、其心亦善，對於自己所不知不解之佛教法義，絕不會破壞之，唯有崇信之而暫不入佛門修學爾。然而宗喀巴等密宗師徒不知言知、未證謂證，竟將外道法取代佛教正法，並崇顯彼性力派外道，將之冠於三乘佛法之上，崇密抑顯；復以邪謬知見而解釋彼外道法為最究竟之佛法。如是等行，其心可誅，其行可惡，其法邪謬，更劣於一般凡夫俗人，有何可貴之處？而此不如俗人之破壞佛教正法者，云何密宗師徒封之為佛教中之至尊？愚迷至此，令人浩嘆！

復次，世間凡俗尚且主張「淫樂應適可而止」，何況「佛教中至高無上之成佛法門」而修此世俗法，而求極盡其樂？一般世俗之人，於淫欲稍得滿足已（如達到性高潮已）便休息之；而密宗之宗喀巴等人，得性高潮已，尚不能滿足，竟進求永住性高潮之樂；並以如是淫樂，進求第四喜之大樂而求常住此樂之中？如是欲界大貪之行，竟可說之爲至高無上之最究竟法、最微妙法，云何非是顛倒之人？而彼密宗諸師竟崇奉如是顛倒之人爲至尊？一何可笑！

又黃教中有人主張唯修明空雙運（明空大手印）之無上瑜伽即可成佛，然陳健民認爲：「此唯是孤分法身，必須兼修樂空雙運之無上瑜伽，方能具足法身。」非唯陳健民如是認定，紅白花教悉皆如是認定也。是故密宗之修行法門必定不離雙身法，如是雙身追求至樂極樂淫欲之宗教，若可稱之爲佛教者，必令正統佛教蒙羞，故說一切佛門中人皆應極力摒除雙身法之邪見於佛門之外，以免有諸佛門學人再受此邪見蠱惑，以免佛教被西洋研究佛教之學者們一再羞辱、蒙受不白之冤。

雙身修法違解脫道及佛菩提道，婬婬相傳，破 佛所設菩薩律儀戒，修此法者悉成魔民、魔女，死後皆將爲諸魔王之所攝受，永絕於佛教正法之外。眞密經典《楞嚴經》，於卷八中具斥分明：「**堅固精色而不休息，吸粹圓成，名通行仙。…堅固交遘而不休息，感應圓成，名精行仙。…阿難！是等皆於人間鍊心，不循正覺，別得生理、壽千萬歲；休**

止深山或大海島、絕於人境。斯亦輪迴妄想流轉，不修三昧，報盡還來散入諸趣。」

密宗雙身合修之即身成佛法門，正是「**堅固交媾而不休息**」之外道修行法門，將來**感應圓成**時，成為**精行仙**，可以顯異惑衆，便敢自謂成佛，以誑衆生；蓮花生等密宗上師之升往空行淨土者，皆是《楞嚴經》所說之「**別得生理、壽千萬歲；休止深山或大海島、絕於人境**」者，如是等人不知自己之壽量有盡，以為可以長生久視，然而世尊早已如是授記：「**斯亦輪迴妄想流轉，不修三昧，報盡還來散入諸趣。**」縱然得壽千萬歲，終有死亡之一日，捨壽後仍在三界之中輪迴，只是彼等諸人今時自不能知爾。有智之人皆當遠離，莫墮邪見之中。

又：依此雙身法而成佛者，顯見彼非成佛，須依外法方能成就如是「佛」故，此法乃三界中最低層次之法故。云何須依外法？謂須依明妃、或依「指上自修」手淫之法故，身觸淫樂即是外法故。證解脫道者則是先斷「淫樂中之覺知心常而不壞」之見，然後進斷此淫樂法之貪，再進斷色界愛，最後進斷無色界愛，如是名為斷除煩惱障者，成為小乘聖人。此阿羅漢若迴入大乘者，在大乘別教中說為賢位菩薩，至多入住第六住滿心，尚非別教聖人，未破所知障故，未得無生法忍故。

而密宗諸師竟主張應修如是令人沉淪欲界最低層次人間之法，自修之不足，更教人修之；偶爾而修之仍覺不足，宗喀巴更言應「八時而修」，並須日日精進八時而修；乃至言「等」（等者謂整日、整月、整年、整劫、千劫而修），其心顛倒至此，而密宗行者篤信不疑，豈非正是末法下下根器之寫照乎！如是依於外法而修者，云何可能修成究竟佛道？如是依於外法之「樂空不二、樂空雙運」而修者，尚不能證二乘之解脫道，云何能知能證二乘羅漢所不知之大乘佛菩提道？無斯理也。

如是密宗即身成佛之法，豈唯不能成就佛道，反將因其破戒破法，而必墮落惡道，受諸尤重純苦，云何密宗諸師竟不能知之？云何密宗學人迷信而修學之？不顧自身未來世之果報？

《地藏菩薩本願經》云：《《**若有衆生出佛身血、誹謗三寶、不敬尊經，亦當墮於無間地獄，千萬億劫求出無期。若有衆生侵損常住、點污僧尼，或伽藍內恣行淫欲**，或殺或害；如是等輩當墮無間地獄，**千萬億劫求出無期**。》》今觀密宗古今諸師之修證雙身法者，悉於寺院或別設之佛壇內，於佛像前無恥裸露而復行淫；行淫已，復以男女混合之淫水裝於嘎巴拉中而供「佛」，謂之爲甘露供養。如是邪行，褻瀆於佛，依《地藏菩薩本願經》云：《《**伽藍內恣行淫欲**……如是等輩當墮無間地獄，**千萬億劫求出無期。**》》一切密宗喇嘛及諸在家行者若有智慧，皆應細加抉擇之。

又：密宗上師所造密續中，亦言中脈明點分明、而寶瓶氣成就，能將明點收放自如者，亦可與比丘尼合修此法，自謂不犯三昧耶戒；然三昧耶戒乃是密宗畢瓦巴、蓮花生…等人託言於 佛所設，其實皆是自設之戒法，並非 佛所設戒；現實之台灣「密宗佛教」中，亦確實有極少數比丘尼曾受密灌與慧灌，並與密宗男性上師合修過雙身法；如是之密宗上師，不唯於**伽藍內恣行淫欲**而已，亦是「**點污僧尼**」之人，如是等人，依《地藏菩薩本願經》所云：《《**如是等輩當墮無間地獄，千萬億劫求出無期。**》》

奉勸密宗諸師：當速捨密宗祖師所自設之三昧耶戒，速離密宗，莫再碰觸雙身法，莫再弘傳雙身法；應當日日佛前殷勤懺悔，不得間斷，要見好相。否則捨壽時至、方欲求免，心中必恨時不我予也—彼時一切皆無所能爲故。

平實普爲大衆來世設想，不欲密宗修學者及未來世大衆同入地獄，是故好言誠懇相勸，詳細解析密宗法義及行門邪謬之處，**祈求密宗諸師與諸徒衆領受善意。**

凡我佛門學人，上自一切大師，下迄一切學人，皆當摒除雙身修法於佛門之外，皆當勸令密宗師徒修正密宗之法義，回歸原有三乘法義，共將中脈明點寶瓶氣及雙身法等諸多外道法摒除於佛門之外，莫令佛教法義受彼外道法污染，一則可以使佛教不再蒙羞，二則可以令一切學人不再誤入岐途，而後可以修證佛教之正法，今時及未來之大眾俱蒙其利。平實於此再三呼籲，願我佛教界一切四衆弟子皆能正視之。

第十章　遷識法及奪舍法

第一節　泛說遷識法

密宗所言遷識者，謂以觀想之法，將自身之本識作遷往所欲往生淨土之想；則捨壽後作同等之觀想，即能將自己之本識如願遷往淨土，不墮惡道生死輪迴；如是觀想之法，即是遷識法也。

茲舉香巴噶舉之白空行母遷識法言之：《《白空行母有許多不同的名稱。在噶舉派，她被稱為是金剛亥母，這些名號的意義都是「在空性虛空中飛舞的人」。在西藏各教派中卡多瑪的圖像差不多都一樣，但唯一例外的是香巴噶舉的白空行母。

噶舉派有四大八小，香巴噶舉是遠親，它不屬於以上十二支派。香巴噶舉是由瓊納爵所創，主寺是在「香巴」，以地為名，所以叫「香巴噶舉」。

香巴噶舉有紅、白二種空行母的修法；紅空行母等於金剛亥母，但白空行母卻和其他任何的卡多瑪大有差別。你甚至很難在西藏找到一張白空行母的圖像。

……德格是西藏的佛法研究重鎮，而拉薩只不過是一個政治中心罷了。如果修行人想要廣學西藏各派的教法的話，他就該去德格，因爲在拉薩只能學到格魯派的法。我在德格參學了七派的法。我在當地時，曾好好研究過：到底哪派的遷識法最有效，結果我的結論是「白空行遷識法」最好。很多次在噶舉派的遷識法修完後，仍然會另外再修白空行遷識法。我們可以歸結說：白空行遷識法是更秘密、更具有密法的加持力，它比大乘一般淨土派的阿彌陀遷識法更好。**大乘的淨土法門只要持誦彌陀名號，行者就能到達第一種淨土，而白空行遷識法卻能達到第四種—最後一層的淨土**。這二種淨土是不該混爲一談。第一層淨土叫做「凡聖同居土」，第二層叫做「方便有餘土」—羅漢及較低果位的菩薩所住。第三層叫「實報莊嚴土」—最高果位菩薩所住，第四層叫「常寂光土」—佛陀所住。

雖然阿彌陀佛遷識法和白空行母遷識法都有深呼吸及射出智慧明點，但二者之間仍有一些不同的觀點。修彌陀遷識法時，你必須有完全的出離、厭惡輪迴，以及對西方極樂世界有完全、不打折扣的信願。否則即使你把智慧氣向上射，但如果對輪迴沒有完全厭離，你仍然會掉回來。所以我們可以說彌陀遷識法是建立在「否定法」，你必須通過象徵出離的蓮花—彌陀就坐在蓮花上、你面前，**你可以進入他的心，和他合而為一**。

要美國的修行人完全出離是很難辦到的。他們不能放下所有的美食、錦衣、漂亮的女孩、各種娛樂，這樣怎能要他們用「否定法」來厭惡輪迴呢？幸運地，另有白空行遷識法—它是以「愛的肯定法」為基礎。

我們尤其對女孩有「愛」，但白空行母遷識法的**金剛愛**的修法，並不是以對世俗女子的愛染為基礎，對世俗女子的愛染是用下行氣，只會使你墮入較低的境域。相反地，我們愛白空行母的蓮花（陰戶）—它並觸及中脈下端具力的部份（指陰莖），相反地，**蓮花**（白空行母的陰戶）**是觸及行者的頭的上半部**。藉著我們對白空行母的大愛，在我們頭上是完全張開的蓮花（在我們頭上是完全張開的白空行母的陰戶），我們用深呼吸智慧氣、將精華（將精液）昇華為智慧菩提，伴隨著命氣射上到中脈頂端（頭頂）。然後由於大愛的加持，我們和白空行母的中脈下端（白空行母的陰戶）聯結。我們的命氣和智慧菩提直接射入她的大樂子宮，然後白空行母飛去密法處所，在那兒，行者生為 Vidyahahara。所有的世俗愛染已被完全昇華為金剛愛。以上是「昇華的肯定法」，它和「出離的否定法」是相反的。但除非行者能明白地分辨金剛愛與世俗愛染，不然她仍然會墮入（下？）來。所以行者首先應修習出離世俗愛染（仍然回到顯教淨土法門的否定法。與前段所說自相違背）。

譯者按：……。方法：（1）深呼吸（原註：修寶瓶智氣）。（2）昇華普通的精、成爲智慧明點。最後要用智慧氣推動智慧明點、伴隨命氣，射出，經中脈到空行母的子宮，再由她帶走，飛去密法淨土。總之，讀者們要反覆觀看，字面行間別有文章，除非你能列出比上述更細的步驟，並能恰當説明各步驟的用意及各氣、明點的位置，最後它們去哪裡？否則你可能還是沒弄懂白空行母遷識法。》》（77-131~134）

如是密宗修行往生淨土之法，照例要宣示比顯教所修之淨土法門殊勝；然而若究其實，乃是荒誕不經之虛妄想也。此謂密宗諸師古今一轍，妄想無二。

大乘淨土法門之修行，非如密宗所説「唯能生於凡聖同居土」，而是依各人修證之差別—是否曾證得聖道門之般若慧及解脱慧、以及根性之差別，而有所生淨土之差別，是故上品生人住實報莊嚴土，中品生人住方便有餘土，下品生人住凡聖同居土，常寂光土則唯佛自住，非任何人之所能入；如是之理，具載於《觀無量壽佛經》中。是故，依顯教淨土宗之修行法門差別，依淨宗行者之是否已如實證得聖道門二主要道，及依其是否曾修三福淨業、孝養師長……等，而有種種差別，故有三品九輩之往生差別，並非密宗所誤會而說之：全部皆是下品往生至凡聖同居土也。如是之理，密宗中人普皆不知，自生誤會之後、卻來貶抑顯教淨土宗行者往生淨土之層次低下，唯令顯教諸人覺其無知爾。

復次，白空行母之遷識法，所欲遷往之淨土，乃是密宗祖師自己所施設之淨土，屬於夜叉羅刹所住之土（譬如烏金淨土、空行淨土、密法淨土……等，乃是血食好淫眾生之「淨土」），並非　佛所說之清淨土；如是而修遷識法，乃是虛妄想，無有實義；密宗行者往生已，悉皆與好淫之夜叉、或樂生鮮血食之羅刹同住，同其黨羽故。

復次，密宗所欲遷往淨土之識，並非根本識；彼等上師精修遷識法，所欲遷往「淨土」之「根本識」，只是意識觀想所成之明點，以明點作爲根本識。如是根本識，其實只是密宗行者運用意識觀想所成之一種內相分，並非有情之根本識；顯教諸經中，佛所說有情之根本識乃是第八識－四阿含中說爲「我、如、眞如、本際、實際、如來藏、識」，般若經中說爲「非心心、無心相心、不念心」，第三法輪唯識諸經中說爲「阿賴耶識、異熟識、無垢識、眞如」。若能遷移此第八識至佛淨土，方是眞正之遷識法也。密宗則以想像之明點作爲阿賴耶識、根本識，純是虛妄之想；與顯教淨土門中所說往生而使根本識往生諸佛淨土者，二法迥異。故說顯教之淨土法門方是眞正之遷識法，密宗之遷識法乃是妄想之法，非眞遷識法也。

復次顯教中所修淨土法門，乃是由佛前來接引，手持金色蓮花或金剛蓮花台：等，令行者中陰身坐上其花，然後花合，由佛攜往淨土；在淨土之蓮花池中，住於蓮花宮殿中聞熏佛法、消除性障，緣熟之後、花開見佛，復聞佛菩薩說法而證無生；或坐金剛蓮花台而隨佛至極樂世界已，立即見佛聞法而得入地－證得無生法忍；或只證得無生忍－成二乘解脫果，或只聞佛說法而未能得忍者，……其中有種種差別。是故有人悟後上品上生而得無生法忍，位在初地以上，常住實報莊嚴土者；有人修福中品上生後而得無生忍，位在阿羅漢，常住方便有餘土者；亦有下劣之人下品往生後，在蓮苞宮殿中長住多劫（此言極樂世界之長劫時間，而非如此娑婆世界之短劫時間），然後花開而聞菩薩音聲宣說佛法，未能見佛菩薩，亦未能證果者。是故菩薩往生極樂之果位及聞法後之證量有別，絕非如密宗諸師一知半解者所說之悉在凡聖同居土也。

密宗自言：修學白空行母遷識法之人，往生淨土之後，能生於最高層次之淨土—常寂光淨土。然而探究其實，白空行母並非是佛，自身尚且不能住於常寂光淨土，於常寂光淨土尚無所知，何況能攜密宗行者之本識而生常寂光淨土？莫道常寂光土，乃至極樂世界之實報莊嚴土、方便有餘土、凡聖同居土等，彼等空行母悉不能知也；乃至彼等空行母自身尚無能力自行來往極樂此土也，如是而言能遷密宗行者之根本識往極樂世界，並能令人住入常寂光淨土者，無是理也！

復次，密宗行者運用寶瓶氣，將明點射入空行母之子宮內，而由空行母將密宗行者之明點遷往淨土者，復有大過：一者，明點既非衆生之根本識，則修此遷識法即成無義；二者，密宗所說之淨土，並非諸佛之淨土，則彼等修習遷識法即爲無義；三者，空行母只是密宗行者所觀想而成之內相分，並非眞正有空行母隨其觀想而示現，故密宗行者捨壽時，亦非眞有空行母來接引密宗行者；所謂空行母者純是密宗祖師妄想施設之法，純是密宗行者觀想所成之故。如是，觀想頭頂上有空行母將其陰戶擴大而包容密宗行者之半個頭頂，期望捨壽時有空行母如其觀想而接引行者往生淨土者，即成無義。四者：用寶瓶氣及觀想法門，欲將明點昇華成爲智慧菩提，亦是虛妄想，智慧菩提實由修證第八識而得，非因寶瓶氣及明點之修法所能證得，故以寶瓶氣及明點觀想而將轉化之明點射入空行母之子宮者，乃是妄想之法，如是則修此遷識法即成無義。五者，縱有眞實之空行母，而彼密宗所說之一切空行母，對於解脫道之內涵及修證、對於佛菩提道般若之內涵及修證、對於諸佛淨土之往生，悉無所知、無所證，如是愚痴之空行母，云何能將捨報時之密宗行者攜往諸佛淨土？自己尚不能至諸佛淨土，何況能攜密宗行者往生諸佛淨土？無是理也。

何以故？此謂欲生極樂世界之實報莊嚴土而求上品上生者，尚且需有親證自心藏識之般若證量，然密宗一切空行母悉皆不知不證自心藏識，凡夫無異，自身尚不能往生極樂世界之實報莊嚴土，何況能接引密宗行者往生諸佛淨土？云何而有能力攜帶密宗行者往生佛之常寂光淨土？如是淺易之理，密宗上師普皆不知，精進而修遷識法之觀想法門，實無意義，名爲浪費生命之可憐者。

是故修彼遷識法之密宗行者，唯能隨彼愚痴之空行母生往烏金淨土、空行淨土、密法淨土，而此等淨土究係何土？當知乃是好樂淫氣及血食之夜叉羅刹等所住之「淨土」爾，有何可嚮往者？

菩薩親證自心藏識已，唯階七住賢位，尚須修集福德、消除性障、進修種智、破邪顯正以救衆生，並懇切發起十無盡願，而後始能進入初地，尚不能臆測常寂光淨土；乃至進修到等覺地時，仍不能了知佛地常寂光淨土之內涵與境界；乃竟密宗諸師悉皆未能證得第八識心、未入第七住賢位中，云何能知能證能入「唯佛與佛乃能了知」之常寂光淨土？

求生淨土之密宗行者如是，所觀想或「眞實有」之空行母亦復如是，悉皆不知不證自心藏識，尚不能入第七住位，尚不能知七住菩薩明心之功德內涵，而言能接引密宗行者往生諸佛淨土？而且是等覺菩薩所不能知之常寂光淨土？眞是愚痴狂妄之言也。是故密宗上師妄言能藉此遷識法之修習，而令密宗行者於捨壽時能依空行母之子宮而遷往佛淨土，並證入常寂光土者，乃是虛妄臆想也。

密宗遷識法之行者，於平時修習之法如左：

《《金剛偈說：「最上品的遷識法是無能修者、無所修法，中品、下品的行者是避免執著與嫌惡（仍然要依密宗否定之「顯教淨土法門的否定法」。與前文所說自語違背），藉著喜樂、關心、專注為方便，行者們將『識』上衝，並用禱文莊嚴遷識法。」

我要將上句偈中所提到的修法作一說明：這個遷識法的口耳教授，是無上瑜伽的一個特殊主題。在「山坡達密續」內文中有說明之，「山坡達密續」是一種普遍解析性的密續，其內容在解釋嘿魯嘎與喜金剛兩種系統的修法（皆是雙身法之樂空雙運）。其他說明遷識法的本續有：「金剛空行密續」、「秘約密續」（原註：它是嚇魯噶系統獨有的秘密經典）、「四座根本續」、「文殊教言集」。以上諸密續中闡明了各種遷識的方法，行者必須了解在各密續中所說明的修法重點。若要詳細了解遷識法，可以進一步去讀宗喀巴作的「遷識法廣論」。

在金剛空行本續中有提到遷識法的利益：「每天殺一個婆羅門，犯下五無間罪，甚至偷、騙、通姦，都可用這方法清淨之，行者不再被罪惡所染，而能遠離輪迴過患。」

以上是金剛空行本續中所說到的各種利益；而「秘吻」、「四座根本續」中也提到同樣的內容。所以你必須滿懷熱誠地修行這種法門。

至於如何正修遷識法？金剛空行本續如是說：「**時間到了才能修遷識法，過早為之則犯下殺害本尊的罪，犯下這種罪的人必定墮入地獄、大火焚身**，所以有智慧的人努力去認識死亡的各種徵兆。」

這些偈文中提到行者先要觀察死亡的各種徵兆，當這些徵兆現起時，先修長壽法；如果修長壽法依然不能除遣死亡諸象，此時就是該修遷識法的時候。

「四座根本續」中說：「練習遷識法的最佳時間是在，行者還沒有被疾病所苦之前。」誠如上說，你最好在沒有被疾病拖垮前練習修遷識法，一旦之染重病，那麼無論你意願多強，也絕不可能修好本法。「金剛空行本續」中說：「用瓶氣封住諸『門』，並淨化中脈之門。」四座根本續與山坡達密續都提到同樣內容。**藉修瓶氣，行者將在感官諸門活動的主要能量抽回並引導進入中脈。為了要有效地修此法，你必須要能引氣入中脈**。行者關閉八種可供「識」遷出的出口（門）的，而只讓「識」從第九種門──梵穴衝出，梵穴又叫「黃金通道」，它在頭頂中央，**從梵穴遷識，才可以在投生後本性不昧、記得各種密法**。

在口耳教授中有四種遷識法：1、法身本性遷識法。2、上師加持的遷識法。3、本尊的大和合遷識法。4、無死空行的遷識法。在這四種修法中，現在上師們常常傳授的是第四種無死空行遷識法，所以我要說明第四種修法。

首先修上師相應法，至心念誦祈禱文，發願要成辦遷識法以轉生到所求生的淨土。以金剛坐姿雙腳交叉，雙手置於腰際，**觀想自己是懷抱明妃的嘿嚕嘎**，中脈就在你身體的正中央，粗細就如麥桿大小，長度是從你的臍下四指處直到梵穴。

中脈的基地是三角生法宮、外白內紅，三角中的兩角是指向兩臂，第三個角是指向生殖器。**在中脈較低處的穴的內部是**行者的心，**它形狀是白色「阿」字放光**，它非常亮且纖細，似乎最輕微的微風一吹就吹跑了。把你的**心**安置在那一會兒。（註：兩腎及生殖器共成三點，此三點間連成直線，三條直線所函蓋範圍即是三角生法宮，以子宮為主。密宗之密意，認為一切人都由子宮孕育而生，出生之後始有一切法故，故說子宮所在處為生法宮）。

在你的頭上觀想白色或紅色的金剛亥母，她的形狀就像標準教本中所描述的一般。召請智慧尊，並把它融入自身，向灌頂的本尊祈求、並得到加持，被禪尼佛加冕，他是部主。獻上供養，唸祈禱文，修密咒誦習。觀想金剛亥母與你的上師無二無別，然後唸誦以下禱文：「噢！佛母瑜伽母，請引導我去空行的淨土、空樂的淨土，神聖的上師金剛瑜伽母，請引導我去空行的空樂淨土。佛陀金瑜伽母！請引導我去空行的空樂淨土。」

行者現在從上及下吸氣，並引氣到「阿」字，上氣及下氣擠壓阿字。當用瓶氣持氣時，如是觀注於阿字。

從行者頂上觀想所顯的金剛瑜伽母心中向下放出如鉤狀的光芒，這些光敲擊阿字，將阿字推向上。同時將低處的脊骨移動，其目的在使下氣上行。發出「嘻」聲，觀白阿字進入中脈，向上射出而到梵穴。然後將氣再一次下行，觀想阿字和氣一起向下，而回復到它原來座落於中脈的底部的狀態。儘可能反覆以上步驟。

在修法結束時，從金剛瑜伽母心中流出一股智慧甘露，融入阿字。就像前面說明的一樣，修習瓶氣。重覆練習這過程七到二十一次。

大家都知道遷識法修得好會縮短壽命。因此修瓶氣及流注甘露等修法是為了要延長生命。

遷識法的證量說明如下：頭頂上有水泡，在梵穴上有癢的感覺，從黃金通道噴出一滴黃水混合血的水滴等等。　早先說過，當時機到了（原註：指死亡時）才可以修遷識法，行者這時候要捨棄內外一切資財。

行者是否應當發願用秘密明點來修遷識法，口耳傳承說明如下：『行者自己的、與一位女性的液體（自身之精液及一位女性之淫液），引導能量（原註：即氣）與**心**向上衝，鑿打開了脈的口，而腦則守護防遮各種留難。』

上述文中提到，**行者拿少量的兩種明點**（男女性之淫液），**將它們放於行者掌中，並持誦許多咒語，這明點**（淫液）**再放在梵穴上**。**這種修法是古代的上師們傳下的**。這種方法名叫「藉意向之力的遷識法」，用這種修法的話，就不必藉「氣」的力量來修遷識法。然而雖然這方法也可轉生淨土，但行者並不能自己決定該去哪個淨土投生。

行者然後觀注頭頂上的金剛亥母、並祈請她。觀想過程如前所述**氣從下向上推，行者發出「嘻」聲**，行者的心是白色阿字，**阿字向上經中脈射出，從梵穴出去；經由金剛亥母的紅色蓮花道**（經亥母的紅色陰道）**中而進入亥母身中**，（再）**進入亥母心中、並融於心中。觀想這心變成了一個具有空樂智慧的金剛亥母，她的體性是和上師無二無別**。當如是修行時，我們已完全做到遷識法的四重點。

但是在此處我們並未說到口耳傳承中的精妙細節。你們可從其他資料來源去學。以上遷識法說明已畢。》》（77-115~121）

香巴噶舉所說之遷識法，有異於他派之處，謂他派皆須修成中脈、明點、寶瓶氣，並觀想空行母之陰道擴大而含住觀想者自己之半個頭部，如此觀想成功之後，方可於死後有把握將自己之明點經由梵穴而出、射入所觀想空行母之子宮中而生空行「淨土」；但香巴噶舉之遷識法，亦可不須修證中脈明點、寶瓶氣，單依其特別法即可成就往生空行「淨土」之願。其法即是於將捨報時，取得男女二人之淫液（稱爲紅白菩提心），置於自己掌中，持咒加持之後，將淫液塗於自己之頭頂之梵穴上，然後觀想自己之明點射向頭頂上空行母之子宮中，由空行母將自己攝往密宗所設之空行「淨土」中。此乃香巴噶舉之遷識法特異於餘派之處。然此乃是虛妄之想，此謂密宗所說：「男女二人之淫液以咒加持之後，即能產生大功德，而令人能生『淨土』」者，乃是虛妄之想，絕非佛法，所以者何？謂淫液乃是三界中最大最粗重之貪欲所生之法，與諸佛淨土清淨之性相違，云何而能以此幫助密宗行者往生諸佛淨土？無是理也。

若密宗諸人強言如是「加持」必能往生「淨土」者，則彼淨土絕非諸佛之淨土，必是密宗祖師所相應之鬼神所設之「烏金淨土、空行淨土、樂空淨土、羅刹淨土」等密法淨土，乃是鬼神法界之境界，非是佛教經法中所說之淨土也。是故密宗遷識法所說之往生淨土，其法不可信受，與眞正之佛法無關故；往生諸佛淨土者，要須自身之修行條件符合所往生佛土彼佛所設之條件與別願，絕非如是遷識之法所可往生故。

復次，香巴噶舉遷識法所說「**行者們將『識』上衝**」出頭頂之梵穴而射入所觀想空行母之子宮中，同於其餘諸派所說，悉是虛妄想也；此謂根本識乃第八識阿賴耶，又名如來藏，此心遍於全身現行及運行，非有任何一法能將之聚爲一點而收入中脈，十方三世諸佛亦皆不能將第八識收聚爲一點而收入中脈內，是故密宗之遷識法所遷之識，只是意識心觀想所成之明點，只是觀想之後從如來藏中所出現之相分爾，並無實質，亦非根本識；縱能將彼明點觀想射入空行母之子宮中，亦無法將本識遷往任何淨土，其根本識仍然遍在彼密宗行者之身中，並未轉入所觀想之空行母子宮中，仍將於死透後由第八識根本心生起中陰身，而後又起「與此世相應之中陰階段覺知心」意識。屆時方知死前讀余所造諸書言論之眞實不虛也，已親見余之所言誠實故。

復次，三角宮所在處，只是生殖器官子宮之所在，子宮雖能令欲界男女具有生兒育女之功能，然兒女色身實由兒女各自之如來藏所造—由如來藏以父精母卵而藉母體子宮及血液爲緣而造，並非由父母二人作意而造兒女之色身；父母只是提供環境及條件，而由子女之藏識攝取母體血中四大而創造之。是故三角子宮雖是欲界人類生起兒女五陰之處，並非眞正生起萬法之所在，如來藏方是眞正能生起萬法之所在，是故密宗說之爲**三角生法宮**者，乃是虛妄臆想之言也。

香巴噶舉此段文中所言：《**藉修瓶氣，行者將在感官諸門活動的主要能量抽回、並引導進入中脈。為了要有效地修此法，你必須要能引氣入中脈。**行者關閉八種可供「識」遷出的出口的，而只讓「識」從第九種門—梵穴衝出》，純是臆想之法。第八識無形無色，可以隨意由任何一處離身，不須經由竅穴方可得出；余有時說由何處出者，乃謂彼處爲最後捨身之處，非謂有其形質由何穴出離色身也。

若如密宗遷識法之所說者，則應阿賴耶識有形有色，方可藉由堵塞其餘孔竅而令「識」無法從彼孔竅出離，方可隨於密宗行者之意，而從頭頂梵穴出離。由是故說密宗所言「觀想梵字置於其餘孔穴而堵塞之」，其法純是臆想所得，違於證悟者所見之事實，亦背聖教，復又異於證悟者之實證也。

根本識既無形色物質，遍身而行，焉能由密宗行者之觀想而聚爲一個明點？若根本識確能由密宗行者觀想而聚成一點者，則應密宗行者觀想成功後，根本識已捨身體「九成九九」之身分，唯餘明點爲其所持也。審如是，則應觀想成功而長住明體後之密宗行者色身變成死人之冷硬度，已捨九成九九之身分故；亦應觀想成功之後，密宗行者能感覺自身之全身冷觸，已捨九成九九之色身故。然而現見一切觀想成功之人，其身皆未曾變涼，亦未有同於捨報之冷觸由自所觸，是故說密宗所言「明點即是根本識」之說法，乃是荒唐之說也，乃是密宗祖師自意妄想所施設法，無關佛法也，違教背理故。

復次，若根本識即是明點，則同佛所破斥之外道。有外道言：《一切眾生皆有實我，此我體常、至細，如一極微，潛轉身中作諸事業。》如是之言有大過也：若根本識之體，其量如一明點之微細者，如何能持色身如是之大、而同時遍動？乃至能持色界天身無比廣大而能遍動？不應正理也。

復次，若根本識即是明點，則未觀想時，明點不現，應無根本識住身，則應當時即死。

復次，若謂明點雖小，而能巡迴身中各處極爲迅速，故能令我全身同時遍動；則應吾人色身非是常由根本識所持，亦應非是由根本識所造所生，則違聖言量，亦違大乘見道者所見之事實。

是故密宗諸祖主張「明點即是根本識、阿賴耶識」之說法，乃是由密宗上師不如理作意之妄想而生故，同於極微派外道所說，名爲妄想，非是佛法。

復次，密宗各派普遍皆說：《大家都知道遷識法修得好、會縮短壽命。因此修瓶氣及流注甘露等修法是爲了要延長生命。》其實是妄說，若明點即是根本識者，如是修法，方有可能縮短壽命；若明點非是根本識，則不論密宗行者如何努力觀修遷識法，仍將對其壽命完全無有絲毫影響，明點並非根本識故。由是理故，觀修遷識法之後，加修瓶氣及流注甘露而欲延壽之觀想，即成無義。

復次，密宗香巴噶舉所言：《行者的**心是白色阿字**，阿字向上經中脈射出，從梵穴出去；經由金剛亥母的紅色蓮花道中而進入亥母身中，**進入亥母心中、並融於心中**。觀想這心變成了一個具有空樂智慧的金剛亥母，她的體性是和上師無二無別。》此法實有大過。

審如是者，則明點應非即是行者之根本識，所觀白色阿字方是根本識故，則遷識法之觀修，即不須以中脈明點之觀想為基礎也。二者，行者的**心是白色阿字**，此白色阿字經由紅空行母之紅色陰道而入空行母身中以後，再進入空行母心中，與空行母之心合而為一，使自己與空行母合而為一，則應自己於此之後完全消失，不復有自我存在，則密宗所說：「由空行**母將自己之本識攜往淨土**」之說，即成無義，此密宗行者已被空行母吞併為一有情故。則密宗行者「求生空行淨土之心願」亦告落空，則修學遷識之法，亦無實義可言，密宗行者修之何用？

若謂進入空行母心中以後，與空行母合而為一之後，自己仍在，則應空行母已經消失，已經被行者之心所侵併，則應空行母已經消失，理必如是。此時觀之，空行母之心既已消失，是誰能將密宗行者攜往淨土？唯有依憑自己之力方能求生淨土也。然既因自己無力能生淨土而修遷識法，欲冀空行母攜己往生淨土，今又將空行母合併爲自己，云何能生淨土？則修遷識法實無其義。

復次，若自己之心能與空行母之心合併者，則有情衆生之根本識，應是可以合併者；既可合併者，亦應是可以分割者；可以分合之心，則是可增可減之法也，則《心經》所說「不增不減、不生不滅」等理，便成妄說。由是諸理，可知密宗所傳之遷識法，於教無據，於理有違，非是眞正之佛法也。

薩迦派六地菩薩之臨終遷識法：《《第四灌之……「臨終」爲道大手印頗瓦遷識法（61-35）……

若如實而修，定能得無死成就。然若修贖命已無助益時，則須修臨終遷識法，其中分三：臨終轉相遷識法、臨終光蘊遷識法、臨終音聲遷識法。轉相遷識法：平常時中，於行住坐臥及臨睡前練習，至定死兆現前時，迎請本尊與上師無異之相、至面前虛空；若有資具則以諸寶供養，若無則以意供（觀想物品供養），隨力奉獻，懺悔一切已受與未受之三昧耶違退。若有上師安住，則祈請賜予道之本尊灌頂；若無上師，則修自入，獻供物與朵瑪（食子）。復次於面前持任何身轉變種種相時，修自性本尊身，如前所現之相而憶念之，本尊之相與自之識二者轉成一味，中陰身之相不現，證持明等成就。

光蘊遷識法：前行如轉相遷識法而爲。身挺直、二踵抵肛門、雙手支後腦、背倚一適意墊，自觀本尊，其心間種子字放光，迎請本尊與上師無異相至面前，般勤啓請再三。復次，觀修自心間內一光蘊如大指許，以此光蘊逐一治諸穴，首先塞治大小便道二門、次臍眼、次口、次二鼻孔、次雙眼、次雙耳、次眉間、次頂門等，一一塞治。復次，觀臍內處，一「風壇城」半圓、青色、大小任意，其上月座，其上心之所依深藍（梵字吽）大小適中。復次，引息至不能增時，提肛逆上，舌抵上顎，長時猛烈用力將月、（梵字吽）依次逆上推送，如是至第二十息時已至喉間，第二十一息時開梵淨門，如以氣吹鳥羽般向上而昇，復如鴿越窗而飛，於此門，具能所二依相雜三座，向面前之本尊心間，如弓射箭，砲座射砲，拋射而出至其心間，無中有、提擢宗趣或持明等成就，不有輪迴。

音聲遷識法：前行、還淨懺罪如前而爲，以明點塞治門等；第四灌之臨終法亦爲以字塞治，於臍輪處修氣及月、（梵字吽）等。以（梵字嘻吉）二音二十息而引至喉間，第二十一息則如前由梵穴噴，拋射而出，得提擢宗趣或持明成就。此二者以如白獅奮迅，撕破明之所依，自

以聲音開啓梵淨門，以智淨分之極，執持明之能依，此爲實修之要訣。》》（61-216~219）

薩迦派大手印道之頗哇遷識法如下：《《初，身跏趺或挺直，以字遮止一切外門戶，如彼，一切內之門戶亦如前修習以字遮止。於驀息時，意行於外相之（梵字阿）至頂髻之（梵字罕）間中脈。於命息時，由（罕）至外相之（阿）中脈內而行。如彼，於死時亦自然行住於中脈內，於瑜伽士心中如此反覆行之，命驀之氣盡入中脈。由融入其最勝道，乃悟證大手印空樂極淨實相，以前述之覺受，得提擢宗趣或持明成就。》》（61-312）

隨次陳述陳健民上師所說之遷識法：《《頗瓦之成就有幾個條件。你要能夠把自己的壽命、精華、靈魂一起集中在持命明點上，你的中脈先要已打開了，同時你要把所有的五氣，集中在這個明點上。結果呢，這個五大、這個三魂七魄都在這個裡頭了。所以這些東西一集合的時候，要依我的經驗，那硬是覺得我就要死了。因爲這個東西之外，我沒有別的東西保留在外面，結果呢，這一衝出去，就一定要死的，所以，說修頗瓦會短命，是說眞正修得好的人，他就有這個現象，有這個感應。我若不是修得那麼勤快啊，就不會有這種經驗。他們修頗瓦的人，從來談都沒談過有這點，說是當明點要來了，曉得有這個死感。根本他們得不到這個覺受，所以呢，完全講這些修法，根本不顧死的事情呢，我覺得也太疏忽了。但是呢，修得太多了，硬是要到死感有了的時候，你眞正衝出去了，那個時候就死了。所以呢，我在那個時候硬是得佛菩薩特別的加被，雖然從前師傅並沒有說過，我就曉得這個明點集中在這裡頭，這個生命都是在裡頭，我感覺要死了，我就趕快把明點集中這一點放散開，不但放散到五輪，而且放散到十指十趾。它就散佈到全身，所以全身的精華由遍行氣，就回到全身原來的地方了，這就不會死。……至於中脈打開了，就有十個相，這十個相是日、月、電光、虹霓、光點、煙、陽燄、螢火、無雲晴空。這十項有了，就是中脈是確實打開了的，中脈打開之後，然後就有這個智慧脈，然後就有這個遷識的路。你中脈不打開，就沒有這個路啊。他們總歸說，這個地方要開頂，要發腫、出血、要吉祥草，這些都是表面上的，是外相。所以我說要注重內的四項啊。內的四項，就是一、明點要集中，變成智慧明點。二、中脈要打開，具備了往生的路。三、頂上的阿彌陀佛要觀清楚。四、氣要變成智慧氣。要有這內四相，然後再加這外三相，頂上這個地方就自然頭髮也落了，或者發腫了、或者出血了，草插不插、不要緊了，它一定有洞啊。它血可以出來，當然草可以插進去。所以要懂得這些呢，就要曉得六法是個基本的，可以說是一個橫的圓滿次第。其他這些都是直的，直的就要先成就氣功，然後再發光這些，這一切成就，然後就中脈打開了，頗瓦也就有了。》》（32-243~245）

然而修遷識法者，永遠都不可能因爲修此法而捨命，因爲持身識並非明點，明點並非第八識如來藏，只是他們修法過程當中所出現的種種幻覺罷了。所以者何？多有行者將明點觀想在於身外四處遊蕩，而自得其樂、未有如是所述之即將死亡之狀況也。由是可見密宗諸師之明點即是持身識之說，實是虛妄之想也。

三乘經典佛語開示，亦皆不說明點即是持身識也。佛所說之持身識，乃是如來藏，有其種種體性，由古今一切眞悟之人所能親證，轉而進修種智，是故絕非以明點爲持身識也。密宗古今諸師之將明點作爲持身識阿賴耶者，眞是古今佛教中之第一大笑話也；而諸密宗行者不知其謬，仍在明點上用心，欲以明點之觀修而證實相，徒然浪費寶貴之光陰與錢財而投入密宗之內，修學種種無益佛道之外道法門，深可哀哉！

修遷識法者，須具四大條件，方可謂爲修學有成也：一、必須中脈通達，下自海底輪，上至頂輪，五輪俱通；如是，明點及寶瓶氣練成時，方有用武之地。二、明點必須極爲集中分明，若明點散而不集，則光相不佳不強，則表示所修觀想之法尚未圓滿，應需再修。三、必須有密宗所謂之智慧氣，意謂觀想明點時，能使所觀明點與空性（無色法物質之意念）相應，輔以寶瓶氣，則成密宗所說之智慧氣，如此，捨報時，方能與「空性」相應而衝入空行母之子宮中，「由空行母將行者之智慧明點送去淨土」。四、所觀頂上之度母空行母（綠度母、紅度母、白度母…等）必須明顯，所觀度母之蓮花（陰戶之陰道）亦須極明顯、並須觀度母之蓮花孔道擴大而半含住行者頭頂。

具備如是四法者，可謂已經觀修遷識法成功者。然而，遷識法所觀想之空行母及所遷之識，既只是密宗行者所觀想而成之自心中內相分，實非眞有空行母，復有前述種種虛妄想之大過失，故彼等所修遷識法絕非佛法，乃是密宗古時祖師妄想而流傳至今之虛妄法，修之無用，有智之人聞善知識之解說已，便能遠離之也。

依密宗所言，欲於命終時遷識成功者，必須死前開頂成功；開頂自修之法如下：《《修本法者，依師教授，照儀軌修，不可妄自增減，如法觀想成熟，三五日乃至一七、二七，即能開頂。未開頂前，頂上發腫、或癢、或麻、或流黃水，或可種草。當頂上發現異徵時，甚或流血、或血湧上，均為開頂之象，但不必驚恐，多念無量壽佛陀羅尼，數日即平復。既開頂後，勿得矜持，發廣大心，廣行六度，再修他法為增上緣，並宜密不示人。若遇利根密器之士，勸請求師授法，隨緣度化；如遇執著之人，則以觀想呼吸念佛法門助彼淨土之法、顯密圓融。總以不退失他人信心為要。》》（122-463~464）

儀軌及觀想之法，前已略說之，今不重贅。如上略舉密宗遷識法之觀修行門及理論，學人從此可以了知密宗所說「極為勝妙、遠超顯教淨土念佛法門」之遷識法，本質不過是密宗祖師之虛妄想爾，皆依自意妄想施設而言其勝妙，誇言能藉此遷識法而由空行母引度至四種淨土中之常寂光土；然究其實，唯能往生夜叉或羅剎所住之「淫樂及血食淨土」爾。逮至命終時，彼諸前來接引密宗行者之「佛或菩薩」等度母，皆是夜叉或羅剎所變成故，彼等皆是雙身抱明妃而恒時享受淫樂之像故（詳見《西藏度亡經》所說），或是裸身無恥之紅綠…度母故，彼等皆是貪著欲界淫觸第四喜之夜叉羅剎…等鬼神有情故，彼等日常皆樂受密宗行者供奉五肉五甘露等不淨物故，是故彼諸前來接引密宗行者之「佛菩薩」等度母，皆是夜叉羅剎所化現者。如是而求往生淨土者，尚不能往生任一佛國淨土之凡聖同居土、方便有餘土，何況能往生唯佛所住之常寂光淨土？無斯理也。

由因密宗以往對於密法之保持神秘及不外傳，故令遷識法之名，能令佛門學人不能知其底蘊，而信以爲眞、誤會爲眞實勝妙於顯敎念佛法門之深妙法；其實純是密宗古時祖師之自意妄想所成之法，加以神化、美化、佛化之言語包裝，外人不知其詳，遂以爲是眞正勝妙於顯敎念佛往生淨土法門之修法，本質上則不值識者之一哂也。

第二節　他派之臨終遷識法

由**宗喀巴**禱「佛」而後傳出之那洛六法，亦有遷識法，名爲抛斡。口訣如下：《《……到此自知快死，能抛斡者（能遷識者），此時即修抛斡以成就。先跏趺坐，口中念某種詞，其詞之意謂「佛請來矣！我其去乎！我其去乎！此其時矣！」念已，自己運氣下上升，喝一聲，命自『和合』中出，經心喉頂出。如佛來，則頂上有佛光，此命即入佛光中，佛遂接之而去（62-100）。……**宗喀巴祖師出世，先在西藏訪求成佛之道，歷時甚久，一無所得，乃往他處訪求焉。後抵拗好去隆地方，在某山洞中遇一喇嘛，乃末而斡**（馬爾巴）**喇嘛之徒，末而斡喇嘛之法術彼皆**

盡悉；宗喀巴乃拜之為師，向其求法。歌曰：「我儕自遠方來此艱苦萬狀，今皈依其門下，彼始授我以甚深之密法，賜我以喜金剛之修術，以及換體之秘訣焉。」換體者，即老年修法之人，知自己不久於人世，乃訪求新死之小孩，得後，以自己之頭頂住孩屍之頭，使兩梵穴孔相對，然後施法將自己之靈魂過入小孩屍體之內，於是小孩復活，而老年修法者死矣。此小孩既有該老年修法人之靈魂，對修道之法自皆明瞭，於是繼續修法。如此換體之後，又可住世多年。此種法術現已失傳，知者無幾。昔密勒住世之時，換體甚行，末而斡喇嘛知此秘法，以之傳密勒；**密勒即以此法成佛**（62-111~112）。……昨講道支分二，即一、抛斡，二、入城也。第一抛斡，即自己之命（原註：又可稱識）從梵孔出去、遷移他處之法是也。其乃無上密宗最大最勝之道，為其他密宗所無。……此為死時所修之法，平日對明點如何上下之道，行者應詳細知曉。抛斡乃最後之修法，修之前，必先將一切氣上下等等修好，然後方能修之，否則必有性命之虞。……實因彼未曾修過他法，不可驟修此法，否則有死之危險。因其魂出去之後，萬一不能返回，豈不殆哉！余之不允，並非吝法；亦因此故，此中利害，爾等務必明白，甚為重要。如貿然修習抛斡，未到壽盡而死，其人所有之罪，猶如……（62-315）。本來修法之人，能將罪業消除，身業口業皆不要緊，要緊者乃意業，故心必須清淨。『抛斡經』之力甚大，任何罪皆能消除。能修抛斡者，其魂欲至何處，即至何處，但必須於壽終之時始可修此法，若未到其時而行抛斡，則其罪之大，與殺佛等。因未到時而抛斡，猶如殺死其平日所修之本尊，罪業甚大，是犯密宗根本戒之第八條，即出佛身血是也。破密宗根本戒者，死後必墮無間地獄，故修抛斡者，務必知道何時可抛斡、何時不可抛斡；倘含糊念（練？）之，則其罪甚大。抛斡時若心中有己之魂出去的心思，則能回來，彼常懷利生之念者，方可修抛斡法。》》（62-319~320）

如是，**宗喀巴**承襲自馬爾巴而傳下來之那洛六法，乃是妄想之法。何以故？此謂「命」乃「心不相應行法」，由壽煖及阿賴耶識三法和合而有受想行及前七識於人間活動，故名爲命，是故命無實法，由壽煖及第八識之和合所顯有情生命現象而說爲命，故命之一法本無實法可令密宗行者或一切人而遷之也。是故此段文中開示「**命自『和合』中出**，經心喉頂出」，如是之言純是密宗上師之虛妄想也。

復次，所言將自己梵穴正對新亡兒童梵穴而遷識之法，眞是妄想，所以者何？謂彼兒童既因色身五根之敗壞而亡，則密宗久修遷識法之老修行者將其「識」遷往新死兒童身中，亦將同彼兒童之死亡無二，遷之何用？宗喀巴無智，乃竟傳授此種虛妄想，一何可笑？

若謂彼新死之兒童，乃是壽命方盡，非是意外損害五根而亡者，亦有大過；謂彼兒童色身既因壽盡而亡，則已顯示其如來藏受生之後所造色身唯能維持其至死亡時之壽命，彼色身縱由修遷識法之行者遷入其識，仍將不能為其所用，對密宗行者仍將無用，其色身之「大種性自性」唯能令其色身壽命運作至彼兒童死亡之時故，此乃阿賴耶識所含「大種性自性」之功能德用故。

密宗所遷之「識」既是明點，然於聖教量及證悟者之證量而言，明點非是 佛所言之持身識，亦非眞悟者所證之持身識，則密宗行者如是覓彼新亡兒童而遷自己「本識」入新死兒身之說，即成虛妄想也，所遷之「法」無實義故。

復次，各各有情之色身皆由往世因果而與有緣之父母相應，所以受生彼身。有情入胎受生已，由各各有情如來藏之「大種性自性」，而吸取母血中之四大元素，造成自己之色身；如是色身，唯有彼自己之如來藏方能持之，非由他人之如來藏所能持之也，各人之「大種性自性」互異故。證之今時內臟器官移植所生排斥性，其理可知也。

審能遷其本識者，則密宗行者於遷識完成之後，應當按時服用西醫所給之抗排斥性藥物，而後方能生存也；然而現見密宗古今祖師迄無一人能知如來藏本體何在，何況能知悟得如來藏者所進修之「大種性自性」？何況能知如來藏對於異體之排斥性？亦未見古今密宗祖師發明抗排斥之藥物、或傳授任何能消除此排斥性之咒語（假設有咒語能消除此排斥性），故知遷識法之說，實乃無稽之譚也。

復次，本尊影像乃是自意觀想所成之相分，非是實法；是故修習遷識法者，假設眞能提前捨命，亦無所謂殺害本尊身命之可言者；此謂本尊乃是自己觀想所得之影像，非有眞實命根故，是故若因修習遷識法故，而提前捨命者，亦無所謂殺害法身之罪；所以者何？謂法身乃是第八識，而一切有情之第八識皆是金剛體性，從來無人能壞之也；乃至合十方一切佛之力，亦不能毀壞任一卑劣有情之第八識法身也，云何密宗諸師可言修習遷識法而提前捨壽者爲害死本尊命根？爲害死法身？爲同於害佛？妄想至此，無知至此，何可信之而修學之？

本尊影像既非命根，亦非法身第八識，而第八識亦無任何大力神聖能壞之，云何可言修習遷識法之提前捨壽者爲同於害佛？無斯理也。

那洛六法所言遷識法，復有妄想所說之口訣如下：《《修習拋斡（遷識）之法，須於身體健康時修之；此乃練習之意，並非眞走也。有病之時不可修習抛斡，修則死矣。彼常常修習之人，當命上升至頂時，即呼嘎字，於是命即下降至心間略停。再呼嘎字一聲，復下降至丹田而住焉。欲命外出，則呼曷字其聲如打噎然；一曷而命至心間，再曷至頂，三曷外出矣。故平時修習最多不得過兩曷。倘三曷命出去後，久不返回，似將死去，旁人見之，可速在其耳旁頻頻呼嘎，則自能漸漸醒轉也（原註：嘎字之義謂壓也，其意即謂將命壓下去也）。》》（62-322）。

此眞妄想也，宗喀巴傳此那洛六法實爲無義之舉也。此謂密宗古今祖師所說之遷識法，乃是遷其所觀想成就之明點，而非遷其根本識如來藏，密宗古今諸師皆錯將明點誤認作如來藏故。密宗所言之遷識法，既然所遷之識爲持命持身之根本識，而持身持命之根本識乃是第八識如來藏—阿賴耶識；今觀密宗四大派古今一切上師，迄無一人親證第八識阿賴耶，則欲遷何識於新亡者身中？則欲遷何識至「空行淨土」耶？明點既非根本識，乃是依於意識之觀想而後始有之法，則非本來恒時常住之法，復非根本識，則密宗古今諸師之修習遷識法，即成無義，所修虛妄，不能遷其根本識而至任何一處，如是而修遷識之法，而傳遷識之法，眞是世間最大之戲論也。

復次，命非明點，前已明之；是故此段密宗上師開示所言：呼

「曷」即能上升明點命根者，眞是虛妄之想也。如是，呼「嘎」而可下降明點命根之語，亦成虛妄之言，明點絕非命根故。

復次，一切修習遷識法之密宗行者，悉可將其所觀明點藉由呼曷之聲而上升其明點，乃至將明點觀想上衝梵穴而射出身外，可以現見其命根仍在身中而不能捨命，即使因世間苦痛而欲藉遷識法之呼曷而捨命者，亦捨不去也；是故遷識法所言「三曷之後即能捨命」之說，眞乃無稽之譚也。

復次，欲提前捨命者，唯有修得第四禪之證境者，方能提前捨之也，若無第四禪之定境證量，欲以三曷而提前捨命者，乃是妄想也。豈唯三曷？設若有人因於大苦之受、欲求捨離而修習遷識法，日日百曷千曷，欲捨其命者，仍不可得也，何況三曷而能捨之？如是遷識法呼「嘎」叫「曷」妄想之言，何有智者而能信之？而依言修習之？唯有愚痴無智之人，方能信受奉行之爾！

藉觀想之法，而以遷識法攝死者之魂重入屍體中脈而生西方極樂世界之妄想，有口訣如下：《《修學拋斡之前，必須將氣功修好，使一切氣能融入中脈，然後此氣方能將命擠出也。自行拋斡之外，尚有代死者拋斡之法；其法即於人死之後，延請一功夫高深之喇嘛至死者旁坐下

（原註：坐處不得離死者過遠，約耳能聽聞之距離內），如死者非其徒，則先爲死者灌頂，庶有感應；倘死者生前已是其徒，則感應更快，因互相認識故。此後乃**將死者之魂攝來，重行放入死者之中脈內**，然後奉請阿彌陀佛降臨，居死者頂上，於是該喇嘛施行拋斡法三匝，而其**自己之魂外出，同時死者之魂亦由中脈上出，與頂上阿彌陀佛之佛光遇合，遂被佛接往西方極樂世界焉。**》》（62-322~323）

如前所言，亦如 世尊一切經中所言，皆說人之命者乃由阿賴耶識及壽與煖而持，缺一不可，而壽與煖復由阿賴耶識而展轉出生；由大乘中眞正證道者之證量而觀之，亦復如是與佛所言無異，是故人之命根並非明點。由此可知密宗所說將寶瓶氣擠壓「明點命根」而出梵穴之說，乃是虛妄想。命既非是眞實體之法，唯是依於壽、煖、阿賴耶識等三法和合而立名，則命之一法**性空唯名**，非實體法；若非實體法而唯是言說者，云何能藉寶瓶氣而將命自海底輪上升而擠出梵穴？眞是虛妄想也。

密宗諸師若言：「余等所說命根並非即是明點，而是眞實命根。」則已如上所破。若言：「余等所說命根即是明點，明點即是阿賴耶識。」則違 佛說，亦違大乘眞正證悟者之證量，復悖於事實。若言明點即是所遷之識，如是而修遷識法者，顯非佛法，明點絕非阿賴耶識故。

若言明點非是命根、非是阿賴耶識者，則所說遷移明點而入空行母子宮、往生淨土之遷識觀想法，則爲無義；臨終時觀修遷識法而捨報已，其中陰身之命根及其根本識阿賴耶仍在此娑婆世界而未生於淨土故。如是而修遷識法者，究竟有何實義可言？皆是進退失據之虛妄想也！

復次，死者之魂者，唯是中陰身爾。既已捨壽而入中陰身，則無可能重回粗重肉質身中；故密宗所言觀想將死者靈魂攝入死者色身之內者，乃是妄想也。復次，觀想之法，唯是自身之內相分影像爾，非有實法，是故觀想死者靈魂重回屍身者，並非死者靈魂即可因此而重回屍身也，其實絕對無法能令死者靈魂重回屍身也，故說如是觀想名爲虛妄想。復次，「死後還魂」之說，只是悶絕休克，並非眞死，不可與「重攝死者靈魂回歸屍身」之說混淆。

復次，若有喇嘛能請來阿彌陀佛者，何必再將死者之魂攝入屍身之中脈內、而後復出往生極樂世界？佛既來已，自有隨行菩薩執持蓮花（或蓮花台、金剛台……）而接引死者往生極樂，不須喇嘛之作法攝取亡者靈魂重入中脈、而後代其觀想亡者命根由中脈射出而往生極樂也；如是之人，即如世俗販夫走卒者之粗鄙歇後語所說：「脫褲子放屁——多此一舉」也。

復次，亡者之命根（或其根本識），並非由喇嘛之代爲觀想即可成眞。喇嘛所觀想之影像，自是喇嘛觀想之影像；死者之中陰亡魂自是死者之中陰亡魂，互不相代，亦不能互相涉入，如是而言代爲死者觀想其命重回屍身中脈內者，其實無義，所觀非即事實故，二者不能互涉故。

如是，不論所觀是爲自身，抑或爲他人代行觀想，彼等密宗師徒所觀之識，既非根本識，則彼等依此基礎而言、而傳、而修之遷識法，即成虛妄想所成之無意義法；如是而言能代他人超度至極樂世界者，如是而言密宗最懂得超度法、而言密宗之超度法最勝妙者，眞是大言不慚之愚痴宗教也，所遷之識非本識故，所修之法亦不能遷任一有情之識至極樂世界故。如是遷識法之虛妄觀想，尚不能遷移自己之根本識，而言能超度亡者之根本識至極樂世界者，眞是顚倒之想也。謂密宗四大派古今諸師悉皆不知自他一切有情之根本識究何所在故，皆錯以觀想所成之明點作爲根本識故。

復次，由因密宗諸師欲藉遷識法之觀想，求於臨命終時以觀想法將本識射入空行母子宮而往生空行淨土，故名妄想；一者空行淨土乃是密宗諸師所自設之「淨土」，並非 佛所說之淨土，故說遷識法爲妄想；二者，如是遷識法唯是不如理之自意所生虛妄狂想，非眞佛法故。如香巴噶舉之白空行母畫像，甚至採坐姿而高舉雙腳上抬之狀，以明顯示現私處之陰道模樣（詳見參考書目32冊60頁右下之彩色圖像，本書中不附印之）。亦如種種顏色之度母，皆以立姿而單腿站立，高舉一腳，藉以清楚顯示其私處陰道；如是彫像等作、及廣為繪畫之目的，即是欲令密宗行者—特別是男性出家人之未曾狎暱女人者—易於觀想空行母之私處至極清晰之地步，捨報時方知應將「命根明點本識」射向何處也，凡此皆名虛妄之想也。

有文為證：《《白空行女遷識之觀想：行者頂上觀白色空行女，一如亥母觀法，特不觀亥耳（原註：亥即豬頭），特取上飛姿勢，以二手分抬雙腿、張開上仰，以其蓮花插於行者之中脈上端。行者此時已將（自己之）全部肉體觀空，唯餘**表法身之中脈**及中脈中之智慧氣、智慧明點；然後修寶瓶智氣，直沖**表第九識如來藏之智慧明點佛身**，經過中脈，入于蓮宮（入于子宮），假名懷胎佛子，飛入佛土。》》（34-188）

復有別文為證：《《行者當觀三世無有自性，皆由妄想決定之。過去既不死，未來不新生，現在無孤住。三世相續，無始無終。在此眞如法界，不斷不常；今日可為明日之昨日，今日亦可為昨日之明日；過未既不存在，現在不能獨存，三世即是一如，一時即通三世。如是昨日一切歳行者頂上觀白色空行女，一如觀亥母觀法，特不觀亥耳（原註：亥即豬頭）；特取上飛姿勢，以二手分抬雙腿張開上仰，以其蓮花插於行者之中脈上端。行者此時已將命、並無死去之相，未來一切歳命，亦無新生之相，現在剎那不住，亦無特別必死之徵。亙此三世，唯在眞如一脈之中，由此則既無生亦無必死。行者果能續住眞如定中，不生不滅，涅槃成矣；或隱或現，如虹如空，無量壽光，即此完成矣。……全部肉體觀空，唯餘表法身之中脈，及中脈中之智慧氣、智慧明點；然後修寶瓶智氣，直沖表第九識如來藏之智慧明點佛身，經過中脈，入于蓮宮，假名懷胎佛子，飛入佛土。此觀與上節所論四條件不謀而合，且更明顯簡括，故修之極易感應。》》（34-677）

密宗內之一切度母畫像彫像皆是此意也；此乃妄想。謂明點非是第八識、第九識，氣功之氣亦與佛法所說之智慧完全無關，中脈明點之觀想成功亦與佛法智慧完全無關；法身乃是佛所言之第八識阿賴耶或異熟識、無垢識，並非中脈及明點；而往生諸佛淨土者，只須與諸佛之通願及別願相符，捨報時，佛自與諸菩薩持清淨蓮花來迎，不須密宗另行發明空行母、度母來接，不須密宗另行發明不淨之空行母陰道子宮攝取亡者根本識也。

復次，觀想中脈及明點成功後，仍然對於般若諸經所說之第八根本識－無心相心－完全無知，何況能知已斷分段生死之第九識如來藏？故不應言**中脈明點為表法身之第九識如來藏**。乃至進修而觀想修練寶瓶氣成功之後，仍對根本識（或稱第八識，或方便稱第九、第十識。詳拙著《正法眼藏－護法集》）完全無知，對大乘中最基本之般若中觀智所依之空性心完全無知，云何可謂中脈、明點、寶瓶氣是「表第九識之智慧明點佛身」？乃是以外道法替佛法也，如是之言眞乃虛妄之言也。

而密宗諸人如是觀想成就，至捨壽時，若眞有空行母、綠度母、紅度母…等人來接引者，絕非往生諸佛之淨土，而是往生密宗諸師依於鬼神所說之羅刹「淨土」或夜叉「淨土」，何以故？謂諸佛淨土之往生者，必須在世時所行及所發之願與諸佛之別願相應，而後能生；而諸佛接引行人往生佛淨土者，皆是由其自身或化身等來接，未曾委由密宗之空行母、綠度母、紅度母…等人來接引者，是故若隨密宗之空行母、綠度母、紅度母…而往生者，所生之處絕非是諸佛之淨土，密宗行者於此務必詳審求證諸經而觀察之，以免求生諸佛淨土而修遷識法後，所生卻是羅刹或夜叉之「淨土」，從此永入羅刹或夜叉之陣營中，同其一類，身成夜叉或羅刹，從此必將久違佛法之修證，豈非冤枉至極耶？

云何而言彼密宗所觀想之阿彌陀佛、空行母及綠度母、紅度母…等所住非是佛淨土耶？謂密宗所供奉之「佛、菩薩」及空行母、綠度母、紅度母…等人所愛樂者，皆是男女淫觸之樂及污穢之五肉五甘露，故密宗常以所修雙身法中之樂觸觀想供養密宗之「佛菩薩」及空行母等人，亦以五肉及五甘露而供養之。

然五肉及五甘露皆是夜叉及羅刹之所樂嗜者，淫樂之觸受亦是夜叉及羅刹之所樂嗜者，眞正之佛菩薩，於無量劫前早已棄之如糞穢，絕不來受此供；而密宗所供奉之「佛菩薩」及空行母度母等人，皆悉貪此淫樂及五甘露等極穢之物，可見密宗行者修遷識法後，往生時來接引密宗行者之「佛菩薩」及度母佛母等，皆是羅刹或鬼母夜叉等；是故由密宗之「佛菩薩」及空行母度母等人所接引後之往生處，絕非佛淨土，而是夜叉羅刹所住宮殿，必在欲界之內，彼等皆未離欲界男女欲及欲界團食境界故。如是而修密宗之遷識法，豈是密宗行者修「彌陀」遷識法者之所樂焉？豈是密宗行者修白度母…等遷識法者之所樂焉？有智之密宗行者何不自行深入思維觀察之？

復次，縱使密宗行者之中，眞有已證根本識如來藏而符佛說者，則其觀想本識射入頭頂阿彌陀佛或本尊身心中、射入空行母子宮中者，仍是妄想也，事實非如所觀想之然也。此眞悟之密宗行者，必定發覺眞正之根本識，絕非中脈內之明點，亦非寶瓶氣所配合之中脈明點；必將發覺根本識遍於全身十八界中，根本不可能藉由觀想之法而將本識聚爲一點，亦無任何觀想之法可遷根本識如來藏而出身中、入於空行母之子宮內。唯能以四禪之定力而捨身，世間別無他法可以不壞色身而提前捨身者，是故密宗行者勤修遷識法而觀想明點射出梵穴，及十百千萬「曷」之後，根本識仍然住在身中，絲毫不受影響，完全無動於衷。由此可知遷識法之虛妄無稽，云何自稱根器利於大乘之密宗行者，而信受如是虛妄荒唐之遷識法妄想？而窮一生之力以修習之？而寄望如是虛妄之法能助行者往生極樂淨土？無智乃爾！

復次，大乘般若諸經所言觀空、觀無自性之眞實義，於前第六、七章之般若見及如來藏空性見中，已有宣說辨正，乃是現觀自心第八識如來藏之空性，及現觀如來藏所生蘊處界萬法之空相－蘊處界萬法緣起性空，無常故苦、空、無我…等；如是般若之空性見，絕非密宗以意識心觀察五蘊三世之無自性等所能證得，行者欲知此者，請詳拙著諸書（如《楞伽經詳解、眞實如來藏、正法眼藏……》等），此處不復重述之。

如是，密宗古今諸師悉以此種妄想之遷識法，而言能證、已證不生不滅之涅槃者，而言證得虹光身者，眞乃妄想之極，無以復加也，云何有智之人而信受之？而修學之？而時時勤習之、浪費寶貴光陰及錢財於密宗之中？有智之人皆應於此而深思之？不應漠然坐視自身修行佛法之道有所邪謬也，必將影響未來無量世之佛道淨業故。由以上所述諸理，說密宗之遷識法乃是虛妄之想，非佛法也。

第三節　薩迦派之奪舍法

與遷識法類似之薩迦派奪舍法，亦屬妄想。譬如《道果》一書中作如是言：

《《奪舍行法：擇殊勝之子等遺蛻（屍體），其須無瘡斑且尚無朽壞，年適中；茍得之，則應沐浴清淨，熏之以安息香，修本尊，守護三處，於修成就時，因有障礙至，故於初日日落時，修所依守護輪。於第二日，將「能依」置於寂靜處，獻供（五肉、五甘露、食子）令具誓空行、食肉空行眾（誓守三昧耶戒之飛行羅刹、夜叉等）歡喜。第三日時，於擇立自身之氣勁與禪定氣勁二者之遠近適量而持。其要：於其身爲何種，即一切外門如前以字遮止之，僅留鼻處不遮，以如前所學習之慇息，住於心之所依心間，復由一⊗（梵字吽）字由自右鼻孔而出，入於所依之左鼻而至其心間。命息則由左而入，如彼一再反覆而行，直至所依之心間漸暖，乃至遍身均暖、眼半睜及囈語等。如此，謂「一心遍持二所依之時」，若猛烈行初加行業，以「嘻紀」二十聲引至喉間，第二十一聲時由右鼻出而射入所依之左鼻內至心間。若寂靜行，則以懃氣，引心之所依至喉間而射出，若爲下品懃息時則出右鼻而出，入所依之左鼻而至心間安止，其命之入與離之間，皆賴於所修行法之事業。復次，爲報恩及酬謝故，舊蛻（自己之舊屍體）修懺罪或捨於大海，新身體須行利衆之行止。》》（61-310、311）

如是妄想之言，而密宗諸人信以爲實，依之而修，枉費一生之精力及錢財於密宗之中，到老終將一無所成－於解脫道及佛菩提道完全無知無證，是名可憐憫者。何以故？謂各人之自心藏識所成色身，皆因業力而有其互異之「大種性自性」體性而不能相容故，自己之如來藏絕對不能執持他人如來藏所造之色身故，他人之如來藏亦不能執持自己如來藏所造之色身故。如是，則密宗所修之遷識法即成無義，即成虛妄之想，所修遷識法之目的悉皆不得成就。

陳健民上師亦曾言換體法：《《茲再講換體之法：如此常修此「死

人如何來、如何做」之法，後來頂上能有一洞，到要換體之時，覓一完全不缺之新死人，替他很莊嚴的裝飾；裝飾後，想自己變成本尊，不是常人；看世上一切法皆如幻化一般，平常所做所為，皆是熏習，不要之。一切佛及護法等前，供養拔靈，多多祝禱。自己心中之吽字，及死之吽字明顯觀想。將自己之口與死者之口吻合，想自己之吽字與氣，由右鼻孔出來，入死者之左鼻孔內，融入其心間之吽字內。慢慢自己之力量漸漸不足，而彼死者則漸漸甦醒矣。此時，其伴侶即將事前所預備的彼所願意吃的東西餵他（原註：指復活之死者而言，此時換體者之靈魂已入此死者之體內，故得復活也）。在半月內，此復活者不能見人。如此修後，此死者既復活矣，乃將換體者本來之屍體藏過。迨後復活者力量漸有，彼被藏之屍體或尚能說話，於是復活者以「九個塔，一個薩薩」來做塔，將此所藏之屍體葬好；葬好後，此復活者須做甚多利生之事。》》（34-202~203）

如前所言，各人之自心藏識所生色身，由其「大種性自性」之別業互異故，所造色身體性亦人人互異，故非他人之藏識所能執持，必生排斥性故。既如是，則上來所舉陳健民上師之遷識法即是無義，必定不能成其功故。既必定不能成功，則彼所說之遷識法即是虛妄之想；虛妄之想，則不應言爲佛法也。

復次，密宗所說之遷識法，若屬眞實法者，應可證驗；然而自古至今，迄無一人可於在世時證驗而令人亦同等證驗之，皆是說諸已死之人如何成就遷識法，皆無法令在世之活人弟子證驗之；非如佛說之第八識如來藏可以現世證驗，亦令諸弟子等人現世證驗；非如余之可以親自證驗此第八識，並傳授從學者如是現世親自證驗之，而與三乘諸經所說契符無異。

是故，密宗古今諸師若言可以證驗遷識法者，則應令其在世弟子亦證驗之；若不能令在世弟子多人同皆證驗無二者，則其所言遷識法即非眞實有其證量，無證量者云何有智令人證之？則其所言遷識之法即成無義。若言自身有此證量，而不能傳授與弟子者，則彼所言不足採信，乃是籠罩之辭也，非是眞有修證之人也，則其所言云何可信？有智之密宗行者當自思之。

第四節　中有解脫之教授

密宗各大派皆有臨終時之中有解脫之教授，然亦大同小異，同由妄想而生。譬如紅教中素有紅教第二佛尊稱之龍欽巴，於《大圓滿三自解脫論》中說：《《**臨終中有明示**：瀕死時，以地融於水故覺身重而無力，與其同時、色融於聲故眼視不明；其後水融於火故攝，及涸身中之血、黃水等濕分，其時聲融入香故耳不聞聽；其後火融入風故煖攝入心，其時香攝入味故鼻嗅不感；其後風融入識故斷氣絕息，其時味融入觸故舌不知味；識融入空故粗細之所執消沒，其時觸融於法故滅**受想**；由其紅白明點（梵字阿罕）相交於心間，空融入光明時，**樂明無念智**於四刹那升起，法性融入本初地故**輪迴自性解脫於涅槃近矣**。其時如美女照鏡，憶念生前教授及中有光明而明顯清晰。

輪涅中有解脫處：復次，涅槃中有刹那基智法身及所現清淨之光明報身靜慮之五日，及於彼解脫而放射六道自處化身大任運之所現升起後，云本初地菩提性。

又：於光明之第一刹那，謂「明（明白了知六塵而不昏昧）」之智，於樂明無念較前更超勝於第一刹那生起；本明所現境如月升之瑩白、如陽焰及煙杳杳而顯。

以其智遮止由瞋所生之三十二性妄，所以云何？聖天之攝行論云：「生乃世俗諦，死爲勝義諦；其時光明四智中，以第一刹那遮止瞋所生三十三性妄遍計。三十三性妄之名為何？曰：『離貪、中離貪、極離貪、意行、意去、憂苦、中憂苦、極憂苦、寂靜、尋思、怖畏、中怖畏、極怖畏、貪求、中貪求、極貪求、近取、不善、飢、渴、受、中受、極受、作明者、明基、妙觀察、知慚、悲憫、中悲憫、極悲憫、具慮、積蓄、嫉妒等三十三性妄。』」彼時**瞋融入大圓鏡智**。

復次，所謂「增」之智，較前更清淨升起之時，本明之所現境如日升而紅明，約螢火許顯現住第二剎那之間，以其智令貪所生四十性妄融入妙觀察智之界；如前論所云：「以第二剎那遮止貪所生分別，云何為四十性妄之名：『貪、中貪、遍貪、喜、中喜、極喜、悅、極愉悅、希有、笑、滿足、摟擁、吻、吮咂、固、勤、慢、作、伴隨、力、奪、合歡、極合歡、嬌媚、嬌相、怨恨、善、明句、真實、非真實、決定、近取、施者、激他、權威、無恥、欺誑、苦者、不馴、不誠等由貪所生四十性妄』。」

復次，「增」融入「得」，生更勝於前之樂明無念為「得」智，本明之所現境如晚霞黃綠、如風中燈火升起第三剎那。

以此智能遮止痴所生七種性妄，如前論所云：「以第三剎那，遮止痴所生七種性妄，云何其名，曰：『中貪、忘失、迷亂、不語、懨嫌、懈怠、疑悔，一切痴所生七性妄、悉得遮止。』」其時**痴融入法界智**故，爲極無分別智。

復次，「得」融入「近得」，生更勝於前之智，謂「近得」智，於第四剎那生起，本明之所現境如秋天極淨青空日光遍照而升。此智能將執著分別之分及習氣同銷沒於法界，法身大任運之自性升於一切諸佛之密意自理中矣。

其時，前反覆串習之性澄無二智母子相會而解脫；如若未解脫，其本明住於心間而遷於眼，眼見五色光之明相、虛空增相，於第一剎那青色清淨自韻法界智中顯現毗盧遮那佛主眷無量聖眾。

於是中認識其體性故解脫於毗盧遮那佛而歸本初地。

如是第二、第三、第四、第五剎那中，大圓鏡、平等性、妙觀察、成所作智中，其時顯現不動佛、寶生佛、無量光、不空成就佛身十萬乃至阿僧祇數，識本面目則隨即與彼無二而解脫，爲報身之中有（解脫）。

如彼，識本面目時，其身自成光芒萬端，遍所漩澓於六世界十方遍顯釋迦能王等無量化身，剎那能顯利益諸事，爲圓滿化身之中有（解脫）。

復次，化身融入報身、報身融入法身、法身住於大具足圓滿妙寶秘

密器中無遷轉，為現證菩提於本初地。此等為中根中有解脫之釋竟。》》（60-153~157）

如是密宗古今一切祖師及諸行者，於生前皆未曾證得自心眞如—第八識如來藏，而由如是之解說死亡過程，便可於死亡時取證法身、報身、化身，更可證得佛地之四智圓明智慧，其實皆是謊言，皆是自意臆想之妄想法也。

譬如此段龍欽巴所言之「地融於水、水融於火、火融於風、風融於識、識融於空，而生『滅受想』之功德」者，眞是妄想。何以故？謂死亡之後，乃是四大各各分解離散，而非「地融於水、水融於火、火融於風」，四大不相融故，四大極微元素永遠保持其四大極微元素之體性而不變異故，是故《楞伽經》中說四大極微元素常不變異，由是可知密宗所言四大互融之說乃是妄想。

復次，風大不能融於識內，識亦不能融於空中；若言風大可以融於識內，請問：「風大應融於何一識？」若言融入前五識中，則前五識乃是依四大所成之五色根及意根意識而有之法，正死位中前五識俱滅而不存，云何風大可以融入前五識中？若言融入意識中，則意識於正死位中亦滅而不存，云何能令風大融入其中？無斯理也。

復次，意識乃是依四大所成之五色根不壞、方能現起，云何所依之四大可融入意識中？若言風大融於意根末那識，或融於第八識如來藏，則應此七八識是有色法，則違　佛所說，亦違大乘證悟者之證量，風大是色法故，非是無色法故。復次，密宗古今諸師悉未證得第七識末那，云何有智能將四大融入第七識末那之中？是故密宗所言正死位時之風大融入識中之言，乃是虛妄之想也，絕非佛法也。

復次，「識融於空」之言亦復虛妄，試問：「識融於空，是何識融於空？融於空者是否謂識原本乃是有色之法？」若謂識融於空者，是何識融於空中？前六識於正死位中尚且斷而不能現起，云何能融入空中？若識能融入空中者，應此識原爲有色之法，方能融入空中。若識只是覺知之心法，則應是滅而不現，不應是融入空中。若識是有色之法，則應他人可以把捉密宗行者之識，應可執持密宗行者之識，彼等密宗行者所說之識是有色之法故。而現見識非色法，故不應言識融入空中，有諸過故。若言融於空之識乃是明點，則明點其實非是識，則此識融於空中之說亦成無義。

復次，「識融入空」既是妄想，故龍欽巴所言之「粗細之所執消沒」，即成妄說，正死位中識既融入空中而告斷滅，云何能消沒粗細所執？我見未斷故，必定令其中陰復生而重新受生故。

復次，正死位中，前六識既皆滅失不存，云何可謂其時有觸融於法故而滅受想？不應正理。前六識既滅而不現，則不應尚有觸故；既已無觸覺，云何能令觸融於法？復次，所謂觸融於法者，是何觸融於何法？正死位中，尚無六識存在，復有何法存在？而令觸融於法？故知龍欽巴所說諸言，皆是虛妄之想也。

復次，「觸融於法」故而令受與想俱滅者，是滅何識之受與想？若言滅六識之受與想者，於正死位中，六識之受想本皆俱滅，六識滅故不起六識之受想，則不需地融於水…乃至觸融於法而後方滅六識之受想也。若言是滅第七識之受與想者，亦有大過；此謂第七識之受與想，絕非密宗古今諸師及行者之所能證也，何以故？此謂密宗古今諸師及行者皆未斷我見及我執故，皆執「樂明無念」之覺知心爲常不壞之我法故。

由執「樂明無念」之覺知心故，龍欽巴言：「樂明無念智於四剎那升起，**法性融入本初地故輪迴自性解脫於涅槃近矣。**」既認樂明無念之覺知心爲常不壞法，則顯然未斷我見，何況能斷我執？未斷我見我執者，云何能於死時證得滅第七識受想之解脫境界？滅第七識之受與想者，乃是俱解脫阿羅漢之解脫境界故，欲成俱解脫阿羅漢者必須斷除我見及我執、並證得滅受想定故。

而現見龍欽巴等密宗一切古今諸師，皆未證得四禪八定及滅受想定，亦皆未斷意識我見，何況能斷我執而成俱解脫之阿羅漢？是故龍欽巴所言之正死位中能滅受想者，乃是虛妄之言，何以故？此謂樂明無念之覺知心常而不壞之見正是我見故，既有樂明無念之覺知心，則已顯見意識之受想俱在故，尚未能滅意識之受想，何況能滅第七識意根之受與想？無是理也！如是完全具足凡夫見之密宗修行法門，而言「自性解脫於涅槃近矣」，則是妄想涅槃之法也，完全不解涅槃之意，完全不解涅槃之修證故。

如是妄想之法，而言「於是中認識其體性故解脫於毗盧遮那佛而歸本初地」，其實完全誤會本初地也。所以者何？謂本初地乃是自心藏識，然仍非是 毗盧遮那佛之境界也。 毗盧遮那佛乃是斷盡二障之究竟佛地法身佛，今觀密宗所言諸法，尚不能知其自心藏識何在，未破所知障，何況斷之？何況能盡之？尚執樂明無念之意識覺知心為不壞法，未斷聲聞初果所斷我見，何況斷我執及斷煩惱障之隨眠種子？二障俱皆未破未斷，云何正死位中能證 毗盧遮那法身佛之本初地境界？無斯理也。是故密宗動輒狂言解脫於報身佛、化身佛、法身佛境界者，皆是依於自意妄想而說，非是眞有證量之說也，非是眞實佛法之正修行也。

以如是等虛妄想之言說，而言死時之「**第二、第三、第四、第五剎那中，大圓鏡、平等性、妙觀察、成所作智中，其時顯現不動佛、寶生佛、無量光、不空成就佛身十萬乃至阿僧祇數，識本面目則隨即與彼無二而解脫，為報身之中有**（解脫）」者，即成妄想者所說，無有絲毫可以信受之處也。

以如是等虛妄想之言說，而言死時之「**化身融入報身、報身融入法身、法身住於大具足圓滿妙寶秘密器中無遷轉，為現證菩提於本初地。**此等為中根中有解脫」者，亦是妄想者所說，亦無絲毫可信之處也。如是自始至終皆是虛妄想之遷識法，而言「密宗最懂得超度亡者」，豈是眞言道者之所應言者耶？

龍欽巴復言：《《**下根往生淨土得解脫之教授**：觀自身內，中脈如膜，內空、上抵梵穴，其中神識[梵字]字（梵字阿）白色無垢，誦[梵字][梵字]（梵字阿阿）數百聲，無分別觀阿字自梵穴遠遠而出之後，射至西方極樂世界法身無量光佛心間；勤修七日，頂髻則跳、並開啓，即得往生西方無疑。死兆齊現時，動則遷墮他處，故勿動之。為遷識眞金究竟教授也。》》

此亦妄言也，謂密宗行者於解脫道及大菩提道俱無所證，而顯敎初地菩薩已證解脫之道及大菩提道之種智已，尚且不能自行往生極樂世界，要待 彌陀世尊之前來接引，何況密宗行者之完全未有修證之凡夫人，而能依於妄想所修之遷識法而自行往生極樂？無是理也。由此諸種正理而觀，密宗之遷識法，自始至終皆是妄想者所說，一無是處，乃竟動輒便言死時能證佛果—法、報、化三身俱證，眞乃大妄語者也。

復次，《西藏度亡經》所說之中有救度遷識法，亦是虛妄想，且舉其中命終第一「七日」間，密宗上師對亡者所作之中陰階段開示爲例，而後評之，大衆即可知其云何是虛妄想也：

《《初七、第一天：「尊貴的某某！在這三天半時間當中，你一直處於昏迷狀態之中。待你的神志一旦清醒之後，你會如此驚問：『發生了什麼事情？』如此一來，你就會認清你的中陰境相。那時候，整個輪迴的輪子即行轉動；那時候，你將見到的種種現象，將是種種光焰與諸部聖尊。那時候，整個天空將呈現一片深藍之色。那時候，將有渾身白色，手執八座法輪，坐在獅子座上，**有虛空佛母相抱的毗盧遮那世尊**，由名叫『種子撒播』的中大區域向你顯現出來。這是集合而成本然狀態的色蘊，其光藍色。有藍色、透明、燦爛的法界智光，從身爲父母的毗盧遮那世尊心中向你放射而來，其光熱烈異常，使你幾乎難以逼視。……你應勤懇觀想毗盧遮那世尊，並跟著我複誦這個禱告：

生死流轉皆因愚痴無明而有，際此法界智光照亮暗路之時；

唯願毗盧遮那世尊引導於前，唯願無上虛空佛母護佑於後，

唯願使我安度可怖中陰險道，唯願使我安住一切圓滿佛地。

如此熱切虔心懇禱之後，你就可以在虹光輪中**進入毗盧遮那世尊心裏而證報身佛果**，安住中央密嚴佛土。」》》（139-53~55）

《《初七、第二天：「尊貴的某某！一心諦聽，切勿散亂。在這第二天中，將有水大之淨色作為一種白光發射而出。當此之時，深藍色的東方妙樂佛土，將有身為藍色、手執五股金剛杵、坐於象座之上，**有瑪嘛基佛母擁抱的金剛薩埵阿閦世尊**，在地藏菩薩與彌勒菩薩及其眷屬持鏡與持花兩位女菩薩陪伴之下，出現在你的面前。這六位智慧聖尊將出現在你的面前。清淨的識蘊，將以一種明亮、燦爛的白光，帶著極其耀眼、使你幾乎難以注視的光彩與透明，從身為父母的金剛薩埵心中，向你放射而來。而與此大圓鏡智光平行的，則是一種來自地獄的煙霧色的暗光，亦跟著向你投射而來。……你應信賴耀眼的明亮白光，至心歸敬金剛薩埵世尊，並作如下之祈願：

生死流轉皆因暴怒瞋業而有，際此圓鏡智光照亮暗路之時，
唯願金剛薩埵世尊引導於前，唯願聖瑪嘛基佛母護佑於後，
唯願使我安度可怖中陰險道，唯願使我安住一切圓滿佛地。如此熱切虛心懇禱之後，你就可以在虹光輪中**進入金剛薩埵世尊心裏而證報身佛果**，安住東方妙樂佛土。」》》（139-55~57）

《《初七、第三天：「尊貴的某某！一心諦聽。第三天將有地大本色發為黃光向你照射。與此同時，南方眾寶莊嚴佛土，有全身黃色、手執妙寶、坐於馬座之上，**與佛眼佛母互相擁抱的寶生如來**，亦來放光向你照射。有虛空藏與普賢兩位菩薩，偕同念珠與持香兩位女菩薩，連同前述佛父佛母共計六位菩提之身，從一道虹光輪中前來向你放光。以本色形態出現的觸蘊，作為黃色的平等性智之光放射出來，其光晃耀，夾以種種帶有衛星光球的燦爛球體，極其明亮，幾乎非肉眼所能逼視。……你當振作起來，信賴那明亮的耀眼之光。你應一心觀想寶生如來，並作如下之禱告：

生死流轉皆因我慢惡業而有，際此平等智光照亮暗路之時，
唯願大覺寶生如來引導於前，唯願神聖佛眼佛母護佑於後，
唯願使我安度可怖中陰險道，唯願使我安住一切圓滿佛境。

如此深切信心至誠祈禱之後，你將在虹光輪中**進入身為清淨父母的寶生如來心海而證報身佛果**，安住南方眾寶莊嚴佛土。」》》（139-57~59）

《《初七、第四天：「尊貴的某某！靜心諦聽。今逢第四天，將有火大本色之紅光，前來照射。當此之時，西方極樂世界將有全身紅色、手持妙寶蓮花，坐於孔雀寶座上，且有**白衣佛母互相擁抱的阿彌陀佛**，攜同觀音菩薩與文殊菩薩及其眷屬持琴與持燈兩位女菩薩，共計六位菩提之身，從一虹光輪中放光照臨你的面前。此種作爲妙觀察智光的受蘊本色，出自神聖父母阿彌陀佛的心中，直照你心，其光紅色，閃亮透明，且有種種光球及其衛星光球照耀其間，極其奪目，使你幾乎難以正視，……信賴那紅色耀眼的紅光吧！一心頂禮信受身爲父母的阿彌陀佛，並至誠懇禱，作如下之祈願：

生死流轉皆因貪吝惡業而有，際此妙觀察智光豐亮暗路時，
唯願大覺阿彌陀佛引導於前，唯願神聖白衣佛母護佑於後，
唯願使我安度可怖中陰險道，唯願使我安住一切圓滿佛地。

你以如此深切信心懇祈之後，就可**契入身在虹光輪裏的神聖父母阿彌陀佛心中，證得報身佛果**，安住西方極樂世界佛土。」》》（139-59~61）

《《初七、第五天：「尊貴的某某！一心諦聽。至此第五天，將有風

大本色之綠光向你照射。當此之時，北方無上妙行成就佛土，有全身綠色、手執十字金剛杵、坐於角鷹座上、由**貞信度母佛母與之相抱的不空成就如來**，率同其脅士金剛手菩薩、除蓋障菩薩，及其眷屬噴香與持糖兩位女菩薩，共計六位菩提智身，從後虹光輪中向你照射。此種行蘊本色，作為成所作智的綠光，以透明、輝煌而又耀眼、飾以種種光球及其衛星光球，從神聖父母不空成就如來心中放出，照射你心，其光極為明亮，使你幾乎難以正視。那是你的智性本有智慧之力。……你應至誠信受那奪目的綠光，一心一意觀想清淨父母不空成就如來，並作如下的祈願：

生死流轉皆因嫉妒惡業所感，際此成所作智光照亮暗路時，
唯願不空成就如來引導於前，唯願貞信度母佛母護佑於後，
唯願使我安度可怖中陰險道，唯願使我安住一切成就佛土。

如此至誠懇禱後，你就可以**進入身在虹光輪中的清淨父母不空成就如來的心海，證得報身佛果**，安住北方無上妙行佛土。」》》（139-62~63）

《《初七、第六天：「……倘你了知五方佛智之光從你自己淨識發出的話，那你早就契入任何一佛的虹光輪中而證報身佛果了。現在且繫心注意，將有名為『四智契合之光』的五方佛光，前來照臨於你。你當善

爲了知。尊貴的某某！至今第六天，將有四大本境之四色，一齊前來放光，當此之時，中央播種佛土，有**清淨父母毗盧遮那佛**及其助伴，前來向你放光；上方最勝樂土，有**清淨父母金剛薩埵佛**及其助伴，前來向你放光；南方眾寶莊嚴佛土，有**清淨父母寶生佛**及其助伴，前來向你放光；西方極樂世界蓮花佛土，有**清淨父母阿彌陀佛**及其助伴，前來向你放光；北方無上成就妙行佛土，有**清淨父母不空成就如來**及其助伴，在虹光輪中前來向你放光。尊貴的某某！在此五位禪佛與佛母的外圍，有四位守門忿怒聖尊……；復有六道之佛……；以及地獄道之佛法王……一起前來向你放光。又有普賢佛父、與普賢佛母：**一切諸佛的偉大祖先普賢王如來與普賢王佛母——清淨佛父與清淨佛母**，亦來向你放光。如上所列四十二位全能聖尊——**悉皆出自你的心中**，悉皆生自你的慈愛之心——亦來向你放光照射，你應善加了知。尊貴的某某！所有上述諸般佛境，並非來自你的心外——悉皆出自你時的四個部份，而此四部加上中央部份，即是五方佛土。它們悉皆出自你的內心，悉皆向你放光照射。而所述諸位聖尊亦非來自別處。他們打從無始以來就存在於你自己的智性功能之中了，因此，你應如是了知才是。……要至誠一心敬信五方諸佛清淨父母，並作如是祈願：

生死流轉皆因五毒惡業所感，際此四智契合照亮暗路之時；唯願五方征勝佛父引導於前，唯願五方清淨佛母護佑於後，唯願使我脫離六道不淨光道，唯願使我安度可怖中陰險道，唯願使我安住五方清淨佛土。

如此懇祈之後，你將認證你的內在之光，與你的自性融合為一而證佛果：只要至誠信受，縱使是普通行人，亦可因了悟自性而得解脫；縱使是至極卑下之人，亦可借助清淨祈禱之力，以使六道生門閉塞，而在體悟四智契合的眞意當中，經由金剛薩埵眞空之道**得證正覺**。」》》（139-63~69）

《《初七、第七天：至此第七日，將有持明部諸尊，從聖樂土前來接近。同時，由無明愚痴所感之畜生道，亦來誘引。此時之觀法，為呼死者之名而告之云：「尊貴的某某！一心諦聽。至此第七日，將有種種習氣淨化而成的雜色光焰前來照射。與此同時，又有持明部諸尊，亦從神聖樂土前來攝受：有無上持明蓮花舞主尊，亦即成熟業果無上持明主尊，身放五色光焰、**手執偃月寶刀及一貯滿血液之人頭蓋骨**，右手高舉結降服手印，由**紅色空行天母擁抱著**，在於虹光焰中，從大圓相之中央，一路舞蹈而來，放光向你照射。又有聖尊名地居持明者，其身白色，面帶微笑光焰，**手執偃月寶刀以及滿貯血液之人頭蓋骨**，右手高舉結降服手印，由**白色達吉尼天母擁抱著**，從大圓相之東方，一路舞蹈而來，放光照射。又有持明聖尊名掌壽威權者，其身黃色，面帶微笑光焰，**手執偃月寶刀以及滿貯血液之人頭蓋骨**，右時高舉結降服手印，由**黃色空行天母擁抱著**，從大圓相之南方，一路舞蹈而來，放光照射。又有聖尊名大手印持明聖尊者，其身紅色，面帶微笑光焰，**手執偃月寶刀及滿貯血液之人頭蓋骨**，右手高舉結降服手印，由**紅色空行天母擁抱著**，從大圓相之西方，一路舞蹈而來，放光照射。又有聖尊名自我成就持明者，其身綠色，面帶半笑半怒光焰，**手執偃月寶刀及滿貯血液之人頭蓋骨**，右手高舉結降服手印，由**綠色空行天母擁抱著**，從大圓相之北方，一路舞蹈而來，放光照射。……尊貴的某某！有習氣淨化而成之俱生智光（淫樂之第四喜所化之光），從五位持明主尊心中放出，向你的心中射來，其光五色，閃爍震動，猶如色絲，透明而又光耀，令人畏，且十分強烈，使你的眼睛難以忍受。……當此之時，你不但不應駭怕熾烈的五色智光，而且要明白那是你自己的智慧之光。在此五色智光（淫樂之第四喜所化之光）之中，將有法爾的**實相之聲**，猶如千雷齊吼一般地排山倒海而來，使得整個宇宙迴蕩震顫不已，而在此種巨響之中，復有可怖的『殺呀！殺呀！』以及令人生畏的密咒之聲，交織其間。不要驚慌，不要畏懼，不必逃跑。要知這些只是你的內在光明的智性功能而已。……你應至誠信受明亮耀目的五色光焰，一心一意轉向那些聖尊，那些持明的征服者。你在心中如此禱念：『這些持明聖尊，這些勇健英雄，這些空行天母，特從神聖樂土前來接引於我；我要禱求他們：直至今日，已有三世五方諸佛前來放射慈悲之光，引度於我，而我一直未能得救！我愚鈍若此，何其可悲！唯願持明諸君勿再容我墮落下去，並以悲憫之鉤攝受於我，將我帶往神聖樂土。』如上禱念之後，並作如下之祈願：

持明諸尊垂憐諦聽度我出離，請以大悲將我帶上菩提正道，
當我因爲虛妄業識落入輪迴，將我帶上光明晃耀俱生智道。
唯願勇健持明諸尊引導於前，唯願空行天母佛母護佑於後，
唯願使我安度可怖中陰險道，唯願使我安住清淨極樂佛土。

如上以深切而又至誠的信念祈願之後，一定可**在虹光之中融入持明諸尊心中往生清淨的極樂世界**。所有一切的空談階級，亦可在這個階段得證而獲解脫；**縱使是惡習深重的人，亦可在這個時候得到解脫**。》》（139-69~73）

如是，顯教諸經中所說之一切究竟清淨之佛，至此《西藏度亡經》

中，悉皆變成與淫樂相應而抱女人受樂之不淨雙身「佛」。密宗一切修行法門之中心思想，皆歸結於淫樂第四喜之證得，故其法身「佛」與報身「佛」皆是常抱女人交合受樂之相，是故一切顯教中清淨之佛，至密宗已，皆成淫穢之雙身「佛」，密宗之法淫穢至此。色界初禪天以上之一切凡夫天人，即已遠離男女相，云何密宗所說之法身佛尚不能遠離男女欲之觸受？云何密宗之報身佛及化身佛尚不能遠離男女欲之觸受？

復次，法身佛乃是究竟佛地之第八識（亦名第十識—無垢識真如），唯是第八識心，非是有色之法，云何密宗說之爲有形有色之色法佛身？而且是不離欲界男女交抱之受欲者？妄想之至極，無過於此者。復次，諸佛之自性法身雖是有影像之身，然是唯佛所能證知之身，由圓滿一切種子等故，方便說爲自性法身，非是眞實法身也。

復次，一切諸佛既是密宗所說由偉大祖先「**普賢王如來與普賢王佛母**—**清淨佛父與清淨佛母**」所生，則密宗行者將來若欲成佛者，不應修此遷識法，而應由一切諸佛之偉大祖先「**普賢王如來與普賢王佛母**—**清淨佛父與清淨佛母**」之交媾而出生，不應由密宗行者如是精進修行而後得，一切諸佛皆應由同一偉大祖先而生故；彼諸佛既如是，密宗行者亦應如是故。則密宗諸師所言之中有或臨終之遷識法修行，即成無義。

復次，實相非聲，密宗之《西藏度亡經》不應言有實相之聲，而且是震撼人心之極大可怖殺伐之聲，與實相之理極相違背故。復次，俱生智光（淫樂之第四喜所化之光）及五色智光（淫樂之第四喜所化之光）皆與成佛無關，悉皆與修證解脫道之斷我見我執無關故，皆與修證大菩提道之證得第八識一切種智無關故，是故縱有如是「智光」來照中陰階段之密宗行者，皆不能令密宗行者證得三乘佛法之絲毫見地與境界也。

復次，由此《西藏度亡經》中所說之諸佛皆是男女交抱之雙身淫樂像而觀，即知密宗所崇奉之諸佛皆是夜叉羅刹鬼魅所現，非是眞佛也。復次，初七之第七天所示現之持明部諸尊，悉皆**手執偃月寶刀以及滿貯血液之人頭蓋骨**，由是觀之，可知此等「聖者」皆是夜叉、羅刹、鬼魅之所示現，悉皆同是好樂淫觸及生鮮血食等種性之衆生所化現故；豈有諸佛菩薩及聖者而好樂淫觸及血食者？並且手執寶刀及衆生之骨血，而於照射俱生智光（淫樂之第四喜所化之光）時，竟「有可怖的『殺呀！殺呀！』以及令人生畏的密咒之聲，交織其間」，如是之言，實已明告密宗行者：密宗所崇奉之「佛、菩薩、持明諸部尊」等「聖者」，其實皆是夜叉、羅刹、鬼魅等好樂血食及淫觸之衆生所化現者也；可憐密宗行者聞之不知，猶自信受奉行而修之，欲求往生彼夜叉等所住之「淨土」

中，與彼等爲伍，及生而同其種類。往生之後，於學佛之道究竟能有何益？而如是信受奉行？而不能辨別了知其本質？

復次，「融入諸佛心中」，或「融入諸夜叉等所化現之諸佛菩薩心中」之說，乃是妄想，一切有情之心悉皆不能互相融入故，悉是各各唯我獨尊之故，豈有密宗行者能將自心融入餘諸有情心中而得獲證其境界者？如是虛妄之言，而密宗行者深信不疑，不可謂是有智之人也。如是欲求融入「諸佛」心中而成究竟佛之遷識法及中陰遷識法，云何可信？而密宗信徒信受不疑，精進修行，浪擲錢財及光陰於密宗之虛妄想所成之荒謬行門中，而竟對余之欲救彼等出離邪見所作破邪顯正之行，施以種種無根誹謗，乃至有於網站上誣余爲外道者，皆是恩將仇報、是非不分之愚人也。

由此而觀，即知密宗皆以雙身法之樂爲究竟佛地之大樂也。一切密宗行者，閱此書中所辨正之義理已，即可了知密宗遷識法之虛妄，即可了知蓮花生所造《西藏度亡經》及密宗內之中陰救度法虛妄也。既已了知，當知遠離密宗之種種虛妄想，返身歸投顯教正法之中，老實修行，莫再妄想即身成佛。當知究竟佛地之樂者，乃是遠離一切虛妄想、遠離一切受、遠離一切想陰（遠離想陰謂：了知諸法之知即是想陰。知此而不執著者即名遠離）、出生解脫智、出生一切種智，而非下墮於欲界中最粗重貪著之淫樂第四喜之樂受也。

當知第四喜依淫樂而有，淫樂依男女根而有，男女根依五色根而有，五色根依如來藏之「大種性自性」之造色法而生、復須依如來藏所含往世熏習欲界貪著之無明種而生，如是以觀，淫樂覺受之第四喜境界，乃是依他起性中之「再依他起性」之法，乃是最最虛妄不實之法，云何**宗喀巴**說之爲報身佛之俱生喜？**云何宗喀巴說之爲佛地之究竟樂**？其實是欲界中層次最低之貪著。人間之人，尚云適可而止，何有已成佛、已證諸地之菩薩而貪著欲界層次最低之第四喜者？故知密宗所說前來接引亡者之「手抱女人交合雙身佛」，皆是鬼神夜叉羅剎之屬也，云何而可令人隨之往生？同其種類？

彼等密宗之雙身佛，復又喜樂五肉五甘露及血食等不淨供養，豈是身心清淨之佛菩薩所愛樂之物？當知彼等皆是夜叉、羅剎、鬼魅之所化現，密宗行者若有智慧，當知應速遠離，莫再誤信而親近之，以免求生諸佛淨土、卻往生夜叉等所住之世界。若不信余言，繼續信受而精進修學遷識法者，將來往生之後，忽見已身已成羅剎等形，復又日夜睹諸羅剎夜叉噉食衆生血肉、及屍骨污血狼籍之象，每日煩苦，欲待後悔，已不能及也。密宗行者，其愼乎哉！其愼乎哉！

第五節　以假作眞之密宗

密宗乃是以假爲眞之宗教，其法邪謬；稱之爲邪教，絲毫無過。所以者何？謂密宗古今祖師悉皆以假作眞，認爲觀想之法可以成就一切佛法。由如是虛妄想故，便認爲觀想中脈成就時，即是中脈已經眞實成就；便認爲觀想明點成就時，即是明點眞正成就；便認爲觀想修練寶瓶氣成就時，即是寶瓶氣成就。由如是世間法之成就故，便將初地般若通達位之果位名相，套用於中脈明點寶瓶氣之通達境界上，便認爲修至寶瓶氣通達中脈時即是佛教之初地菩薩，眞是以假作眞之附佛法外道也。

復次，密宗復又認爲觀想諸佛受自己身中淫樂之供養時，即是諸佛眞已領受自己修練雙身法時之淫樂之受，自認覺知心中所觀想成就之佛即是眞佛已來、即是眞佛已受已供，眞乃世間最大之妄想也。

復次，密宗行者依其密續密經所說，又認爲觀想自己成就報身佛之三十二大人相及八十種隨形好成就時，即是已經成爲究竟佛。如是以假作眞，又恐他人不信自己已眞成佛，便又妄想「佛慢」之法，妄謂心中生起佛慢時，便可降伏衆生。果眞亦有密宗行者如是向余生起佛慢而欲降余。如是而起佛慢，欲降余者，眞乃愚痴至極之人也。

學人當知：成就佛道者，乃是修學解脫道及佛菩提道，而非經由虛妄想像之觀想法等外相觀修而可成就者。密宗古時祖師不知此理，發明觀想成佛之法，而創造《大日經—大毗盧遮那佛成佛神變加持經、一切如來現證三昧大教王經、…》等密續經典，教人觀想自己本尊成就佛之莊嚴相好，更謂觀想成就時，自己即是已經成就究竟佛。如是密宗之究竟佛，若遇有人問其所證般若時，則茫無頭緒，則以自意妄想而言，更謂已知已解般若，貽笑方家猶不自知。

如是密宗之佛，完全不能證得眞正之第八識阿賴耶，而以觀想所成之明點作爲阿賴耶識，便敢嘲笑顯教證悟者之證得阿賴耶識爲證量粗淺，眞乃狂妄而不可救藥之人也。有智之密宗行者，當自審觀，明點與佛所說之阿賴耶識是否相符？當自審觀明點是否遍一切時、遍一切識、遍一切界、遍一切地？若不爾者，云何可謂契符　佛說？云何可謂所證眞是第八識如來藏？而諸密宗上師竟將明點認作　佛所說之第八識阿賴耶，更載於書中而廣流傳、以誤衆生。

如是以外道法替代佛法，眞正是破壞佛教正法者，其業不可謂不重也；如是等人，乃竟因余之破斥密宗法義邪謬，而心生不忍，於網站上故意誣余爲外道；猶如賊人之大喊抓賊，寧有正理之可言者？

復次，密宗古今諸師一向誤認觀想可以遷識、及爲亡者遷識，及度人成佛；由此虛妄想故，往往認爲：「異見異說者若不能信受自己之法，即可殺之，然後以度亡經或觀想之法而超度被殺之人以生善處，亦是大功德，亦是超度眾生。」是故密宗古來常有殺死異見者，而後藉由觀想之法，觀想對方生至極樂世界，便認作被己所殺之對方眞實已生極樂、眞實已經得度。

如是妄想及造惡業者，乃是西藏密宗古時之眞實情況，是故身爲達賴法王而殺害異見異修之人，再以遷識之觀想超度被殺之人，乃是古時西藏密宗之眞實故事，密宗行者多有知之者。由此以假作眞之邪見故，古時密宗行者殺人而「超度」之者，屢見不鮮，絕非僅有，悉皆成就殺人重罪，必墮地獄受尤重純苦無量劫。是故，以假作眞之觀想法，爲害密宗修行者至鉅，凡我佛教行人，皆應將此邪見邪修之法，摒除於佛教之外，莫令此法再存在於佛教中而爲害行者犯下殺人之大惡業，可免行人因此而墮地獄受諸尤重純苦。

復次，密宗「諸佛」既言成佛，然卻悉皆不能眼見佛性，亦不能明心而證得第八識如來藏，亦完全不解佛性與如來藏（因地真如）之關係；如是，不知不證如來藏者，乃是完全不知般若之人，不知般若之人而言能成佛道者，無有是處！未曾眼見佛性者，而言憑藉觀想之法可以成就究竟佛道者，無有是處！不解第八識與佛性之關係者，而言憑藉觀想之法能成究竟佛道者，無有是處！而諸密宗上師信受觀想之法，而精進修之，而向徒衆開示可成佛道，眞乃虛妄無稽之談也！

密宗諸師以假作眞之妄想，復又產生虛妄之修行法門：妄想自己之佛性與彌陀合一，妄想自己之心與佛合一。以如是妄想而爲信受密教之亡者開示，以此誤導密宗之亡者。譬如陳健民上師如是言：

《《……我們應提醒死者，注意自己的佛性，因爲此佛性是**和阿彌陀佛相連**的，……進一步，我們更擴大觀想十方三世整個法界中之中陰身都成爲阿彌陀佛。雖然我們自己未曾成佛，然而阿彌陀佛早已成佛，並且曾發大願要救度衆生；雖然我們沒有佛陀的大力，但我們卻有菩提心與佛陀相連，所以或多或少，佛陀的力量和我們的觀想會發生關連。當觀想完成後，當然這些神識已轉變成阿彌陀佛，不管我們能做到什麼程度，對死者總是有利的。能使這些神識變成化身阿彌陀佛，就是內層功德的意義。更進一步的功德是將這個化身阿彌陀佛轉變爲報身阿彌陀佛，我們知道佛陀有三身，第一是化身，外表和人相似，譬如釋迦牟尼佛。第二是報身，其外表和人身不同，而像勝樂金剛，我們觀想報身佛站在化身佛上，當我們呼「嘿！」時，我們**用氣力將化身佛的神識向上推入報身佛身中**，所以在密的功德來說，是使神識進入報身阿彌陀佛。化身的淨土很像天宮內院，但沒有輪迴，是方便有餘土，不是實報無礙的佛土。當我們呼「嘿！」時，我們將化身佛中 Shia 字向上推入報身佛心中的 Hum 字。在密密層來說，當我們呼「呸！」時，我們將報身佛心中之種子字再推入阿彌陀佛的法身中，就是最後的空性—阿（AH），**被超度者身成法身阿彌陀佛，而住常寂光土**。這項工作完成後，一個人可以說完全轉成佛陀三身了。密層和密密層的步驟，只有在紅教三身頗瓦法中才有，黃白等教頗瓦是沒有的，這些都由超度者之功德完成之。總結地說，在外層，我們清淨死者的罪業；在內層我們幫助他變成阿彌陀佛的化身；在密層，我們幫助他變成阿彌陀佛的報身；在密密層，我們幫助他轉成阿彌陀佛的法身。我所念的西藏音紅教頗瓦法是諾那上師親口傳的，請大家向諾師感恩。》》（32-628~629）

如是藏密白教（紅教）觀想之法，謂以觀想之法，可以「觀想十方三世法界之中陰身皆成爲阿彌陀佛」，並認爲觀想中陰眾生成爲阿彌陀佛時，彼諸中陰界之衆生便已眞正變成阿彌陀佛（十方三世法界之中陰身一語有大病也，暫置不述）。此亦是密宗以假作眞、而認定爲眞之實例也。

佛常作如是言：「自未得度，能度他者，無有是處！」（菩薩自未得度而度他者，乃謂尚未成佛，而具足解脫知見，已能取證無餘涅槃之後，由故意力留一分思惑不斷，起受生願以度衆生；非是自己未能得度，不可錯會。）譬如欲入水中救彼遠離岸邊之溺水者，必須自身已會水性，已知如何能至彼岸，並已有力能至彼岸而尚未至、而仍留在此岸者，方能入水救人。衆生長劫以來，在生死海中沉淪，早已遠離得度之岸，豈能以觀想之法而救度之？

復次，觀想之法，純是觀想者自心所成之內相分，與亡者心識無涉，是故密宗行者雖然觀想亡者已成化身阿彌陀佛，乃至已觀成法身阿彌陀佛者，皆與亡者心識無涉，自他之心互不相入故，皆是唯我獨尊而不能合併故。由斯正理，說密宗觀想亡者成佛而超度之，此理虛妄，純是妄想，觀之無用也，故名以假作眞。

果眞觀之有用，則不須 釋迦世尊親來人間、四十九年到處奔波辛苦說法也，亦不須 世尊廣說阿含、般若、唯識等三轉法輪諸經也。既有如是觀想而可以成佛之法，迅捷之至，則由大慈大悲之 世尊觀想衆生成佛即可也，則不須廣修三乘諸經所說之法也，尤其特指唯識一切種智增上慧學。云何世尊乃具世出世間之大智慧者，而不能見此方便、行此方便？云何世尊如是大慈悲者而不肯觀想衆生悉皆成佛耶？有斯理乎！

果眞觀之有用如狂密經典《大日經－大毗盧遮那佛成佛神變加持經、一切如來現證三昧大教王經、…》等之所說者，不須等待死已方請他人爲己作觀，亦可不須自己辛苦修行，只須努力賺錢享樂，然後花錢請密宗上師能觀想者爲自己觀想；觀想成功時，自己即已成就佛道、三身具足也。請他人觀想成就已，自己立刻可以「佛世尊」之地位稱號出世弘法也，如是快樂成佛及利衆生，豈不大妙？

而現見密宗諸師觀想自己成佛已，仍非是佛，仍於般若錯會，仍於解脫道錯會，仍然完全不知一切種智，所說諸法仍然同於常見外道。如是觀想、以假作眞之修行法門，有智之人稍加思維，即可現見其過，號稱「上上根器、超越顯教行者」之密宗行者與諸上師，竟不能知其過，而復信受廣弘、以誤衆生，焉有正理之可言乎？

復次，密宗之密續密經所言「與佛合一」之見，實有大過；復又妄謂有情同一眞如、同一法界，復謂成佛時之眞如將與佛合而爲一，皆有大過，皆是依於自意妄想而以假爲眞之法也。

譬如陳健民上師作如是言：《《心想在無雲晴空之外，別有一理想的法界。這個法界又廣大又圓遍，不是與我相對的境。邊想其廣大之法界，邊想是「此法界自己」能夠了知其廣大自性；不應是我在其中插手的。隨時想：「把此能觀法界之我完全消失」。想十方廣大無邊，就是十方廣大無邊，並非我想的十方廣大無邊。》》（34-910~911）

又言：《《此自住（於法界大定）必須在聞思修方面有成就，係在聞思修之精華—正見上證得。此即眞如、常寂光、圓覺、無上正等正覺……等。自住者，即法界自住，非「我自想其住」，己欲其住，或視爲住。非直住、橫住、或圓住。如了解游復頌，便可說明其境界。到時便是「身內眞如還遍外，情與無情共一體，處處還同眞法界」。修此法界大定，必須把握此頌。……此法界乃是廣大至高至下，無邊無盡，圓滿圓融，不由自己想出，乃由法界本身自顯。應由法界本身常將此大定保任，即是法界自住，如是繼續便是續住。如失此法界之自行保任，而有其他想法，便是妄想，必須回住。回住者，回此法界而住。續住者，續住此法界之謂也。法界向左右擴大至無邊，上下引伸至無盡，圓滿活動，如此而住。……法界大定之住，可在上下左右中任何一點住，因各處皆法界故。回住向下拋去，乃爲對治疲倦。若疲倦消失，則又可回至圓法界之整體中，一如初住。須知初住與最後成就乃同在法界中。自初住及最後證量之成就，係一個整體。》》（34-939~941）

如是虛妄之想，而可言爲佛法者，則諸外道之妄想，只要加以佛法名相而解說之，亦應皆是佛法也。

法界者，乃是依於十方三界衆生之蘊處界法，而有種種法生；由此種種法故，說有種種衆生法界；由有種種衆生法界故，而有修行者出於人間修行，故有四聖六凡法界。是故，法界者，乃是有情衆生一切法之界限，而非陳健民上師所言想像之十方虛空「法界」，或以想像之無雲晴空爲法界。是故陳健民既誤會法界，則其所言之「法界大定」即成虛妄想，所言之法界大定之修習法即成無義。

復次，法界大定者，乃謂親證法界之眞實相，心不懷疑，從此安住正見，心得決定、永不退轉，方名證得法界大定。然而法界之眞實相，即是一切有情之根源－第八識如來藏，離此第八識，即無法界眞實相可言；睽諸三乘經典所說者，悉皆如是。是故，欲證法界大定者，應以親證第八識如來藏爲主修之法，而非如密宗從佛法名相表義之瞭解可以知之、證之。

復次，如陳健民所言，既是「由虛空法界自住」，而非密宗行者住於法界，則有大過；何以故？既是虛空法界自住，何干密宗行者之住法界大定？又何干密宗行者之保任法界大定？又何須密宗行者之回住？眞是虛妄戲論之言也，而密宗行者信之不疑。如是妄言，何可言爲顯教行者所不能修之「密宗上上根器所應修之法門」？作是說者，無有是處！

復次，密宗諸師既未證得自心第八識眞如，云何而能了知眞如？而言「身內眞如還遍外，情與無情共一體」？皆成虛妄之言也。若無情與有情共由同一法界主體而出生者，則密宗行者精勤修行便爲無義，他人之沉淪墮落必致密宗行者之永遠不能成就法界大定故，十方法界一切有情皆是同一主體所出生故，所學、所熏、所造業等皆是同一主體心所執藏故。是故，密宗上師所說之法，處處破綻，處處違教背理，違遠三乘佛法眞旨。

復次，密宗行者所修法門，常言**自心應與佛合一**者，實是虛妄想者之所說也。何以故？若謂眞實應與佛合一者，究竟應與何佛合一？應與釋迦合一？或應與 彌陀合一？或應與他 佛合一？若言應與其中一佛合一者，則成大過，此謂：一者，十方諸佛既是各各獨立之法，即不應言一切諸佛皆是同一法體；二者，諸佛既尚可與眾生之心合一者，則應言「諸佛皆未成佛」，尚可與眾生心合併故，則是有增有減之法故，則是尚未具足圓滿之心，則不可謂爲已成究竟佛也；三者，若衆生心未斷除二障至究竟地者（如密宗行者之皆未斷我見我執及未破所知障者），如是與佛合併之後，將令諸佛之心重受染污之法種，則將令諸佛復成因地菩薩，不得名佛；四者，亦應一切衆生皆不需修學三乘菩提，只須觀想自心與佛合一即可圓成佛果，則 釋迦世尊親來人間四十九年，說三乘諸法而奔波於各國者，即是愚人之行，不得名之爲佛；五者，若諸佛心尚須與衆生合併者，則已顯示諸佛皆未成佛，皆將永無成佛之期，衆生之心無量無數故，永無合併完成之日故；六者，若諸佛之眞心尚須合併衆生之心者，則諸佛皆應努力勤求衆生與其合併，而與他佛互起爭執；七者，若言諸佛之心皆應合而爲一，則不應有十方世界之多佛在世，亦應不可稱彼諸佛爲佛，諸佛之心尚待合併爲一心而後方可名之爲佛也。

由此諸過，當知密宗所言衆生心應藉觀想之法與佛融合爲一者，乃是虛妄想者之所說也。而一切有情之心，不論凡夫抑或諸聖，皆是唯我獨尊、不增不減，不可分割、不可合併者，云何密宗諸師所言觀想之法，皆言應「觀自心自性與法身佛、報身佛、化身佛合而爲一、互相融入」？如是妄想之言，竟可成爲一家之言，而誑惑佛教學人達千年之久、至今不絕，乃至繼續誑惑今時諸方大師，無人能見其怪，眞乃可怪之事也！有智之密宗行者應自詳審思維，而作抉擇，以免誤入邪法而成就大妄語罪，自招未來無量世之尤重純苦果報。

《西藏度亡經》說：《《經由詳細指導入觀之後，大凡該當得救之人，都可了悟，故得解脫的人，非常之多。》》（139-69）

如是之言，乃是大妄語也，何以故？現見密宗典籍中所言解脫之「聖者」，彼等所說之解脫，並無實質，皆仍未斷除我見故，仍以樂明無念之覺知心作爲佛地眞如故，此心乃是意識故；既仍墮於意識我見之中，而言證得解脫者，皆是大妄語也。現觀密宗密續所載「諸佛（如密教教主蓮花生…等密宗之「佛」）」之開示法要，皆仍未斷我見，而言已修已證解脫果者，乃是大妄語也。

解脫道之修證如是，佛菩提道之修證亦復如是：彼諸「佛」等皆仍未破無始無明，錯以明點爲阿賴耶識故，錯以樂明無念之覺知心爲如來藏故，迄猶未證別教第七住所證之第八識，何況能知十住所見佛性？何況能證初地道種智？何況能知佛地四智？空言四智之現證，皆是有名無實之輩也，皆墮大妄語罪中。既墮大妄語罪中，云何而言可以轉生至來世而續任法王之職？無是理也。

密宗如是存在種種虛妄想，是故所修法門皆是以假作眞之修行法，無一而非如是，畢竟無有一法能與眞正之解脫道及佛菩提道相應，絕非眞正之佛教修行法門也。彼等上師所說所修皆是外道之行門，與佛法完全無涉，只是冒用佛教表相及佛法名相，以欺瞞佛教學人、而從佛教中吸取資源，由內部取代佛教而破壞佛教爾；由是故言密宗是以假作眞之宗教，絕非佛教種種宗派之一支也。

宗喀巴眞是邪見論者，而黃教信徒竟封之爲至尊，余誠不知其可尊之處何在。譬如宗喀巴曾造《遷識法廣論》，廣言遷識於諸佛淨土，然宗喀巴究竟欲遷哪一識而生淨土？密宗一切黃教行者，皆當於此深切探究之。

宗喀巴既否定第七識意根，亦否定第八識如來藏，則唯餘六識可言。既唯有六識，而三乘諸經中，佛說意識乃是緣起法—意根及法塵爲緣而由如來藏中出生。既是緣起法，依於他法而起，則勢必仍將依於他法衆緣之欠缺某一緣時，隨之滅壞，觀乎眠熟及悶絕等五位中之意識斷滅，即可知也；意識既於正死位中斷滅，又復不能去至來世而於受生後永斷（所依勝義根頭腦不能去至未來世故），宗喀巴究竟欲遷何識往生淨土？無識可供爾宗喀巴遷往淨土也！既如是，宗喀巴云何造作《遷識法廣論》？則論中所言所行所修，俱成邪見矛盾之法也。如是，由宗喀巴之否定第七八識，則知其所造《遷識法廣論》之種種言說，顯然皆是戲論臆想所得也。

復次，宗喀巴所造種種論著，其實皆無自己之見地，只是將密宗諸師依於妄想而造之著作，加以統合編輯而造作廣論之，自身亦非實有密法之證量可言。如是之人編輯密宗諸師之妄想言論，合輯而廣流通之，云何密宗黃教諸多學人竟能信受之？眞正不可思議也！猶如密宗諸師之以假作眞，宗喀巴亦復如是以假作眞。號稱改革者之宗喀巴如是，諸派法王、下迄一切密宗行者莫不如是；故說密宗諸法之修行，皆依自意妄想，以爲觀想成功時即是修行成功時，皆是以假作眞之妄想宗教也。

第十一章　密宗之斷惑証果

第一節　密法之修行永不能斷惑證果

密宗諸師一向認爲必須修學顯教成就之後，方能修學密法；復言「唯有密法之修行方可成就究竟佛果，是故必須是上上根人方能學密」，以此自矜於顯教諸師。密宗並認爲自古至今已有許多學密者成佛，蓮化生只是其中之一爾。

譬如道然巴羅布倉桑布上師作如是言：《《此種法術現已失傳，知者幾無。昔者密勒日巴住世之時，換體甚行，末而斡（馬爾巴）喇嘛知此秘法，以之傳密勒；**密勒即以此法成佛**。》》（62-112）

又云：《《行者皈依炳師求得密集灌頂後，乃修密聚金剛，修後乃得幻身與明光；此二得到後，五道全有矣。何謂五道？即一、身口寂靜，二、意寂靜，三、明光，四、幻身，五、雙入是也。此乃秘密佛五道之次第。末而斡喇嘛所得之道即密聚金剛之道，上述五道修成之後，乃修抛斡之法。夫末而斡喇嘛之六法，乃一、丹田火，二、幻身，三、明光，四、抛斡（原註：即靈魂出入自主之法也。行此法時，行者須至人跡不到之洞中安定坐下，然後抛斡自己靈魂往佛國聽經，或往他處遊行，既畢，魂歸身內），五、換體，六、中陰身替代成佛之法。此六法中之幻身明光，乃睡時自想已死，變成光蘊，此外一概不想，此即珠理之意思。得到抛斡及換體二法，則心中甚安樂。密勒聽其師講起分，起分既知，乃修丹火；丹田火修好後，乃抱明母，知一切法空修。修即爲明光，明光即知空也。明光與我死無常、一切空，三個來此時，明光標以道之幻身，即標以幻化如夢。**密勒以修此六法而得即身成佛。**》》

（62-115~116）

如是而言密勒日巴已經即身成佛，並且是三身具足之究竟佛。然而詳審密勒日巴所遺之開示言語及其歌訣，皆是同於密宗古今諸師一般無二，同以「樂明無念」之覺知心（意識）作爲佛地眞如，同以修證涅樂之第四喜成就作爲已成究竟佛，所言之三身亦非佛所言之三身，皆以自意妄想而解釋法報化三身也。

密宗諸師完全誤解顯教之法，而自謂已知已證顯教所修般若智慧；由是誤會而言「顯教爲因地修行法門」，自高而言「密宗是果地修行法門」，由是而崇密抑顯。又認爲顯教之法不能成究竟佛，誤會顯教之佛果爲證得一心不亂之定境。如云：

《《夫顯教成佛之道在乎止觀，即身體端坐不動，一心寂止超觀是也。如心不寂止，則顯教之理一定不來。》》（62-117）。此已顯示密宗上師認爲顯教之證悟成佛，乃是打坐而一念不生，不觀覺知心及色身之有無，亦不掛念之，如是一心寂止而不起觀，即是已成顯教之佛道。錯會顯教如是嚴重。如是誤會顯教者，至今仍存，未曾改變。

密宗諸師以爲能夠寂止超觀而一心不動者，即是已完成顯教之修行─成就顯教之究竟佛果，而後始可修學密法，故言密法修行優於顯教：《《昨講密教顯教之普通道，先修顯教之定後，如不定，則再修寂止超觀─一心不動。顯教修好後，方可修密教之起分，即自觀爲佛是也。》》（62-119）

然而顯教之修行佛道者，要在證得解脫道及佛菩提道，豈以一念不生、一心不動爲正修也？密宗諸師強不知以爲知，而作如是貶抑顯教之言，藉以崇顯密宗法門之殊勝，其實完全不懂顯教之二主要道也。反觀密宗所謂超勝於顯教之果位修行證境，則尚未能入顯教最粗淺之第七住見道般若慧中，完全誤會顯教般若之修證，尚不能成爲顯教中第七住位菩薩，何況成就顯教之佛果？而狂言一心不亂、一念不生即是顯教之佛果修證，直是南轅北轍之說。如是而言密宗法教之殊勝者，無乃狂徒之言乎！而言即身成佛之道，何有可信之處？而密宗行者信之、修之？

密宗之修行法門，既然自始至終皆以淫樂之樂空雙運法門為其中心思想，而一心追求淫樂之第四喜境界，墮在欲界最粗淺之層次中，尚不能解脫於欲界之繫縛，何況能成究竟佛道？觀乎本書第八章、第九章所舉實例，即可知矣。如是不能解脫於欲界之法，而言能證、能知顯教之般若及種智者，無有是處！如是而言「顯教修已，方可修學密教」之言，顯然無義。

陳履安居士曾謂余曰：《《密宗祖師無人自謂為成佛，皆極謙虛；是故汝於《平實書箋》一書所說密宗自稱已有多人成佛之語，非是正確之說法。密宗之內有許多大修行者，彼等大修行者中，今已在台弘法之人不少，汝應求見彼諸大修行者，以資印證及求法要。》》今以上舉密宗上師之語，証明密宗中人謂已成佛者，多如牛毛，絕非如陳居士所言之「皆極謙虛，不曾說密宗有人成佛」也。

又如：《《至於修法之時，不可心存名利、急求應驗；倘若如此，不但罪業深重，或且招致魔障。昔年余在五台修法，起初之時亦犯上述之病；嗣經恩師指點，始知不可存有此心也。故修法之時，要三密相應，一心不動，神不離舍，心不外馳；倘能如此修持，**五六月可以成**

見，絕非余之危言聳聽也。

佛。》》（62-238）。如是之言，於密宗古今諸師所造之密續中，處處可見，絕非余之危言聳聽也。

密宗認爲必須先証顯教之無我法，然後再修密宗之雙身法，方可成佛：《《夫無我有二：一、衆生無我，二、一切法無我。如修無我，先想我死無常，能將我死無常想得透徹，則我執自破，但在佛地之前皆不能全無我心，足見我執之不易破也。行者當想一切法與一切衆既然自性本空，則眞我從何而得？我且不眞，遑論形相？可知凡所有相皆是虛妄。昔蓮花生大師曰：「一切法空、一切衆生無我」，古來之佛莫不如此稱說也。因衆生從無始以來皆執我爲實有，是以流轉輪迴、萬劫莫拔，良可哀也。昔末而斡喇嘛囑其門徒密勒、往恒河東邊去見密得喇斡，向其求一切法空之理。因一切法空之道明白，則三身可得，斷心可有也。密勒從其師之言，往見密得喇斡；密得喇斡謂之曰：「爾已到納明妃之時矣。」密勒乃以無我空行爲明妃，修正分之時始可用女人，用亦不要緊。不知正分者，不可接近女人。此謂用女人者與世俗之夫婦不同，另有密意，後再說之。……

密勒亦如其師云一切法空，月稱亦謂一切法空；凡是佛皆如此稱說，不如此稱說者百不得一。一切法如水中之月，非眞非假，故修正分之人應一心瑜伽（一心安住雙身法之樂空無念境界中），不疑不貪（原註：貪心一起則正分之道烏有矣）。想一切法皆因緣生起，自性本空。如無因緣，則法不得立，故對一切法應視同幻化與做夢無異。猶如鏡花水月，非有非無；若說其有，何異於說兔有角、說繩是蛇耶？正眞實有之法雖如微塵之細，亦不可得。若不想一切法空、我死無常，則絕對不能成佛，而且難脫輪迴。行者於有我之心生起之時，應立即想一切法空，如此則有我之心自滅；有我之心滅，則成佛有望、輪迴可脫。……

本性空有有二：一、一切眾生本性空，二、一切法本性空。一切法莫不顯空，明瞭空原與本性無二無別，此空觀之至理，諸佛莫不如此說也。自己的道理即是空安無二無別，爾等對一切法空之理，應好好修學。》》（62-73~76）

如是誤會顯教佛法爲一切法空，既是一切法空，則不應常住雙身法之樂明無念之中，樂明無念完全是「三界有」之法故，而且是三界中最粗糙之「欲界有」法故，完全違背自己所說之「一切法空」之見故。密宗如是自相矛盾之言，於彼等所造密續之中，處處可見，不勝枚舉。

如是自相矛盾衝突之說，即是密宗法義之敗闕，自始即謬故。譬如：《《抱明母時（抱明妃交合時），心甚歡喜，此歡喜即是安樂。我死無常、一切法空，即是空明；安中空，空中安，此之謂「空安無二無別」也（原註：空安無二無別又稱樂明不二）。得空安無二無別，此後見道始來。夫密宗之見道，果位甚高，等於顯教之第十見道，得到即是羅漢。再上一點即成佛矣！顯教之見道則不然，見道時第一煩惱才去，然尚有八十一煩惱未除。在密宗見道得時，煩惱已盡，此時只要去除顯戀即可成佛，顯戀不去、猶不能成佛也。倘菩提心（精液明點）之力有一點來，而外邊不去胡弄（不去外邊亂搞女人），則身內煩惱能除，空安自然來矣！當菩提心抵密處門上（龜頭）之時，疾速收回、上升至頂，則空安不分之智慧生焉，蓋此處亦有空安也。倘空安不並修，則只修空，亦可一心想「我死無常」，蓋歡喜心來時想我死無常，亦即空安無二無別也。彼能將精收回者（彼能將射出之精液再收回身中者），始合修法之道；修時身作金剛平定坐，即兩足作金剛跏趺坐，兩手結平定印，腰挺直，頭豎使兩耳齊肩，目視鼻端而微啓，口閉齒離如常，舌微抵上顎，身體平定不倚不斜亦不動，此之謂金剛平定坐也。……

單身修不甚好，雙身修成就速。自修雙身外，並想一切眾生亦抱明母，如此修習，功德無量（原註：此雙身妙法爲他經所無，故應萬分珍視，切莫忘失。喜金剛本續經中亦有此種雙身修法，其經、漢人已有譯

本。至於陰陽交合之道，大威德中亦甚詳細，他經則不多見也）。》》

（62-203~205）

　　如是密宗之根本修法，既說一切法空，又須求取三界有中最粗重之欲界有，如是墮於「有」中，口中卻好言一切法空，皆屬口是心非之人也。顯教則不如是，具足聲聞解脫道之蘊處界一切法空觀，亦具足法界實相、能生「蘊處界一切有法」之如來藏空性心，永遠不墮三界有，亦復不墮「三界有所生之一切法空」斷滅見中。如是而說眞空妙有、空有不二，方是眞正之佛法也。密宗之法則墮三界有中，以「欲界有法」之欲樂，及「欲界有法之樂明無念覺知心」，而謂爲空安不二，謂爲樂空雙運、樂空不二，迥異 佛於三乘法中所說之解脫道及佛菩提道。

　　密宗如是誤會顯教已，根本未能證得顯教所說解脫道之少分，根本墮在「我」中而說「無我」（以樂明無念之覺知心作爲常不壞心、而墮於常見外道我見中故），根本就是執取三界最粗重「有」法之淫觸第四喜，而說一切法空；正是佛所預斥「口中說空而行在有中」者，正是口中說「斷我見」而墮在「我見」中者，迄未能知顯教所斷我見之內涵，何況能知、能斷顯教所斷之我見及我執？如是而言密宗之見道證量極高者，豈非猶如無知者之狂語耶？

復次，密宗所言見道而成初地者，乃是以中脈明點觀想成功、上下通達作為初地之證量；顯教則以證得第八識如來藏，並通達如來藏所生之一至八識等心王法，及八識心王所生之五法、三自性、七種第一義、七種性自性、二種無我法，方得名為初地之般若證量也。今觀密宗諸師於此初地之般若證量絲毫不知，錯以中脈明點等外道法之修行作為佛法之正修，南轅北轍，完全無有交集之處；如是錯會佛法，而言其修證高超於顯教者，已成無稽之譚也。

密宗所言之無我法，皆以「一切法空」為無我，非以如來藏為根本而說諸法無我。是故其理完全違佛所說，絕非佛教之法也。當知「一切法空」之觀念，「一切法緣起性空」之法，乃是依附於蘊處界法而有，是故「一切法空」之法不能自外於蘊處界法；若外於蘊處界法，即無一切法空之可言也，是故一切法空乃是依「三界有法」而有。如是而言一切法空者，即同斷見外道見，等同無異，一切法皆空已，則同斷滅見故，斷見外道亦作是說故。

佛則依如來藏而言蘊處界及三界有皆是無常空—緣起性空，依如來藏而言三界一切法空，是故不墮斷見，亦不墮常見。今觀樂明無念、樂空不二、樂空雙運之空，既依附於蘊處界有方能存在，則已顯見樂明無念、樂空不二、樂空雙運之空，不能外於蘊處界有，如是以意識覺知心為常不壞心，同於常見外道；如是墮於常見見中，卻又說言一切法空，又否定蘊處界生起之根源—如來藏，如是而言一切法空者，卻又墮於斷見見中，具足斷常二見；如是雙墮斷常二見者，云何可言如是「樂空雙運」境界中之安住者為「一切法空」之修證？云何可言如是境界之安住為證得我空法空者？完全違教背理也。

如是「佛法修證」，根本不能證得顯教之初見道功德，乃至最粗淺之聲聞見道功德亦不能證，何況阿羅漢所不能知之七住菩薩所證見道功德？而竟如是崇密抑顯，究有何義？

復次，心中雖想「我死無常、一切法空」，仍不能斷除我見也，想之無用，尚不能成為取證聲聞初果之正修行法，何況能成為取證大乘般若法義之正修行法？空言密宗之證量如何高超，其實皆是空言，猶如乞兒之空言自身是全國最富有之人也。

密宗既然自始至終皆以雙身法中之樂明無念為佛法之正修，既以樂空無二、樂空雙運之淫樂第四喜境界作為佛法之正修，則知絕無可能修斷我見，必定以淫樂中之無念靈知為佛地眞如故，則必墮於常見外道所墮之我見之中。如是修證絕無可能斷除聲聞初果所斷我見，絕無可能證得聲聞初果之果證，云何能於大乘法中斷惑證果？無是理也。故說修學密法者，絕無可能斷惑證果。

第二節　密宗之初地菩薩修證

密宗諸師妄想依於瓶灌可証得初地之化身果：《《⋯。於瓶灌五項中：⋯其究竟果則為得化身自性任運之果（61-199~200）。⋯⋯。見道初地之依據中⋯果為證化身自性任運；歸結：即為初地（61-525）。⋯⋯。**果**：又頌云：「證化身自性之任運」，即為其究竟果；計數其宗趣果時，因乃住脈處果，於十三地諸身化身現前，為其所謂之義。⋯。頌云：「能清淨身，瓶灌究竟」，為遠因之依據，了知遠因之道生起次第及其意指（61-527）。⋯⋯。

見道初地：復次，安立見道初地，即頌云：「六道之脈，見殊勝人之所依」，謂：由見青☒字（梵字尼）為密緣起，外境覺受所現無所欺瞞，其於初地見道智、無漏實諦之義，見前所未見者，謂見道。其中生殊勝喜者，即頌云：「喜」，亦假立初地名為極喜地（61-531）。》》

如是密宗所說之化身，乃是欲界人身之色身也，由此色身而受四種灌頂，故密宗所說之初地化身，不同顯教所說之化身，密宗所言之化身能受四種灌頂故，乃是欲界人間之色身：《《灌：即因位時於上師處領得瓶灌，道位時，則於自之四座等瓶灌廣略三者中，任擇一而修。

道：即生起次第相狀，初由上師處領得教授，隨後由自修習緣起而得初地。：外緣起者，由化身（色身）持四灌（瓶、密、慧、第四灌）。內緣起者：見身脈之壇城。果爲證化身自性任運；歸結：即爲初地（詳前段文中 61-527、531 所言）。》》（61-524~525）

如是密宗所言之密宗初地化身者，乃是欲界人身之色身也，與顯教所言之初地菩薩化身迥異。不可混爲一譚，便說密宗行者所證即是佛教經中所言之初地，亦不可說密宗初地所證之化身即是顯教初地所證之化身也。此謂密宗初地之本質仍與外道凡夫及世俗人肉身無異，絕非佛教中之初地聖者也，完全不知、不證顯教初地所證之道種智故。

顯教初地菩薩若是戒慧直往者，仍未能發起初地之化身而至百佛世界；密宗雖言其初地能分身至百佛世界，其實自古至今未有一人眞有如是修證，皆是妄託已死之人有此修證。任一時期悉皆如是託言已死之人有此修證，不曾舉證健在之人有此證量，睽諸密續典籍即可知也，是故密宗如是之言，皆是籠罩學人之語也。

密教之初地「菩薩」以人間色身而受瓶灌頂乃至第四灌，顯教所言之初地菩薩及其化身，則皆不受密法如是灌頂，是故迥異，不可等視。密教中所言之見道初地，既以中脈明點修證作爲初地，迥異顯教初地道種智之證量，復以人間肉身作爲其化身，則與顯教所說初地化身截然不同；復以受灌頂後之自修雙身法中，取證樂空無念境界，而認取淫樂之喜樂作爲初地之勝喜極喜，而引用顯教經典所言「極喜地」之名相，作爲取證佛教初地之果證、作爲見道之初地果證，其實與佛法中所證初地完全不同，絕非佛教中之初地菩薩也，凡我佛門學人皆應了知其異，以免盲目之推崇及盲修瞎練之弊。

密宗上師悉皆妄謂明點所引生之樂住，可以證得大乘佛教初地之果位：《《瑜伽者，但依密法種種作持，久之其靈識眞心、自得經由風息等不可思議之加持力，而得穩住於其中樞靈脈穴中，於是自得其空明、而且不可自支之大樂境界。……於是行者之幻心識既得安置，其靈明之眞心識體乃得安住眞空，漸得舒放其本來淨光，而一時獲得其平生從未經嘗、今忽得之、一種莫可名狀、幾不自支之大安樂境界。此之境界即所謂空明大樂境，亦即習定者之初圓滿地，或曰歡喜地。得此境界者，其心即已初次合入一眞法界之妙明淨性，即已非復凡夫，而爲已階聖地

者。其後此之樂求，當爲於死後能得長住此境。》》（122-628）

此段文意，乃謂密宗行者修瑜伽（常修雙身法之淫樂），依密宗上師之教授，如其法而修之；久而久之，自能常住於淫樂而不漏洩之狀態中。如是常修、常住此狀態中者，久後自能引生第四喜，而獲得「樂不可支」之無念而住淫樂中之狀態，此樂並且能遍至頂而生極清明之頭頂樂受（頭部略有輕微暈眩、無重感、而混合淫樂之大樂）。若證得如是境界，即是密宗之初地「菩薩」果證，自以爲如是即已證得顯教經典初地菩薩之果位。並作如是妄想：當爲於死後能得長住此境。部份密宗教派則認爲證此境界者，即是已成密宗之究竟佛果。

此乃密宗錯解顯宗經教無數例中之一例爾。所以者何？謂密宗如是「初地菩薩」未能證得第八識如來藏，尚無禪宗初明心者之般若慧，是故根本不解般若空性，亦完全不通道種智，與諸外道凡夫無異；彼等密宗「初地菩薩」之所修行者，皆是心外求法故。如是，密宗古今一切上師皆外於自心如來藏而求佛法，而其修行理論及其行門復又與諸外道無異，皆在世間有爲有漏法上用心，而自謂其法能不洩漏精液故爲無漏無爲之佛法，誤會佛法大矣！焉得名爲佛教之一支派？無是理也！

復次，密宗諸師妄以明點脈氣配合雙身修法之修持，而言彼等具有佛法中初地至佛地果證，皆是錯會佛法之妄語也。譬如：

《《如上加行道，欲令氣清淨故，修命勤故，是為語壇城；諸輪氣往來純熟，能滅十二宮中一宮之遷移氣。明點（觀想之明點）集中海螺（集中於明妃之子宮）而能認持（而能執持回轉自身中脈不壞）；由認持支純熟，能滅一千八百分別，得十方世界邊際神通，變化自在，此為見道故。續云：由常時能持之力，正趨入金剛薩埵，是命勤氣之果，得相無分別智。故時輪云：「**由彼剎那智慧樂，若明點提不漏失**（若射精後之精液能回提入自身中而不漏失），**能得無漏俱生智**（便能得到無漏之俱生喜智慧），**由彼能予法界智**（由彼俱生喜即能給予密宗行者證得**法界體性智**），六道眾生所遍命，一切時中煩惱魔，決定由此而摧毀。」如上一切變化神通，及一切智，由三界中行者現生證得。莊嚴經論云：「此後超越於世界，乃得無上一切智，能遠離彼之二執，由彼彼等轉變已，**許此為登初地相**。」……。滅除見修習氣者：二頌半：「初為一千八百氣，與分別同時清淨，如是是為世間道。二地俱生明點者，密處阻擋能見道，是故無生死無明。三地為清淨明點，於臍四地或五地，六地七地在心輪，八地九地在喉輪，十地十一在於頂。」初為一千八百氣與分別同時清淨，此為前二道所滅除者，屬世間由命勤支、認持支，滅除無明及有漏生死於密輪上，一剎那大樂智慧清淨，是初地二地故。頌云：「二地俱生明點者，密處認持能見道。」此意出于續註中。本頌云：「從初地得清淨已，於二地漸次增長，於臍四地及五地」等句，如上每登一地，滅除一千八百氣，令其清淨；是出續註，所謂各輪具二地，以清淨云云。》》（34-481~483）

如上所云之密宗初地乃至十地、十一地之菩薩，皆是以觀想明點及修練寶瓶氣，而能於合修雙身法時令密處之精液不漏洩者，即是證得無漏俱生智。並謂**證得此明點**（精液）**不漏、而常住淫樂之境界中，不起貪著射精之樂觸者，即是證得法界體性智**。或不愼射精而能藉氣功之力加以提回身中者，即是密宗之初地菩薩。此謂密宗認爲衆生法界皆是由此明點（精液）而出生故，是故法界之智慧即是此明點不漏而得樂觸之智慧，由是故說證得性高潮而於密處不漏明點者，即是**證得法界智**，是名密宗之初地菩薩。

密宗自言如是「菩薩」即是佛法中之見道菩薩，並說此「菩薩」能滅一千八百分別，得十方世界邊際神通，變化自在，此爲見道故。然而事實並非如是，所修、所證與佛法完全無關故，亦未曾見有任何密宗行者證此道已、能於死前顯現些許神通者。皆是死後由其繼承隨學者加以渲染喧騰，若無人出面證實其謊言，久後便予載入文字典籍之中，後世之密宗學人便言彼已死之密宗上師生前有大神通，皆非誠實之言。

若能於不慎射精後，具有吸回身中之功夫者，此非世間人所能為之，故名「出世間之法」；如是「菩薩」超越世間眾生，而得「成佛之樂」智慧，故名證得一切智之聖者；並說如是密宗初地菩薩能遠離人我二執，所以身心與眾生不同，因此而認可此一密宗行者為初地菩薩，故云：「此後超越於世界，乃得無上一切智，能遠離彼之二執，由彼彼等轉變已，許此為登初地相。」如是密宗初地與顯宗所說之初地菩薩修證完全無關，乃是外道法，而密宗竟以佛法中之初地菩薩自居，進而貶抑顯宗證悟者之證量粗淺，乃至貶抑顯宗初地菩薩之修證，寧非佛門中之荒唐事耶？

此密宗所說初地菩薩，若能進修而令明點絕對不漏洩（不須如「初地」之射精以後再用氣功收回身中）者，而能將物質明點阻塞於密處不漏，因此而常住於性高潮中者，即是證得俱生樂者，即成密宗之二地菩薩；由能如是不漏精故，說為已無生死無明漏之聖者，故說：二地俱生明點者，密處阻擋能見道，是故無生死無明。然此等修證，皆是外於自心如來藏而修者，與佛法完全無關，正是心外求法之外道。

密宗之三地菩薩修證，乃是將受淫樂時之明點加以淨化，觀想提升紅白明點（男女雙方淫液）之淨分。然後仍依雙身法而抱明妃、二根相入，令生淫樂，復將所提明點上升至中脈臍輪，令淫樂隨明點之上升、而從密處擴及臍輪；如是每日八時修之，能令明點不洩而受密處與臍輪之俱生淫樂者，即是密宗之四地五地菩薩；故云：「三地為清淨明點，於臍四地或五地。」

密宗行者若能如是「八時精進」而修者，不久即可將淫樂擴及心輪－從密處至臍輪心輪皆有樂觸－如是即成密宗之六地與七地菩薩；若再精進而修，每日抱持明妃修持不斷者，漸漸能將淫樂之觸受從密處擴及臍輪心輪喉輪－於此諸處皆與下體同時有淫樂之樂受，如是則成密宗之八地九地菩薩。若能繼續精進抱持明妃、每日八時而修者，不久即可提升至頂輪，令頂輪亦充滿淫樂之覺受，而成「十地菩薩」；若能令此頂輪之樂受遍滿頭部，並令密處、臍輪、心輪、喉輪等處之樂受俱皆遍滿者，即是證得第十一地（等覺位）之修行，名為證得俱生樂第四喜具足者，故云：「六地七地在心輪，八地九地在喉輪，十地十一在於頂。」此法即是密宗修證諸地果位之即身成佛法門。

由此即可了知密宗所說之初地至等覺地之修證，其實皆與佛法無關，純是外道性力派之「修行」法門，然後借用佛教之出家人表相、及佛法之名相，籠罩佛教之出家與在家學人爾，其本質仍是具足凡夫外道法之欲界淪墮行門，純是有爲有漏之法，與佛法中如來藏般若種智修證之證聖完全無關也。

第三節　密宗証得六地之行門

密宗之薩迦派祖師，妄以爲依於瓶灌可從初地修至六地，而成就初地至六地之化身果。譬如：《《頌云：「外驗相密處等，以明點固」，即謂：外驗相升現明點者爲：**以明點固於密、臍、心等處，於各輪各得二地，共得六地，能於中脈開解三十二脈結**。開解中脈三十二脈結者，由初地時開一結，二地至六地間，逐地開解三結，共得開解十六結。三脈輪得自在，其界淨分易不退。

頌云：「唯見報身」，謂：自一至十地間，能親見且親得加持。

歸結：頌云：「修道六地終」，其第二地無垢地、三發光地、四燄慧地、五極難勝地、六現前地等，係就教門而釋。如此第一宗趣瓶灌所攝之六地教示終。》》（61-538~539）

以上所舉薩迦派之見解，認爲依於瓶灌而修中脈及明點之觀想者，可以證得初地至六地之果證。謂若觀想明點於中脈密處分明顯現後，再觀自身爲勇父而抱明妃，二根相入而引生淫樂時，若能令明點堅固而不漏失，即是密宗初地果證之「外驗相」—由此驗相即可證實自身確實已證初地之果位。

若能再進一步：長時常住於此密處之淫根高潮中，而保持明點不漏失，故已堅固於此樂之安住者，即是證得第二地之果證。如是上引至臍輪，亦有如是一二地之修證；上引至心輪，亦皆有如是一二地之果證；其中之證量行法，與前初地二地之修證行門相同，類推可知。由能堅固精液明點於密處、臍輪、心輪故，共有六地果位可以修證。

而密宗於此《道果—金剛句偈註》中所說之斷結者，謂於此六地之修證中，在初地時打開一個脈結，於二地至六地間，每一地各有三個脈結須打開，是故共有十六結須打開。若打開此十六結者，名爲斷結者。密宗以如是中脈內之結打開，而說爲斷結，與顯教所說之斷除「煩惱結使」完全不同。是故密宗之斷結證果者，並非佛教之斷結證果，行人知此已，即可不必再被密宗所說「諸地果位」之證量所籠罩。

由修證中脈之密輪、臍輪、心輪通達，及能將明點隨意上升或下降於此三輪之中，隨意引生淫樂而不漏洩，即是堅固於「六地」之果證者；若能如是堅固者，名爲「於三脈輪得自在」者。如是密宗行者，即可隨意於此三脈輪引生淫樂而將明點之淨分觀想上提（觀想提升精液之淨分、氣分），而散布於全身，令自身長壽及助成「佛道」。又言：能如是長住淫樂高潮境界中而不漏失精液者，即能令淨分易提而不退失，故云：「由三脈輪得自在，其界淨分易不退。」（界謂精液明點—種子也，借用唯識學「種子」之意也）。

薩迦派修證諸地之法門，即是以此雙身法配合明點觀想引生淫樂之行門爲主，除此以外，別無行門可證諸地果位；亦無任何行門能令密宗行者證得第八識如來藏，故不能令人眞實證悟般若。薩迦派如是，西藏密宗其餘三大派亦復如是，悉皆不能自外於明點淫樂之修行法門，如是墮於外道妄想之中而言佛法之聖位果證。如是虛謬之妄想，與佛法中諸地菩薩種智之修證完全無關，而竟可以作爲佛教中成就佛道之菩薩諸地修證法門；完全不知不證三賢位所證之大乘無生忍，何況能知能證佛教諸地菩薩之大乘無生法忍？而誑惑衆生，妄謂以之進修即可證得佛教諸地聖位之果，而言依之進修即可於一生中成就佛道，狂言如是外道之行門爲佛教中「果地修行」之勝妙法門，以之貶抑顯教行門爲因地修行；始自天竺密宗、末至今時流竄全球之密宗喇嘛，所言莫非如是。

如是顛倒黑白、指鹿爲馬之言行，已成娑婆世界佛教中「古今最大之騙局」；密宗中之如是虛妄想行門，汗牛充棟，多至不勝枚舉之地步，無法一一列舉，謂之爲「狂想修行者之宗教」可也。余今舉之以告諸方有緣學人，有智之人鑒之，當即知所當爲也，無庸末學之多言也。

第四節　圓滿報身果之修證妄想

薩迦派上師妄想依於密灌可從七地修至十地之圓滿報身果：《《第二宗趣：（簡表：略之不錄）。現：教示密灌所攝四地（七至十地）：……眞如驗相：現爲教示眞如驗相功德升現於心，頌云：「第七地以上，四輪之印」，其「四輪之印」者爲：臍、化身輪業印；心、法身輪法印；喉、受用輪大印；頂、大樂輪三昧耶印。頌云：「能動報身淨土末陀數等」，謂：於六地以下能動化身之百淨土等之七組百功德，以有六地故，以百、千、萬、洛叉、阿底洛叉、俱胝等六地類推之。於此報身佛淨土，於第七地爲動七末陀數等，如此於八地七阿由多數，及於第九地七摩訶阿由多數，第十地阿由多數，當依此類推知（十百名千，十千名萬，十萬名洛叉，十洛叉名阿底洛叉，十阿底洛叉名俱胝，十俱胝名末陀，十末陀名阿由多，十阿由多名摩訶由多，十摩訶由多名那由多，十那由多名摩訶那由多，十摩訶那由多名波由多）……六輪半中，如何立四身淨土？於密、臍、心三輪處立化身淨土，於喉、眉間二輪處立報身淨土，於頂輪處立法身淨土，於頂髻之半輪處立體身淨土。　中脈三十二脈結中，如何立淨土？開解十六脈結六化身，開解十二脈結立報身，開解三結半立法身，開解頂髻之半結立體性身之淨土。　四壇城中，如何立淨土？身脈壇城立化身淨土，字婆伽壇城立報身淨土，淨分菩提心壇城立法身淨土，藏智氣壇城立體性身淨土。　清淨現分—智所行境中如何顯現淨土？總概即：一轉輪王之淨土爲四洲，百俱胝四洲爲一化身淨土，百俱胝化身淨土爲一報身淨土，百俱胝報身淨土爲一法身淨土。如彼三身之淨土者爲一具量，其體身淨土則爲無餘輪涅平等性，亦即爲「佛與有情同一相續」之義。　內驗相升現氣，即頌云：「內驗相氣止十指」，謂：（文長繁瑣，略不錄之）。外驗相升現明點，頌云：「外驗相喉眉間明點固」，謂：彼二輪中由開解中脈之十二脈結、而令界淨分堅固不動。　歸結（**果**）：頌云：「修道十地」，即謂：歸結。依教門而立，第七遠行地、第八不動地、第九善慧地、第十法雲地等名（此四地謂爲圓滿報身果：『宗趣與果，彼之究宗趣與圓滿報身任運成就果等，於果時述之，此處暫止。』61-269）》》（61-540~554）

如上所舉，薩迦派認爲：「經由接受上師之秘密灌頂而了知淫樂俱生喜之修行方法，復與異性上師合修此雙身法而實證俱生喜，可以證得第七地至等覺地之佛教果位。」然而如此修證完成之密宗等覺菩薩，其實完全不知顯教中賢位第七住菩薩所證得之如來藏，故不能知般若之總相智—大乘無生忍；亦完全不知諸地菩薩之道種智—大乘無生法忍。如是凡夫知見，竟以欲界世間淫樂不淨境界之修證，取眞正之佛教法義而代以外道行門等虛妄想，而**入篡佛教正統**，喧賓奪主，導致眞正佛教之滅亡於無形之中。有智學人聞此，復見舉證確鑿，復何所疑？

如是密宗妄想之外道行門與果證，而以種種言語文字巧說，互相高推爲佛法上之證量，令人誤以爲密宗諸師眞有佛法上之證德，令人信之不疑，眞可謂善於顚倒黑白、廣作宣傳者也。譬如《密勒日巴大師全集》云：《《⋯因爲這件事，尊者的盛名在尼泊爾各境不逕而走，成爲家喻户曉的人物了。此時耶雍和可孔地區的國王，聞聽尊者的事蹟後，對尊者心生敬信，仰慕不已。一天，聖救度母忽然現身對國王說道：「在你的庫藏中有兩件物品：一是產自嘎西嘎的布匹，一是阿汝惹萬靈藥；你應把這兩吽東西送給一位西藏的大瑜伽士，他乃已經證得十地的大菩薩，現在正住在尼泊爾境的北方山區尼香古打山洞中。你把這兩件

東西供養他，將來會有重大意義的。……」》》（4-2-312）

然而吾人探究密勒日巴之「十地證量」，竟然發覺密勒日巴所證得之如來藏，只是常見外道所認定爲常住不壞之意識心而已。余已舉陳於拙著公案拈提《宗門正道、宗門血脈》二書中，證據確鑿。如是，密宗最擅長者，乃是以諸地及佛地之果位名相，套用於彼等學自外道法之欲界淫樂行門之上，動輒謂彼修證爲佛教聖位諸地境界，乃至高推爲佛地之證境；其實皆是徒有虛名、全無實質之狂言妄想爾。

薩迦派如是，號稱改革派之**黃教宗喀巴亦復如是**，妄謂密灌能令人証得歡喜地乃至三地：《《三地自性之眞實三昧耶，謂極喜等漸次能證。》》（21-418~419）。睽其所謂之眞實三昧耶之行門，則是雙身修法之淫行喜樂之修證。改革派之黃教法王宗喀巴如是妄想，推察密宗其餘各派之修證諸地果位實質，亦復如是墮於妄想，莫非同以如是雙身合修之外道法，誑爲佛法正修。由是種種證據，可知密宗絕非眞正之佛教，彼等所謂之果地修行勝妙法門，既皆是如此妄想之法，何可信之？修之？

復次，薩迦派妄想以慧灌之道、証得等覺妙覺之法身果（密宗說爲第十一無喻地、第十二大智地）：《《第三宗趣……現，教示慧灌二地（第十一、十二地）……（此段文中說：因中之遠因、近因，及外內緣起等，皆是觀想壇城、明點、脈相…等，文長不錄）頌云：「見手印女淨分之淨分」，謂：於佛母諸脈處，其界淨分（於明妃淫液之淨分）能無所礙。以見而行秘密緣起後（謂合修雙身法之樂空不二），見外境覺受之所現，乃生五神通而無礙。又，若見淨分集於眼門，則生眼通，集於耳門，則生葸通；若見集於心間，則死時得遷識，生時得他心通；若見充盈於頂髻等一切脈處，則得生神變之神通而無礙。　本頌中云：「若淨分臨脈字，生神變而無礙」，謂能變化自身種種脈界，若於此引導手印之淨分（若於此引導明妃淫液之淨分），則生變化外境種種色之神變而無礙。……

內驗相：內驗相升現氣者，即頌云：「內驗相氣止十二指」，謂：外十二指、內十二指，共二十四指，其數亦有十二組一千八百息止於中脈；為遮止十二因緣中「無明」至「老死」間之一切。

外驗相：外驗相升現明點者，即頌云：「外驗相至頂門明點盡固」，謂：於頂輪，由開解中脈之四脈結而至界淨分堅固不退。歸結：頌云：「第十二地」，謂：隱蔽義之第十一無喻地、第十二慧竟（佛地。原註：或大智）地，為歸結。》》（61-555~567）

如是，以中脈內之明點觀想、寶瓶氣…等，及雙身法之慧灌中所得境界，而配以佛教中之等覺地及妙覺地果位名相，與佛教之諸地菩薩所證「無生法忍、道種智」毫無關連；如是修證之密宗大菩薩，仍未能知顯教七住菩薩之般若慧，亦仍不能知曉二乘聲聞之解脫道，而言已證第十一地、十二地者，眞乃妄想之宗教也。

密宗紅教、白教、花教、黃教所說悉無二意，同以雙身法作爲成佛之骨幹，同以雙身法引生俱生樂之「智慧」爲主修，同以雙身法之修證作爲成佛之道，完全不依親證如來藏之修證般若而成佛道。茲以白教所說爲例：《《頌云：「如上氣脈明點三，皆於心上所顯者，此法最要爲直捷，趨過一切菩提道。」一切所說二乘菩薩由方便攝持，**唯是一切種智之道**。於此，密宗金剛乘者，以世間欲界氣脈明點所持身，具大善巧方便，由鐵變金。行者得法要以修已，較彼一切道次第、大爲殊勝。頌云：「於五濁惡世，汝欲思無修，由念手印壇，可成圓滿佛，除此雖勵力，大樂修不成。精進於所緣，瑜伽者自身，如兮魯噶智（兮魯噶智謂嚇魯噶雙身法之智慧），完全可圓滿，由此於諸通，眼等皆可證。」觀自在菩薩云：「雖有作無間罪者，現世亦能得大樂佛果。」如是廣述，蓋由方便善巧所生故。》》（34-475）

由如是白教上師所言一段文字中，已可了知密宗由於無力修證一切種智之道，故作嫌言：「**二乘及菩薩所修者，唯是一切種智之道**，不具備密宗如是方便善巧之嚇魯噶雙身法行門，故是無有方便法之遲緩成佛法門。」然而二乘從來不能修學一切種智之道，亦不需修學一切種智之道，唯有欲求成佛之菩薩方才修之。密宗上師自古至今，皆於一切種智之道無門可入，是故無力修之，乃另行發明成佛之道；然其所發明之成佛速疾大道，卻是從婆羅門教衆多支派之性力派中抄襲而來，並非密宗自己所發明者。

如是密宗所言之方便成佛之道，雖名方便，然其本質，實是「以隨便爲方便」，與諸異性多行淫亂之法故。雖然加以佛法名相果位及精進之名，其實與世間極貪之男女雜交淫亂無異，唯是更能令人窮盡淫樂之觸覺爾。由不能依佛所說之法觸證一切種智之道，復又不捨世間名聞利養及淫樂故，便以外道淫樂貪著之法，代替正法之一切種智正道，而作種種佛法名相之莊飾，誑騙初機學佛者之金錢與美色；**如是邪見及行為本已不當，正應偷偷摸摸而在暗地裏進行，然而達賴、宗喀巴、蓮花生等古今密教上師卻反其道而行：堂而皇之，冠之以「大菩薩、究竟佛、佛之化身」等名義而籠罩大眾；義理不直、卻敢氣壯地公開抑顯崇密，貶低顯教佛菩薩之行門及修證，高推密教邪淫之法。真乃世間最最顛倒無恥之行也。**

復次，觀世音菩薩從來不曾說過：「修學雙身法而證四喜之人可以成佛、可以滅除無間罪。」密宗上師不應作如是妄言，妄攀於 觀世音菩薩。若爲袪除密宗行者恐懼犯戒而作是言者，乃是破壞佛教正法之言，居心不良，其罪極大。何以故？謂作是說，而令人修學雙身法者，乃是陷害他人於未來世中長受地獄尤重純苦之人，如是之言其毒無比，害人非唯一世而已。

佛教學人若有智慧者，應當審思，莫爲其所害；所以者何？謂學人若遭害命，不過一世受害；若聽密宗喇嘛之言而陷於破毀十重戒之大罪者，則被害而致未來世陷於地獄之中，受諸尤重純苦歷時多劫，果報之重，思之能不心寒乎？有智者當細思之！莫待捨壽時之後悔不及也。

第五節　密宗五智之妄想

第一目　法界體性智之妄想：

密宗上師每有如是妄想：「以第四灌頂而成就究竟佛。」如是而言密宗之佛較諸顯宗佛多証一智——**法界體性智**。譬如薩迦派作是說云：

《《眞如驗相：眞如驗相升現於心者：頌云：「眞如驗相八正道

支」，其所云「正」者爲：五智。「八支」者爲：彼之因。轉彼八識處者，即頌云：「清淨八識」。復次，轉阿賴耶識處爲大圓鏡智，轉末那識處爲平等性智，轉意識處爲妙觀察智，轉五根識處爲成所作智，證其離戲者爲法界體性智。》》（61-573）

密宗諸師既言修學佛法者，必須轉識成智；並一一指明八識所轉生之智，並言密宗之佛具足五智，較顯教之佛多得一智，則已顯示密宗之佛亦必須證得四智。復言密宗之「佛」所證之「法界體性智」較顯教佛所證之四智爲高，主張須先證得顯教佛之四智已，方能證得密教「佛」所證之第五智「法界體性智」。如是言中，則生諸多大過：

一者，密宗之佛既仍須求證四智，則知密宗行者仍然必須求證第八識、及此識所有一切種智；然由密宗古今諸師所傳之法義而觀之，已可明顯了知：彼等密教「佛」悉未證得第八識如來藏，顯見密宗所言諸多古今上師已成佛道之言，乃是虛妄之言也。既未證得第八識，而皆同以意識心作爲佛地眞如，顯然密教「佛」皆尚未能證得第七住位菩薩之般若慧總相智；未證得七住菩薩之智慧者，而言已成佛道、已證四智、加證四智上之第五智者，自相矛盾，顯係謊言。

二者，既須轉第八識阿賴耶識而生大圓鏡智，則知修學密宗之法、欲求成佛者，仍須求證第八識如來藏；而今現見密宗古今上師所言說者、所造諸論、所造諸經、所發行諸書，皆已證見彼等確未證得第八識如來藏，皆是錯以無念靈知之意識、或以淫樂中「不分別六塵（其實非真不分別）」之覺知心意識作爲佛地眞如第八識；而密教「佛」傳與密宗諸師之口訣開示，亦悉以淫樂中「不分別六塵」之覺知心作爲佛地眞如之證量；由此可知密宗之密續中所言之蓮花生、宗喀巴……等人已成佛道者，皆是大妄語。既未證得第八識，尚不能知第八識何在，云何有智有力能轉彼識而生大圓鏡智？無是理也！有智之人思之！

若如黃教宗喀巴之否定第八識者，則彼等諸人尚不如學地凡夫之具有聞思慧－信有第八識如來藏；如是不如學地凡夫之人，何有智慧及證德而轉第八識生大圓鏡智？何有證德而可令黃教中人封之爲至尊？至尊乃是佛地方名故。

三者，既須轉第七識末那而生平等性智，則黃教宗喀巴及達賴、現今台灣之印順法師，否定第七識已，則顯然皆是未能證知第七識者，如是則已顯示密宗之「佛」皆未能轉得平等性智；尚不能知第七識何在，尚不能證第七識性，何況能轉彼識而生平等性智？無斯理也！由此可見密宗所言古時上師成佛之說乃是妄語誑惑衆生爾，非誠實言也。

植。四者，五根不能轉生成所作智，疑是打字時或排版印刷時之手民誤子，既須轉五識而生成所作智，則應求證第八識中所含前五識之一切種界性，具足了知其界性，方能轉五識生成所作智；然而現見密宗古今上師皆未能了知其前五識之種子界性，而以明點：等之觀想爲修證四智之道，與種智完全無關也。如是，可知密宗之「佛」尚無轉前五識而生成所作智之能力，云何可言已成佛道？

五者，八識中之離戲者，乃是第八識自身，唯有此識於三界六道萬法中現行時能離戲，此識從無始劫來離見聞覺知故，此識從無始劫來離一切見故，此識從無始劫來一直皆於六塵萬法恒不分別故。其餘諸識於三界中現行時，皆無法於六塵離戲，其中尤以第六識（離念靈知心）最是戲論之心，覺知之時已成分別性心故，覺知之時已完成了別六塵法故。是故欲證離戲之心者，必須求證第八識心，唯有第八識如來藏方是本來離戲者故。

證得第八識時，方知何法是法界之體性，一切法界萬法皆由第八識心而生故，此識方是法界之根源故；第八識既是法界之根源，則知第八識之性方是法界之體性也。由此可知：證得第八識如來藏而出生「知曉法界體性之智慧」，如是之智方是法界體性智。然而密宗「諸佛、諸地菩薩」所造之密經密續中，現見彼等完全未能證知第八識，尚不能親自證實自身之第八識何在，空言能轉第八識而生法界體性智者，云何可信？法界之體性即是第八識之體性故。

六者，法界體性智既然是證知第八識而出生之智慧，則是菩薩因地第七住明心時所證之「本來自性清淨涅槃」之智慧；而其餘佛地四智則是依此「本來自性清淨涅槃」之法界體性智而漸修方得，當知此智乃是佛地四智之基礎，而非修證佛地四智後所修所生之智慧，是故法界體性智不應冠於佛地四智之上，而應置於菩薩第七住位之修證中。今者密宗四大派古今諸佛諸師悉皆不知此理，空言彼諸古時上師已成佛道、已成諸地菩薩，有何意義？

七者，既然如是五智皆須由證得第八識而起法界體性智之本來自性清淨涅槃後，方可進修一切種智而得佛地四智。須證佛地四智方能成佛，而欲證佛地四智者則須證得第八識而進修一切種智具足圓滿而後成佛，則已顯示密宗施設雙身法及觀想明點、本尊、天身、寶瓶氣、樂空雙運、樂空不二、遷識法……等悉皆無義，此等諸法並非親證第八識如來藏之正修行法門故，皆與佛地四智之修證完全無關故，悉與法界體性之修證完全無關故，有智之人思之可解也。

復次，《《時輪云：「**由彼剎那智慧樂，若明點提不漏失**（若射精後之精液能回提入自身中而不漏失），**能得無漏俱生智**（便能得到無漏之俱生喜智慧），**由彼能予法界智**（由彼俱生喜即能給予密宗行者證得**法界體性智**），六道眾生所遍命，一切時中煩惱魔，決定由此而摧毀。」》》（34-181）

如是言句，已顯示密宗之法界智，並非佛所說之法界智，乃是以物質明點—精液種子—作爲法界生起之根源，證知此淫樂中不漏明點（不漏精液）而能樂空雙運之智慧即是密宗之法界智。密宗對於法界體性之智慧，既然是從男女淫觸之體會領解而得，誤認精液種子即是衆生法界之根本，是故主張能證得淫樂高潮不斷而不射精者，即是證得法界之體性，故名法界體性智。復將佛地四智壓低，容納入其妄想之「**法界體性智**」內，妄說「**修得佛地四智之後，方能證得法界體性智。**」即成顚倒之說，非唯修證內容不符 佛說，修證次第與實修之理論及行門，亦悉與佛說相違。

若究其實，應須先證得第八識，方能認知法界之體性，一切法界悉以第八識爲體故，悉由第八識而直接或間接出生故。然而密宗古今諸師尚且不曾證得第八識如來藏，錯以觀想之明點作爲第八識，與 佛所說南轅北轍。既然未證第八識如來藏，則完全不知不證顯教第七住位之般若慧，何況能知初地菩薩之智慧？何況能轉第八識而生大圓鏡智？尚且不能生起第八識之大圓鏡智，何況能知顯敎佛之四智？如是密敎之「佛」，根本是外道凡夫而已，乃竟狂言密敎之「佛」多證一法界體性智，狂言其法界體性智遠超顯敎佛之四智？眞乃狂妄無知之徒也。

若言密宗如是法界智即是佛敎之法界智，則印度敎與婆羅門敎中之性力派修法所得智慧亦得名之爲法界智也，彼等亦言淫樂中之樂觸及覺知心是空性故、是眞實體故，與密敎所說初無差別。然而佛所言法界之智慧者，非是密宗淫樂四喜之「世間大貪」證得之智慧，乃是證得有情法界之本源—第八識如來藏，此第八識方是一切有情法界之本源，一切有情法界之萬法皆從此第八識而直接及間接出生故，此是中國禪宗一切眞悟者之現前證量故，亦是今時佛敎正覺同修會中眞悟之同修們之共同證量故。

密宗古今一切上師從來不解佛法，從來誤會佛法，以爲衆生之本源即是精液，便藉第三轉法輪唯識經所說之「界—種子」，作爲其密續中之隱語，以界隱喻男性之精液；然後由是邪見，便認爲精液即是法界之本源，是故認爲精液不漏而能常保淫樂之觸受不失者，即是證得法界體性之智慧，以受大樂而能精液不漏，並能了知如何具此方便法者，建立爲一切種智之修證，大異 佛所說之一切種智—第八識內所含藏之一切種子之智慧。

密宗以如是邪見而認爲：一切菩薩修學及親證顯教之法門以後，必須修證此法；若不修證此法者，必定不能成就究竟佛果，便以此邪見邪知而言顯教之 釋迦佛非因修證樂空雙運而成佛，故非是究竟成佛，因此貶抑顯教。並以此邪見而謂顯教中人證量悉皆不如密教，自認彼等悉已成就顯教之修證，今已入密教中修行，是故修證高於顯教中人，如是扭曲事實眞相而抑顯崇密。

密宗以此邪淫之世間慧，而高推己法，妄謂密宗之雙身法爲修成顯教佛果者所應進修之究竟成佛法門，而將密宗邪淫之「法界體性智」冠於佛地四智之上，荒唐之極，無過於此；顯教諸多出家在家大師竟然容忍密宗如是狂妄言行，而個個皆作濫好人，存著鄉愿心態、不肯破斥之，乃至競相夤緣之，令人百思不得其解，唯有嘆爲末法現象爾。

密宗如是自矜於雙身法之俱生智，誤以爲眞能藉此雙身法而修成究竟佛果，以之炫耀於顯教、貶抑顯教之行門及顯教菩薩之證量粗淺。如是古今密宗中人，**外現清淨梵行，內秘淫穢之實，而以自設之雙身法三昧耶戒、互稱持戒清淨，龍罩顯教學人，真可謂『金玉其外、敗絮其**

中』之宗教也。

密宗之內有一名師，即是明朝帝師之讓蔣多傑，彼著作《甚深內義》一書，書中所說之甚深內義者，即是以此雙身法之向「內身內心」而修之密意故名。及至探究其證量時，則見彼以意識心為佛地之真如，尚不能稍知顯教第七住位菩薩之般若證量，何況能知、能證顯教初地菩薩之道種智？而言其義為內法中之甚深義，無有是處！

薩迦派復有如是主張：**《《復次，以開顯功德之迴返，復釋五智之自在：以俱生智樂空覺受**（以雙身法俱生智第四喜所說之樂空覺受）**，而開顯諸法不生之體性**（而開示顯出諸法不生之體性）**，為「大圓鏡智**（這就是大圓鏡智）**」。以悟證一切輪涅平等性者**（以悟證樂空雙運中之覺知心即是涅槃，因此而了知輪迴與涅槃本是平等性者）**，為「平等性智**（這就是平等性智）**」。以悟證世俗菩提心遍計執不失**（以悟證精液遍計執而不失去—不洩精）**，為「妙觀察智**（作為妙觀察智）**」。以自身成辦真如**（以自心長久安住於樂空雙運之境中而一念不生、不起分別，故成辦佛地真如）**，為「成所作智**（這就是成所作智）**」。以無分別義**（以安住於第四喜至樂中而樂空雙運，「覺知心不作任何分別之道理」）**，而為「法界體性智**（而成為法界體性智）**」。此類於頌中以「等」字而略。》》**（61-559~561）

如是而言五智者，顯見薩迦派之五智與佛所說完全迴異。大圓鏡智者，乃是以清淨煩惱障及所知障而永盡無餘後之佛地第八識眞如，能生無量智慧，能與二十一心所有法相應，並能各自運行，故能「十方赴感靡不週」，方是佛地之大圓鏡智也；如是大圓鏡智唯佛地方有，非等覺菩薩所能知之證之。非如密宗雙身法之以俱生智樂空覺受，而開顯諸法不生之體性，爲「大圓鏡智」。

平等性智者，乃以證得第八識如來藏者，因見一切衆生之本源眞心如來藏普皆無二，同是一種體性無異，無有高下差別，故生平等性智，此是下品平等性智，禪宗初證第八識如來藏者之所證得，名爲第七住之賢位菩薩。佛地究盡平等性智，故爲上品平等性智。密宗所說則是誤以雙身法中、一心享受淫樂之無念靈知心（意識）之不作語言等分別，以之作爲涅槃境界，誤會無餘涅槃，而言此覺知心住於三界中時即已是涅槃境界，而言輪迴涅槃無二，以此誤會之觀念作爲平等性智之因，與佛所言迴異，絕非佛教之修行法門。

妙觀察智者，乃以證知第八識如來藏爲因，生起觀察法界實相心之微妙般若慧，由此慧故能觀察十方法界一切有情皆以第八識心爲本，而能現見此心之運作，非未悟之二乘無學所知，非凡夫所知，故名妙觀察智；密宗則誤會世俗菩提心（精液之濁分及淨分）能攝持不漏失，能普遍計執之而昇華之，名爲妙觀察智，迥異佛教之法義。

成所作智者，乃是佛地之「前五識」各能起用，與諸有緣眾生感應而作諸利生之事；此智唯究竟佛地方有，非諸菩薩所能知之證之。密宗則以打坐至一念不生時之離念靈知心爲佛地眞如，或以雙身法中之樂空雙運時無念樂明之覺知心爲佛地眞如，墮於意識中而誤認爲佛地眞如，便說：**以自身成辦眞如**，爲「成所作智」，與佛法中之成所作智完全不同。

法界體性智乃是以證知及領受第八識之本來無分別體性，證知「**第八識之能生一切有情法界、能生三界中一切有漏有爲法與無漏有爲法、能顯現出世間之一切無爲法**」，因此證知與現觀領受法界之實際，而出生之智慧，方是法界體性之智慧。密宗則以覺知心入於淫樂之第四喜大樂中，由大樂之一心享受而制服語言妄想、暫時不起分別身外諸塵，乃言：**以無分別義，而爲「法界體性智」**；其實仍然是分別心，能了知正受淫樂即是分別淫樂故，如是所言與 佛所說完全相異。如是迥異 佛說之五智，乃是密宗自己所發明之五智四智，絕非佛法中之佛地四智及菩薩初悟所證之法界體性智也。

復次，密宗復有轉五毒爲五智之說，此亦是妄想：《《心氣通達，義居駿乘：清淨之氣，是曰無生；大樂之氣，是曰無滅。「空」氣之體，「明」氣之光。由無生氣，乃有佛母；由大樂氣，乃有佛父。無生氣體，是蓮花坐；大樂氣用，是金剛坐。氣被披髮，氣卷無髮。氣充宇宙，是爲裸體。惟氣能入，無所不遍，故曰無量，亦稱無邊。惟氣發光，**惟氣有用，故成五色，而表五用：貪氣紅光，瞋氣白光，癡氣藍光，慢氣黃光，疑氣綠光**。五毒爲用，五智爲體。貪用出於妙觀察智，瞋用出於大圓鏡智，癡用出於法界性智，慢用出於平等性智，疑用出於成所作智。智蘊於心，用御以氣。》》（34-1257）

如是臆測之言，而竟有人信之，輯之成書而廣流通，破壞佛教正法、誤導衆生，其罪不可謂小也。此外，關於光色與五毒之說亦有錯謬之處，然因無關法義辨正，今且暫置。不可謂因「無生之氣」而有佛母，佛母乃謂般若慧，是成佛之母，故謂佛母，焉得以子虛烏有之「無生、無氣」等名相而謂爲佛母？「大樂」亦非佛父，諸佛皆依智慧而生，非由淫觸之俱生大樂而生，焉得擅以己意臆想而發明邪淫「大樂之氣……」等名相，復將如是緣起法認作實有法？而高推之爲成佛之根本？荒唐之至！

「五毒爲用，五智爲體」之說，眞可謂荒唐至極也。體若是智，則絕無可能發用之後、一變而爲毒也。是故所謂五毒出於五智之說，極爲荒唐，不應出自認爲最上根人方可修學之密宗上師之口。

同一上師之言，往往前後互相矛盾，此乃意識思維而非親證般若者之所說也。眞實證悟者之所言說，必定前後一致，不生矛盾－然仍有未悟者讀之不解而生錯會之矛盾－唯有深淺廣狹之別爾。如陳健民上師前開所說，與此下所舉則有自說前後矛盾之處：《《修無上部之五相成身，頌曰：月爲圓鏡智，眞如平等智；本尊種子「幟」，說爲妙觀察。合一成作智，像圓滿清淨。智者說儀軌，當修五種相。》》（34-72）。同一書中前後所說互相牴觸，焉得謂之爲正說耶？

復如：《《…又阿賴耶識轉故，爲大圓鏡智；其所依行意，爲平等性；第六意識爲妙觀察，前五識爲成所作；彼等智安住極清淨本體，爲法界體性。》》（34-439）

如是言說復與前說相違，三說自生衝突，互相違背；如是自意相違之事，所在多有，處處可檢，是故密宗諸師之說，率爲臆想之言，不可信也。密宗由於誤會佛地四智之內涵，故有即身修成究竟佛之誇大言詞，睽其修證之境界及果報，則皆是世間有爲有漏之果報，與佛法果位及智慧完全無關，凡我佛教行者皆宜注意思維、觀察、印證諸經，然後加以簡擇，以免誤入邪教之中而不自知，更造毀壞佛教正法之大惡業。

第二目　密宗由種種雜行而修之五智妄想：

吽字五智瑜伽觀想念誦簡法圖：

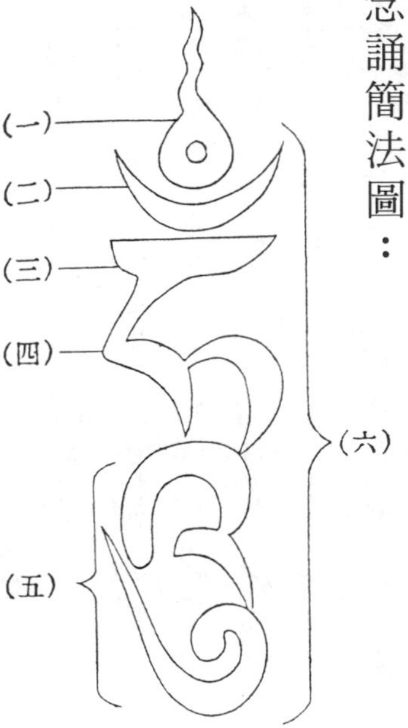

密宗有謂：依上開特定之圖像而作五智瑜伽觀想念誦，便能成就五智者：《《一、空點藍色光明，表中央不動尊佛——法界體性智。
二、仰半月白色光明，表東方眾明主佛——大圓鏡智。
三、哈字上橫畫黃色光明，表南方寶生佛——平等性智。
四、哈字下曲畫紅色光明，表西方阿彌陀佛——妙觀察智。
五、長音併母音符綠色光明，表北方有義成就佛——成所作智。
六、五色光明全吽字，即表五方五佛五智之總攝體。觀想如上。

隨當作念誦云：班匝兒薩埵、那嘛、嗡、莎地。三世佛心，總攝盡無餘；無始無染，圓滿超言表。五智合體，寂照無障礙；顯於此吽，具備萬義文。

五毒轉成，五智自性明；由修瑜伽，觀於勝種字。如是證得，四身並五智；聖金剛心，此生決成就。薩兒瓦、悉地、嘎哩鏘都、舒榜。（吽字五智瑜伽觀想念誦簡法 竟）。》》（122-650~652）

密宗所言之五智，異於佛敎之四智，完全是想像之五智，並非 佛於諸經中所說之五智；佛於諸經中唯說佛地有四智故，佛所說之法界體性智則是證知如來藏之智慧故，法界根源唯是第八識如來藏故，十方三世四聖六凡一切法界之智慧，應以證知此法界根源爲智之來源故，一切法界依如來藏而有故。密宗完全誤會法界體性智之眞實意，故密宗所說「密宗究竟佛」之較顯敎佛增加一智（法界體性智）之說法乃是妄說，密宗對法界體性智之了知，乃是妄想故。

譬如**宗喀巴**如是云：《《次想二月或日月中，從種子字變成標幟種子莊嚴，生標幟中；難勝月與寂靜論師於『歡喜金剛雙身儀軌』說生父母兩標幟，『普賢修法』等則但說生一。次從標幟種子放光饒益有情，復收爲一。多有不說收放光明，但說合爲一者，此後當觀身相圓滿。**此**

中安立五智，『教授穗』說：「母韻父音之異熟果與等流果，如其次第是即大圓鏡智三十二相、平等性智八十隨好。標幟上有種子莊嚴即妙觀察（智），放收合一即成所作（智），**身相圓滿即法界體性智**。」許第二爲日輪，多同此說。持祥說二月爲大圓鏡智，彼二合一爲平等性智，種子爲妙觀察智，標幟爲成所作智，身相圓滿同前。藥足師亦說二月合一爲平等性智。》》（21-511）

密宗常將佛法中說明修證層次之名相，擅以己意而解釋之，令學人誤以爲：「證得彼等所說境界時，即是已成佛果或諸地菩薩果位」，如是誤導衆生、害人不淺，必令信之者墮於大妄語業中故。**宗喀巴**於《密宗道次第廣論》中亦復如是亂言妄解，謂若觀想明月及種子字標幟等相成功時，即已具足佛地之四智，誤導衆生同陷大妄語業中；四智中之大圓鏡智及成所作智唯究竟佛地方有故。

然而宗喀巴所說如是觀想境界，皆是有相之法；於《楞伽經、般若經》中，一向皆說有相之法虛妄，不應取著。密宗之中最有智慧之「至尊」宗喀巴，卻將觀想有相之虛妄法（行者觀想所成之內相分日月輪及種子字等）說爲五智之體，如是以虛妄法而取代正法之人，云何不可謂之爲破壞佛法者？

智慧無色無形，焉得以如是觀想所成之有相法、配置爲佛地四智及法界體性智？無是理也！復次，宗喀巴所言觀想之相，與四智及法界體性智完全無關，是故依宗喀巴所言之觀想法、而觀想成功者，仍將於大乘之《楞伽經、般若經》錯會其意，讀之不解，仍將完全誤會而自以爲已知已解也。是故密宗之內能作如是觀想而成其功者不在少數，然而此諸觀想成功諸人，仍將於余所造關於般若智慧之總相智、別相智、道種智，完全不解、完全錯會。

宗喀巴又作是說：《《：貪性彌陀印舌，緣味之貪最有力故；不空印身，不空成就體性爲風，遍全身故；不動佛印意根，意隨諸根轉故；普賢修法說隨諸根印證色等。總論更作餘說：以毗盧佛印色天、色金剛，色是痴所依故；寶生印聲，由稱讚等聲引生慢心故；彌陀印香，由緣紅花等香貪著故；不空印味，滿一切肢遍於諸肢轉故；不動印觸，遍諸根故。於法亦爾：於四界中以毗盧佛印地界天，由堅硬性爲大愚痴之所依故；不動（佛）印水，等同虛空，能斷能穿亦彼攝故；彌陀印火，以有光故；不空印風，能遍動故；痴金剛等印佛眼等，彼是痴金剛等之明妃故。印諸明王之理，從東方起至東北角與上下二明王，每二明王，如其次第而以毗盧、寶生、彌陀、不空、不動印證，是於愚痴、我慢、貪

著、嫉妒、瞋恚五惑，受用斷盡爲體性故。》》（21-523~524）

密宗古今諸師、以自意妄想而擅自配置五毒於五方佛，眞可謂爲大妄想者，宗喀巴則是總其成者。彌陀等五佛皆於無數劫前斷盡貪欲等五毒，是故成佛，豈有可能如密宗行者如是配置之理？而密宗緣於世間相之五色而配五毒，復緣於世間相之五毒而配五佛，完全是妄想之法，與佛法二主要道修證之理論與行門完全無關。彼等復以四佛而配地水火風等，以痴金剛配佛眼，亦與佛法修證完全無關，純是戲論爾。如是亂配而可言爲佛法者，未之有也。

復次，印諸明王之理亦復邪謬，所以者何？謂五佛非如密宗所說之以五毒五惑「受用斷盡爲體性」故，五佛皆以第八識眞如之自性爲其體性故。五毒之體性乃因衆生不明「五蘊我、十八界我」所現之「見聞覺知及苦樂受虛妄」而生，追根究柢，五毒乃是以「我見、我執」爲其根本體性，焉可如密宗所云之以「受用斷盡爲體性」？不應正理也。由如是虛妄之想，而建立「五佛配表五毒」體性之說，實乃世間誤會佛法之至極者；以彼等如是妄想所說諸法，而言能斷五毒、而言能轉五毒爲五智之說，云何可信？而彼密宗行者深信不疑？誠可怪哉！

如是**宗喀巴**所說之四智五智，已爲密宗諸師所普遍遵從，是故密宗諸師對於四智五智之理解，完全悖離佛意；是故密宗古今諸師所說、所修、所證之五智四智，皆非佛所說之四智，亦非佛所說之七住菩薩初悟所證之法界體性智也，皆是密宗自己依於妄想而設立之五智，令人誤以爲密宗內之古今諸師眞正已成佛道，由是而不敢隨意批評之，由是而令密宗諸師隨意取用佛教資源而漸漸凌駕於顯宗之上，乃至終究取顯宗而代之，入篡正統，成爲天竺晚期佛教之正統代表者，佛教因此便告實質滅亡，唯餘佛教寺院及出家人之表相，印順名之爲晚期佛教。凡我顯教一切大師學人，於此皆當有所警覺、而爲所當爲，及不爲所不當爲。

西藏密續中作如是虛妄之言，被收入《大正藏》中之密續亦復如是妄言：《《夫修行者初發信**心**，**以**表菩提**心**，**即大圓鏡智**紇哩娜野**心**，**是眾生內心**。安吽字爲種子，所變種子爲月輪，於輪光明中想五智金剛杵光明照徹，即易杵爲金剛薩埵，普賢菩薩之異名，此表東方阿**阿**如來金剛部也，**即大圓鏡智**是也。次當禮南方福德聚寶生如來，想持摩尼寶瓶，想與一切如來灌頂；即虛空藏菩薩執摩尼寶珠，成滿一切眾生所求之願；由此福德聚功德，無量無邊赫奕威光，所求預滿；此乃寶生如來寶部所攝也，**即平等性智**也。次禮西方阿彌陀如來，表一切如來三摩地智；由初發心便能轉法輪，辯無言說，理無涯際，語部所收，能令眾生聰明利智，此乃西方法部所攝也，**卽妙觀察智**也。次禮北方不空成就如來也，以大慈方便，能成一切如來事業，及以眾生事業；由毗首羯磨菩薩善巧智方便，能成就一切有情菩提心、畢竟不退；坐菩提道場，降伏眾魔，多諸方便無令沮壞；亦能變虛空爲庫藏，其中珍寶滿虛空中，供養十方微塵一切諸佛；此虛空庫菩薩即毗首羯磨菩薩之異名，行願所成印，傳堅固解脫之門，善能護持三密門之大印方便；此乃業部所攝，**卽成所作智**也。其所禮四方佛儀軌乃至眞言，具在經中明說；應知其中方毗盧遮那佛即如來部也；報身圓滿，萬德莊嚴；於須彌盧頂寶峰樓閣大摩尼寶殿，坐金剛臺，成等正覺，降伏魔眾；於諸毛孔放大光明，十方如來及諸聖眾咸來同證；十地滿足菩薩皆歸此會，各處本方座位，住三摩地心，皆從毗盧遮那如來心內智中流出無量無邊秘密法門。菩薩修行相應三昧，瑜伽理智滿法界心，此**大菩提五智圓滿，卽毗盧遮那如來眞如法界智**，處中位也。》》（《金剛頂瑜伽略述三十七尊心要》大正藏 18-292上）

由如是言說，亦可知余對密宗所說之法界體性智而作之判定，並無錯誤。密宗所言之法界體性智乃是以四智之圓滿具足，而說之爲法界體性智也。然，則五智即是四智之具足爾，不須密宗另行發明五智之說，以冠於顯教之上，多此一舉也；唯能誑惑初機學人，而令彼等以爲密宗佛之修證、果眞高於顯教佛一等，其實仍是凡夫外道，並無佛法修證實質可言也。

而四智之本，實在四聖六凡法界根本之如來藏之體性而證得，非如密宗之以四智圓滿而加以法界體性智之名者、可以明之也。所以者何？謂法界之體性，即是第八識眞如之體性；證知此法界之體性者，即得發起法界體性之智慧，方得名爲法界體性智也。復次，諸佛悉皆具足四智圓明，何得以東方阿閦如來代表大圓鏡智？何得以南方寶生如來代表平等性智？何得以西方阿彌陀佛代表妙觀察智？何得以北方不空成就如來代表成所作智？何得合此四如來之四智而成中央之毗盧遮那如來之五智？而成法界體性智？審如是者，則應彼諸四佛皆是尙未成就究竟佛道，皆唯一智故。如是顚倒之說，云何密宗行者是上上根器之人，而竟信此下下之說，聞之不疑、而不加以思維檢查之？

唯識學上之《八識規矩頌》云：「六七因中轉，五八果上圓。」如是頌言，凡我佛教學人大多耳熟能詳。頌意乃謂：第六識相應之妙觀察智，及第七識相應之平等性智，於因位（菩薩位）時即已因證得第八識、而在菩薩第七住位時已開始現行運轉；隨菩薩之增益其智慧，而地地轉進增上，至佛地方得圓滿。前五識相應之成所作智，及第八識相應之大圓鏡智，則於果位（究竟佛地）方能一時圓成而現行。

如是，若四方諸佛之阿閦如來及不空成就如來等二佛，既已有大圓鏡智及成所作智，則應彼二如來早已證得四智圓明，早已是佛，何須再由密宗合餘如來二智、方成毗盧遮那如來之法界體性智？無是理也。復次，密宗作如是說者，亦應阿彌陀佛及寶生如來皆未成佛，皆未具足四智故。如是邪謬之言，而諸藏經之編輯者竟未知其邪謬荒唐，將之編入大藏經中，愚痴已極！

密宗諸師雖倡五智之說，亦言已有諸多密宗祖師證得佛果，然觀密宗諸師之所說、所修、所證，皆未曾證得第八識，完全未解法界之體性；如是密宗「大修行人」，於法界之體性何嘗夢見在？而自言密宗之勝妙於顯教？而自言證聖成佛、成大菩薩？其實皆是凡夫外道妄想所說也，尚不能知七住賢位菩薩之般若總相智慧也，何況能知能證地上所證之道種智？而奢言佛地之四智？而奢言法界體性智勝妙於顯教佛之四智？而用以崇密抑顯？無智之人方能信之也。

而諸編輯藏經之人不知不證般若，但觀密宗後來之聲勢浩大，已取佛教正統而代之，便以為密宗即是佛教，遂將密宗祖師所造密續收入藏經之中，遺害後人萬年；如是之行，豈唯無功？復更共成破壞正法之大惡業。而彼編輯藏經諸人，死前何嘗知之？死後方知，已無所能爲也。

復次，西藏密宗復有中陰境界中五智之智光妄想：《《……「尊貴的某某！當此之時，有四智契合之光，極其清明美妙，猶如諸般細線一樣，有如陽光一般，從五方佛土諸位清淨父母（手抱女人交合之雙身佛）心中放射而出，照臨你心。在此光明道上，將有法界體智光，發出光焰四溢的種種藍色光球，各各皆如倒置之玉杯；這些光球的週圍又有形體較小，但光亮、透明、而又光彩奪目的光球；此諸較小光球又因有五個更小的光球與類似的五個星點週匝圍繞而顯得更加光耀，使得此種藍色光明之道，皆因此等藍色光球及其較小之衛星光球互相照耀而致裏外中邊，悉皆顯得通體透徹。有（手抱女人交合之）金剛薩埵從其心中發出大圓鏡智光明之道，其光白色透明、燦爛奪目，令人敬畏，又因週圍有種種較小光球圍繞的種種透明光球，各各皆如覆置之明鏡一般，互相照耀而顯得更加明亮。有（手抱女人交合之）寶生如來從其心中發出平等性智光明之道，其光黃色，週圍繞以種種黃色光球；此諸光球之外又有較小黃色光球圍繞；而此較小光球之外，復有更小黃色光球環繞，各各皆如倒置之金杯，互相映徹，光彩異常。有（手抱女人交合之）阿彌陀佛從其心中放出妙觀察智光明之道，其光紅色透明，週圍繞以種種紅色光球，各各皆如覆置之珊瑚杯，各各皆發智慧之光，極其明亮耀目；此諸光球之外又有較小之紅色光球環繞照耀，極其光亮；使得此種紅色光明之道悉因此等紅色光球及其較小之衛星光球互相照耀而致裏外中邊悉皆顯得通體透徹。……所有這些都是你自己的智能之光前來照射，並非來自任何別處。你對他們不可矜持，不可怯懦，不必畏懼；你只要安住在無念的靜定之中，所有上述各種形相和光焰即可融入你的自性之中，而**使你獲證佛果**。

成所作智的綠色光明之道，之所以不向你放光，乃因你自己的智體慧用尚未得到圓滿的開發，故而尚無感應出現。……只要憶起作觀的要領，即可了知此等光焰原是你內心光明的反映，而當你一旦將它們視爲好友之後，你就會信賴它們，瞭解它們，就像兒子瞭解母親一般。

你只要信解清淨而又神聖的眞理，其情不變不異，你就會產生一種淨念相續的三昧定力；而當你一旦融入了完全覺醒的智體之中，你就可以證得報身佛果，從此不復退墮。」》》（139-66~67）

密宗之法，將一切佛法皆加以形像化；亦將佛所說之智慧加以形像化及具體化，乃是邪見也。一切佛法修證上之智慧，皆是覺知心所證第八識自心中之種種「種子」——第八識自心之功能差別及所含前七識自心之功能差別。如是證知之慧，悉無形相光相，豈能以光相而傳、而顯、而證？無是理也。

復次，自身尚在學地凡夫位中，根本未知未解佛法，云何未修證佛法之自心於死時能具足佛法而救自己？而成究竟佛？此理不通也。是故《西藏度亡經》所說者邪謬，顯違正理，非是佛法所說，乃是外道假藉佛教名相而作此虛妄想也，云何密宗自稱最上上根器之人，於此竟不能了知其謬？而反信受不疑？

復次，彼諸「**五佛**」智光既是自心中所現者，則應於自心向外照射，而非從外來照自己，密宗以如是自意妄想而作「**佛法**」言說開示者，乃是妄想，非是佛法也，是故破綻百出。云何如是破綻百出之密法而可言爲上上根器之人所修之法？實是著相無智之人所學之外道法也。

密宗諸師皆以意識心體驗明空樂空雙運之境界，作爲證得法界體性智；然後又將此常見外道境界，高推爲勝妙於顯教佛所證之四智，以如是錯會之「佛法」，翻責他人不解法界體性智。譬如陳淳隆等二人之錯會已，轉而責余：

《《…**以上四種佛智同時平行、共同彰顯相容無礙，在密宗謂之爲法界體性智**，此法界體性智乃表示成所作智（原註：華嚴經中佛菩薩現各種神通）、妙觀察智（原註：可分爲入定時之「定慧等持」及「妙觀察無礙辯說」時之「（原註：維摩詰經中之）能善分別諸法相，於第一義而不動」」）、平等性智（原註：深層意識沒有我法二執心無罣礙）、大圓鏡智（原註：如實觀、涅槃寂靜境界），**以上四種佛智同時共同彰顯相容無礙，即是「法界體性智」之精華**。只要深層意識沒有我法二執，禪宗內之「一念不能起」轉成「定慧等持」；或「惠能無伎倆，不斷百思想」轉成「能善分別諸法相，於第一義而不動」皆成立，主因乃在「法界體性智」允許妙觀察智（原註：入定及妙觀察無礙辯說）、平等性智（原註：沒有我法二執）、大圓鏡智（原註：如實觀）平行共同彰顯之故。由此可知密宗之法界體性智思想乃是個大利器，以此爲基礎，可以用來破解很多令大家頭痛之各種經文，……另外有些人故意混亂修行次第，主張先證得法界體性智，回頭再證以上四種佛智，這是標準倒果爲因的錯誤說法，因爲要證得大圓鏡智及成所作智之境界必須圓滿成佛方可，一般禪宗見性開悟只相當初地境界而已，尚未成佛，不可能證得以上四種佛智同時平行共同彰顯相容無礙之法界體性智，所以這些倒果爲因之說法爲錯誤之見解。》》（226-8）

由此一段文中，處處顯示陳淳隆二人之於佛法無知也：

一者，《華嚴經》中諸菩薩所現神通仍非是成所作智也，陳等二人不應言彼經中菩薩所現神通即是成所作智也。

二者，入定時即非定慧等持也，唯除菩薩悟後及證定雙具者，入於等持位中作第一義之觀行，方得名爲定慧等持也。然等至等持之境，陳等二人尚未能證，其中之異同、何能知之？空言定慧等持，復有何義？

三者，妙觀察智乃是善觀衆生之第八識現行分明而生之般若慧，陳等二人尚不知第八識爲何物？何能了知妙觀察智？而上網作文解釋妙觀察智，誠屬無智之舉也，云何而有妙觀察智之可言？

四者，「惠能無伎倆，不斷百思想」者，乃是證悟自心第八識如來藏，是故於「覺知心作種種思想不斷」之際，亦能分明觀察衆生法界之本源、分明觀察衆生法界之眞實相，如此方是「善能分別諸法相，於第一義而不動」者；親見意識善能分別諸法相，而亦親見自心第八識於第一義完全無動於衷故；亦親見第八識善能分別前七識之種種法相心行而隨緣以應、從不錯失，然第八識自身卻於第一義完全無動於衷；如是知、如是證者，方能眞知惠能及維摩詰之意也。今者陳等二人不知不證第八識心，完全不知不證如是密意，而搬弄佛學名相，將牛頭以逗馬嘴，而言能知能證佛地四智者，何異魯班門前之弄斧者耶？

五者，陳等二人既不能知顯教禪宗初悟之般若，亦不能知密宗之邪謬所在，一味迷信密宗之密續所言，而不知其中處處違　佛眞旨，堅稱法界體性智是四智圓滿後方能生顯者，眞是無智之人也。所以者何？若人不知不證有情法界實相體性之總相者，云何能知其細相？云何能知漸修證入佛地之道？而法界實相體性之總相者，即是衆生皆有、各各唯我獨尊之第八識如來藏也。必須覓得此眞相識之後，方能發起法界體性智，復從此智而證驗第八識之一切種子，由此種智之漸漸深入證知之中，而進修諸地之智慧、乃至佛地成就四智。

禪宗所證眞心者，即是此心也，證此心者必即發起法界體性智，然唯是大乘別教之第七住位爾，尚非初地；陳等二人猶未知此，知見淺薄而敢爲人之師、誤導衆生，亦可謂爲膽大之人也。今觀陳等二人尚未能證禪宗所證之第八識如來藏，尚不能證得法界體性之智慧，故不能發起因地之下品妙觀察智、平等性智，是故作諸錯誤解釋於網站之上，何況能知佛地方有之成所作智及大圓鏡智？而用邪謬知見以教人耶？非是智者之行也。

六者，平等性智乃是現觀衆生法界皆是同一根源，皆由自心如來藏而有，因此發起平等性智；非如陳等二人所說之（沒有我法二執）也，何以故？謂阿羅漢已斷我執，而仍無平等性智故；亦謂菩薩至六地滿心時，必定皆無我執，而未斷法執，然於第七住位時已因證得第八識而發起平等性智，早於將近二大無量數劫之前即已證得平等性智故。

如是，菩薩第七住起，乃至等覺位止，皆有平等性智，而皆尚未斷盡法執，法執悉皆仍在，陳等二人何可倡言「平等性智即是斷盡我法二執」？於教於理俱違也。

七者，大圓鏡智之慧唯佛地方有，亦非陳等二人所說之「如實觀」也。所以者何？七住菩薩已於法界之體性及法界之眞實相能作如實觀也，而仍未有大圓鏡智也。復次，諸地及等覺菩薩悉皆能於法界體性及法界之眞實相而作如實觀，皆已親證法界之眞相識故，皆已了知法界體性故，皆已了知法界之實相故，然皆尚無大圓鏡智也。是故陳等二人所說不實，乃是凡夫臆想揣測之言，非正說也。

八者，菩薩始從第七住位起，乃至等覺位止，悉有平等性智；然皆尚無大圓鏡智。若陳等二人所說正確，則應菩薩第七住起悉應有大圓鏡智，彼二人言「四智必定平行等現行而起」故。然而諸經佛語所說：菩薩波羅蜜多現在前，而未至佛地時，已有平等性智，悉無大圓鏡智，要待成佛方有；云何此諸菩薩尚無大圓鏡智、而違陳等二人之所說耶？經說有誤，或陳等二人所說有誤？有智之人當思！

由此可知陳等二人於網站上所說如是之言，破綻百出，乃是不解佛法之人所說者也。不知不證第八識者，乃是大乘法中之凡夫人，完全未能發起般若慧；彼等尚未能知般若慧之總相智，何況能知別相智、乃至道種智？不知不證般若之人，乃竟寄來網站上之邪謬文章、示威於余，大談五智，眞乃無智之人也。如是行爲，何異魯班門前之弄大斧耶？眞乃不自量力之輩也！有智人笑之。

復次，《大正藏》密續之《金剛頂瑜伽中發阿耨多羅三藐三菩提心論》中，已自言：中央毗盧遮那佛乃是以法界智爲本、故有四方之四智；是故以法界體性智之先證得爲其根本，故以法界體性智爲先，然後方有佛地之四智也。法界智者，如前所言以親證第八識而得發起，非未證此眞相識者所能發起也，一切法界之體性皆以第八識爲根源故，一切法界之體性皆由第八識而發生、而出生一切法故。既以第八識如來藏之證得，作爲發起法界智之因，則未證第八識者何能發起法界智？若未發起法界體性之智慧，而言能先進修佛地之四智者，乃是顚倒之說，斷無是理也！是故法界體性之智慧，要依親證第八識實相心而得，非未證如來藏者所能發起也。密宗諸多仁波切及陳淳隆等二人猶自不知，翻而責余爲顚倒，余今不知何人眞爲顚倒之人也，有智之密宗行者思之。

復次，如陳健民所說：《《大乘實教初地，便顯妙平二智，至十地而圓成。密教金剛初心，始露鏡智，至金剛後心乃盡量開發；作智亦連帶成就。法界體性智隨妙平二智而漸現；至鏡作二智圓滿時，此智亦達其極。五相成身次第，原表鏡智進修歷程。此類行者先證顯教十地境界，妙平二智已告完成；。然鏡作二智未備；雖得見十方諸佛密布空間，不離「因緣所生法」（原註：亦名依他起性）；法界中所有如來未能任意出現，於是有五相成身法之修證。》》（33-365）

如是所言，雖然處處違教背理，且置不言，單論「**法界體性智亦發展過半**」一句，即知密宗所言之法界體性智，並非成佛具足四智之後始有，而是未成佛之前，於菩薩位中已有；雖然所言「於顯教十地中所證所有」之言錯誤，已然異於陳淳隆二人所說「成就佛地四智而後始有」之說。由是亦知陳等二人尚不能知密教上師之教授與主張，何能眞知佛法之修證耶？

密宗古今諸師對於法界體性之誤解者，觀乎陳健民上師之「法界大定歌訣」，亦可知過半矣。讀者可重閱第十章第五節中所舉實例說明，則可知密宗對於法界之瞭解皆是臆想之玄學也，皆是虛妄縹緲之想像也，並非眞有實證之可言者。此勿重述，而免浪費筆墨篇幅。

復次，陳健民所說之「法界本定」，乃是妄想，由彼所言之「法界本定」開示中，即可知其仍於法界實相無所知也：《《虛雲的那種定是小乘的定，是死水，是止，而不是法界本定。法界本定時，心還是清清楚楚的。》》（34-934）

如是所言，顯見陳健民仍墮意識境界，而以「想像中之虛空法界」爲佛法所說之法界也。卻不知虛空乃是「色邊色」，依於無物而施設虛空一法，故虛空一法乃是依物而有，故名。而陳健民以虛空作法界觀，可見彼仍未知法界之眞實義也，亦可見彼仍未證得第八識如來藏也，否則必定不作如是法界之妄言也。

云何說陳健民仍墮意識心中耶？有文爲證：《《……心休，此心非指肉團心，乃指**法界之心**，**乃法界忘記法界**。**法界自己丟棄法界**，**此之謂心休**。到此境界，以前對法界之寬廣、之累人、之疲乏，至此全無、全休。法界忘記法界，法界自休。故**此心乃法界之心**，**亦即眞如妙心**。至此全休、全了，此即無修瑜伽，**此即清淨法身**，**亦即常寂光**。說來容易，做起甚難。雖難，但非不可能，如響斯應。心休時，亦即禪宗所說之了處。》》（34-951）

然而陳健民對法界完全無知，猶不知法界之體即是衆生出生生命之本源——第八識如來藏，而以覺知心對無邊無際之虛空、作諸妄想，以爲無邊無際之虛空即是法界；復以如是所觀想之虛空爲法界心，於自心如來藏之外而求佛法，成爲心外求法者。陳健民爲觀想如是法界，故自心多所疲勞，故言「對法界之寬廣、之累人、之疲乏」，乃是徒自疲勞之虛妄觀想，與佛法完全無關也；如是而謂法界者，則任何人對虛空作諸觀想，而設定爲法界心者，亦皆是證悟法界體性者也；對佛法如是外行而言佛法之修證，密宗諸師於此絲毫不覺自身之邪謬，而猶崇密抑顯，令人啼笑皆非。

復次，錯以無邊虛空爲法界心故，觀之便覺疲勞，不能盡觀故，虛空無邊而衆生心量仍小故；然而此觀名爲虛妄之想，法界心乃各人本具之第八識故，第八識不在虛空中故。陳師錯以虛空爲法界心，故有如是徒自疲勞之觀想法門妄想。爲除此妄想之疲勞，故又主張：「法界忘記法界。法界自己丟棄法界，此之謂**心休**。到此境界，以前對法界之寬廣、之累人、之疲乏，至此全無、全休。」如是以言「無我」已，復又妄言：「此心乃法界之心，亦即眞如妙心。至此全休、全了，此即無修瑜伽，此即清淨法身，亦即**常寂光**。」以如是意識妄想所得境界之觀想虛空，作爲法界之心、作爲清淨法身、作爲常寂光，眞乃愚痴凡人說夢、而謂夢境即眞也。

此如《楞伽經》佛云：「大慧！云何世間依『無』？謂受貪恚癡已，然後妄想計著貪恚癡性非性。」（卷三）。

密宗亦復如是，計著虛空無量無邊，以之作爲法界心；受此子虛烏有之「法界心」已，然後捨之而言「心休、無我、無累」，以此認作清淨法身、作爲究竟佛地之常寂光。如是之行，即是佛所云之「世間依無」者。此謂虛空無法，依色法邊際而施設故，「性空、唯名」之虛空無法，焉得名之爲常寂光之清淨法身？如是依於無法而計爲實有之法，然後妄想計著虛空之性爲非性，正是佛所說之「世間依無」之外道者也。以如是妄想所得之「法界本定」，而妄評虛雲和尚之四禪八定境界，正是牛頭逗馬嘴之言也；如是無知而崇密抑顯，有何般若證量之可言耶？而言密宗之即身成佛、之勝妙於顯宗，皆成無義之言也。

如是舉例辨正，可知密宗對於「法界實相」之無知也。由此書中之舉例，及篇幅所限而未及舉出之無量密續所言，悉皆同一邪見，終無正見。密宗由於無法實證第八識如來藏，是故別闢蹊徑，另行發明應成派中觀見而否定第八識實相心，代之以「外於如來藏之一切法空」之應成派中觀斷滅見；或因不能證得第八識如來藏，而又不能否定之，乃代之以觀想之境界，以觀想所得境界作爲實相心、法界心、常寂光；以如是李代桃僵之方式取代眞正之佛法以後，另又發明第五智——法界體性智，將彼等所不能證得之第七住菩薩所證「般若根本智」之法界體性智慧，高推爲成佛具足四智後方能證得之法界體性智。然而卻又誤會法界體性，將意識之一念不生、樂明無念、離念靈知……等意識心認作如來藏心，或如應成派中觀見者之索性否定七八識心。如是密宗之種種邪知謬見，完全不知不證法界之體性，而謂爲能知能證法界體性智，並妄稱彼等所證錯會之「法界體性智」爲冠於顯教佛地四智以上之最高智慧，便如乞丐撿得一件破舊錦衣便誇富於國王也！何有智者而能信之？

第三目　以邪淫之法而成就佛地四智與法界智之妄想：

密宗各大派皆妄以爲雙身合修淫樂之法可以成就佛地四智，然後復以妄想之佛地四智而欲成就密宗佛之「法界體性智」：

《《又單就此事業手印（男女雙身合修淫樂之法名爲事業手印）亦可配五智：初、大空智慧之明母（合修雙身法之密宗女行者），與大樂悲心之本尊（合修雙身法之密宗男行者），身與身相抱，脈與脈相啣（詳第九章實修法說明），氣與氣相投，明點與明點相融（詳第九章實修法說明），即是眞實之平等性智；次修相好色空不二（次於淫行中觀賞對方之色相美麗或英俊、與空不

二），出入蓮杵聲空不二（於淫行中觀賞杵與蓮出入之淫聲、與空不二），**麝香之香空不二**（於淫行中觀察淫液之「香」味、與空不二），**吻味之味空不二**（於淫行中觀察相吻唾液之味及吻對方性器官之味、與空不二），**抽擲之觸空不二**（於淫行中觀察抽擲淫樂之觸覺、與空不二），**四喜四空之法空不二**（於淫行中觀察淫樂之四喜淫樂修行方法及四種樂觸之性、與空不二），**則為成所作智；審美、享樂、御空、觀色，則為妙觀察智**（細觀對方之美麗英俊、享受淫樂、駕御空性、觀察色身無常故空，即是妙觀察智）**；現起各級光明，則為大圓鏡智**（現起中脈五輪之各級光明，即是大圓鏡智）**；證得最後清淨廣大法身光明，則為法界體性智**（證得最後清淨廣大之法身光明—覺知心長住於樂明無念之中—即是法界體性智）。**在度生事業中，息增懷誅，皆可在蓮宮中舉行**（在度眾生的一切事業中，舉凡息增懷誅等法，皆可在明妃之陰戶中舉行樂空雙運之際而觀想完成之），**亦屬成所作智**（這也是屬於成所作智）。**此等五智，豈非密法中要義耶？》》**（34-95~96）

密宗又云：**《《如彼續頌云：「空體之體中離分別之色，如幻女看鏡，唯見其影像。」如上非執物也，能超世間諦故，如是色蘊則成大圓鏡智**（譬如彼續頌云：「於覺知心空無色質之光明體中，離於分別之色法，猶如幻化之女人看鏡子一般，只看見其影像而未看見鏡子本身。」如上所說，非是執著物質法也，如此即能超越世間真理故，這樣的色蘊則成就大圓鏡智）。**又頌云：「一切法平等，**

住一體不動，出生不動智，不斷亦不常」，是受蘊平等性智（又有頌云：「了知一切苦樂捨受等法皆平等，而住於一體、心不動轉，這樣出生了不動智，實證覺知心不斷亦不常」，這就是受蘊平等性智）。又頌云：「自體殊勝想，由何種出生，獲得無動位，無能知所知」，是想蘊成妙觀察智（又有頌云：「覺知心自體殊勝之想，由什麼種子出生，獲得無動位，無能知與所知」，即是想蘊成就妙觀察智）。又頌云：「無生諸法中，舍離諸形相，無佛無菩提，無諸有情命」，是行蘊成為成所作智（又有頌云：「無生之身口意行諸法中，捨離種種形色之相，沒有佛也沒有菩提，也沒有諸有情之生命」，這就是行蘊變成成所作智）。又頌云：「超越識之法，清淨智無垢，自性光明法，通達空界性」，是識蘊成法界體性智（又有頌云：「超越六識之法─樂明無念而不分別善惡─這種清淨之智慧沒有污垢，乃是自性光明之法性，通達了空界體性」，這就是識蘊變成法界體性智）。如前所述，四住時中，智皆圓滿。》》（34-484）

有時則云：《《初析俱生智體（初、分析淫樂中俱生智之覺知心自體），一切所知之智自性，如前已述。根現量（男女二根與五根之現量），意現量（覺知心覺受之現量），自證現量（自己親證之現量），如此一切若以眞實瑜伽認持已（如此所說一切法，若以真實瑜伽─實地合修雙身法而覺受之、領納之），是爲一切現量俱生智本體（這就是一切現量俱生智之本體）；爾時能所知盡其所有（此時對於能知與所知，已經盡其所有悉皆了知），**一切正見攝持矣**（一切佛法正見皆已攝持具足矣）。**於因果能別別觀察，為妙觀察智及自體空智**（此時，於因果能一一加以觀察，即是妙觀察智及自體空智）；**於後得自在已，故能示現彼力，為成所作智**（此後能得自在觀察已，故能示現彼妙觀察之力量，即是成所作智）；**一切平等，為平等性智**（因此而能觀見一切平等，即是平等性智）；**安住真如不動，為大圓鏡智**（這樣安住不動，即是大圓鏡智）。**頌云：「無欺無虛是法爾，諸相現證於菩提，遠離於垢染習氣，佛陀所證涅槃者，勝義之中無二分」，如上為法界體性智，為一切智自性**（頌云：「無有欺詐、無有虛妄，本來如是，諸相皆現證於菩提，遠離於垢染及習氣，佛陀所證如是涅槃者，勝義之中再也沒有第二法可分別了」，如上所說即是法界體性智，即是一切智之自性）。**若爾，彼智之障，從何所生耶？答：由忽然念起，如前已及，染污意為根本，由彼執我、我所而出生**（若是這樣，彼五智之障礙，從何處生起呢？答：由忽然出生一念而起五智之障礙，如前所說已經提及，染污之意為根本，由彼執著我與我所而產生「五智之障礙」）。**法稱論師云：「有我故執他，令他起貪瞋，與彼等相合，出生一切罪」，如上現行已，不能安住真實，而於非實、執迷錯亂，如見陽焰為水，如頌已喻。苟能離「能知所知」之執著，則得成佛**（法稱論師說：「有我故執著有他人，使得他人起貪瞋，與彼等相合，而出生一切罪業」，如上所說而現行之後，不能安住於真實際，而於非實有諸法、執迷錯亂，猶如看見陽焰而認作是水，如頌中已喻。如果能遠離「能知、所知」之執著，則可以成佛）。……**如此諸通達，各各自智明，無垢空無著，無礙故清淨，如上通達已，爲通達究竟之果**（……這樣就是通達究竟佛果了）。》》（34-507~508）

如上所言，密宗上師悉皆隨於自意言說而解釋四智之體性，乃至說言：「**在度生事業中，息增懷誅，皆可在蓮宮**（皆可在女性生殖器官）**中舉行，亦屬成所作智**。」如是邪淫荒謬之言，而密宗行者竟可信之、修之、證之，眞可謂爲「修行者之無上妄想」也。推究其四智之內涵，則皆不知、不證第八識如來藏，而對衆生廣言「外於自心藏識之般若，外於自心藏識之四智五智」，完全違背佛所說之「依於自心藏識而有之般若與法界體性智及佛地四智」，云何密宗諸師、諸學人悉皆不知加以檢討辨正之？

密宗如是誤會四智，非唯一端，各派皆然，譬如**宗喀巴亦復如是誤會四智**：《《……。又可釋咒義爲五部，謂**嗡字表大圓鏡智，空性表示平等性智，智表妙觀察智，金剛表示成所作智**，自性表示最清淨智，後二表自爲五智體大金剛持自性。後二種釋，即於初釋緣空性智，就義別開。『教授穗論』謂此三釋皆是世尊續中自說。》》（21-502）

若如**宗喀巴**此說而可眞是佛法者，則佛法唯是戲論爾。如是宗喀巴之言論，則已意謂佛地四智只是言說施設而已，皆唯是某法某法之表示而已，必竟無實，正可符契宗喀巴與印順所信奉之應成派中觀邪見——一切法空、性空唯名（詳第七章第四節舉證）。如是一表千里、以表作眞之黃教密宗法義，完全是戲論，所說完全言不及義——所說不能觸及第一義諦。

古代密宗之大修行者，黃教推爲「至尊」之宗喀巴，以及當代密宗大修行者，證量極高之陳健民，所言之四智五智，仍然錯謬，餘亦可知矣！譬如白教大修行者陳健民如是言：

《《「一味」時之心識轉變狀態者：六入所顯，本來無縛，今亦不解；本來皆從明體出生，今亦可從明體顯現，不用離戲之觀份之覺照，任運從明體出生妙用，**不唯心識主宰之地位已早由明體代替，即一切心理現象，所謂相分者，已非八識所能統轄；一切機感神變，皆係明體本身之妙用**。宿生積集八識田中五毒種子，皆已由明體昇華，而轉成智妙用。由此等流因，直至無修階段之圓成性完成時，則其明體部分能昇華第七識，轉成平等性智，其妙用部份能昇華前五識，轉成成所作智。》》（34-880）

如是所言，將一切四智五智皆歸之於明體；與 佛所說一切智慧皆歸之於第八識如來藏者迥異，完全違 佛所言之四智也，是故密宗對於佛地四智之說，皆是自意所想而施設之法也，實非佛教之佛法也。

陳師又作是言：《《**無修自轉之智配法界體性智者**，**密宗建立第九識**，**即如來藏識**，此識即果位本具佛識，必至一切微細修垢完全清淨，本來之如來藏全部圓滿顯現。故必經無修瑜伽之純熟工夫，不唯令一味之妙用及其解脫性趨於純熟，離于修垢，亦且令前二離戲之清淨性，專一之堅固性，亦同時趨於純熟，離于修垢；如是明體妙用雙重純熟離垢，而形成無修**自轉**、**公轉**雙重之圓成性，故當**配合第九識轉成法界體性智**。明體純之又純，經過無修後，即成熟至法界體性智。而溯其前三之努力，等流至于無修階段，即完成其他四智。專一即見明體而堅住其上，時圓明周遍之體，故能轉八識而成大圓鏡智；然有堅固明體之執，必至無修乃完成其轉智之功能。專一既有明體之執，必經離戲破之，此種破明體之執，非普通尋伺思擇之思慧或觀法可比，故已能開始轉六識成妙觀察智，直至無修階段，乃完其純淨之觀察智。修一味時，就明體清淨之力，隨拈一法皆成妙用，以此大神變功德，作一切度生事業，而不著自他、善惡、聖凡之相，於是轉七識為平等性智，前五識為成所作

智，直至無修階段，此二純乎其純，乃得完成轉智之全功，而無修之成法界體性智，則勢所必然矣。》》（34-881）

陳師雖然努力瞭解唯識之旨，然於唯識旨意仍然完全誤解。此乃正常之事，乃至顯教之月溪法師、印順法師亦復如是誤會而嚴重錯解唯識正義；此因唯識之眞實證解者，必須先經禪宗之證得第八識心，而後閱諸唯識經典時方能眞正如實解義，非諸未證第八眞相識者所能了知也。

第八識、第九識、第十識者，皆是同一識體，依未斷除煩惱障現行而立第八阿賴耶識名，依於斷除煩惱障現行而未斷煩惱障種子，別立第九異熟識之名；依斷盡煩惱障種子及所知障隨眠，而立第十無垢識（佛地眞如）之名。雖有三識之名，餘名更爲繁多，無智之人往往誤認爲有多識，然實皆是同一第八識，由所斷障之層次淺深差別而立八、九、十識三名，實唯一識（詳拙著《正法眼藏—護法集》中所述，此勿贅言），而密宗諸師、月溪、印順等人悉皆錯會第三法輪唯識經中聖教言語，不能眞解唯識種智眞旨，是故乃有種種誤導衆生之妄想無智言說與著作流通人間。

密宗既言明體即是衆生生命之本源，則不應復言有第九識爲衆生智慧之體也；實相智慧之體必是衆生生命之本源故。若明體亦是衆生生命之本源，則明體即是法界之實相心；若第九識如來藏亦是生命之本源，則亦應是法界之實相心；審如是，則應實相法有三—第八識、明體、第九識如來藏；若實相法有三，則實相法應非絕待之法，成相待法，則非是 佛所說之實相心也。果眞如是，則應 世尊非已成佛，所說非是唯一絕待之實相法故，別有餘二實相法未曾宣說故。若不爾者，則知密宗所言「明體爲智慧本體、第八識外別有第九識如來藏爲智慧本體」之說，乃是妄說，非如實語也。

如是，密宗依於明體而言、而修、而證者，以及別立樂明無念覺知心之「第九識如來藏」，而言說、而修行、而親證者，實非佛法也，與實相心之第八識如來藏完全無關故，非是證得如來藏識故。既然所修所證非是如來藏本體，則彼等所說之證得四智、五智、轉識成智等，即爲虛妄臆想之說，絕無實義！復次，陳師此段文中所言之法，尚有多過，限於篇幅，不克一一言之，就此表過，暫不論之。

密宗之五智，乃由雙身法之淫樂中而證得，**宗喀巴亦如是言，初無二意：《《爲令了知般若明妃**（明妃有女陰能令人證得樂空雙運之成佛道理，故名般若明妃）**是圓滿最勝無漏之正方便故，初發業者及彼等字所攝智增進位皆不應捨**（初發事業手印之密宗行者及彼等梵字觀想所攝之「智增進位行者」皆不應捨棄明妃）**，故授明妃禁行**（故授予明妃禁行：若離明妃、不行雙身法事業手印者即是違犯三昧耶戒）。……爲令專修五智自性菩提心行，故授金剛禁行，終不應離（爲令專修五智自性菩提心行，故授與女性行者金剛禁行：終究不應離棄金剛勇父—不應離棄密宗男性行者）。若離諸行，亦不能證彼菩提心，爲令學故授行禁行。此有三種：第一行者……（修明點觀想……等，文長不錄）。第二行者受持五種莊嚴，謂由與瑜伽母具足禁行（謂由與明妃在雙身法中所說之禁行具足持及具足修等），引發淨法界等五智。第三行者，若得四種現法神通等力，爲欲饒益諸有情故，離世間諸瑜伽師或瑜伽母，由修一切內莊嚴力（由修雙身法之一切內莊嚴力），出生悲空無別大菩提心。》》（21-418~419）

宗喀巴意謂般若之證得，男性密宗行者要依明妃（女性行者則依金剛勇父）修雙身法而證，若違此理而修般若者，即違密宗之戒，故授明妃禁行；對女性密宗行者，則授予金剛禁行：必須依金剛勇父而修，悉皆不可外於雙身法而修般若慧，是故言：「爲令專修五智自性菩提心行，故授金剛禁行，終不應離。」謂密宗行者不得離於雙身法而修般若也。

宗喀巴所言：「第二行者受持五種莊嚴，謂由與瑜伽母具足禁行，引發淨法界等五智」者，乃謂依於明妃而修雙身法，於性高潮中昇華精液之淨分，以此爲清淨種子，故名引發淨法界（密宗說精液即是出生眾生之種子故，即是眾生法界之種子故；「界」即是種子異名故）；由引發清淨法界而證得五智。密宗以如是邪淫虛妄之想，而施設禁行，諭令密宗弟子不得外於雙身法而修證般若，諭令密宗弟子不得於雙身法懈怠而修，欲令藉此雙身法而證密宗所說之五智。

然而佛之四智及七住菩薩所證之法界體性智，實皆由親證第八識如來藏而後始生，非由修學明體及雙身法淫樂之樂空不二等「智慧」而得生起也，明體及淫觸之「性空唯名」實與般若慧無關故，修之完全不能發起般若慧故，密宗所說雙身法中之「般若慧、四智、五智」皆非 佛所說之四智及法界體性之智故。

非唯宗喀巴作如是言，白教之陳健民上師亦作是言，同如宗喀巴之主張應於雙身法淫樂中「修證五智」：《《為佛不共無漏通，及此下諸神變通力易獲得故，必用實體明印（必須使用實體明妃作事業手印）。由於雙運實修上運行智慧氣開發中脈（由於二人雙運合修上運行明點智慧氣而開發中脈），則實證如來藏中法身光明，具足他心通及不共無漏通等；又令智慧明點入住於中脈，從下而上，依次開發六輪，每輪之開發皆具有特別之功德，條列如次：

A.密輪開發，能見俱生智，通達勝義見道，實證初、二地功德。於氣，則風大得自在，足捷身輕，落地如棉；於心，則得成所作智。

B.臍輪開發，通達一切佛語，佛所說十二分教，無礙了知，實證三、四地功德。於氣，則地大得自在，具足了知那曙衍那神力；於心，則得平等性智。

C.心輪開發，得法身佛，智力增廣，光明顯現，無分內外，通達修道智，實證五、六地功德。於氣，則空大得自在，飛行空際，無有障礙；於心，得法界體性智。

D.喉輪開發，得報身佛，一切教化辯證皆得自在，通達十方各國方言，實證七、八地功德。於氣，則火大得自在，入水不溺，能溶解一切物質；於心，得妙觀察智。

E.頂輪開發，證無學道，光明地道一時圓滿。於氣，則水大得自在，能入火不焚，身柔光滑；於心，得大圓鏡智。

F.頂髻輪開發，刹那圓證從本以來普賢王如來位，顯現果位光明大灌頂，此則灌頂最後之目的也，現證無上智，亦有十一、十二地之說。》》（33-412~414）

如是所言：藉用實體明妃，於男女二人合修雙身法中，藉二根交合而生淫樂，以修證中脈明點之通達六輪（自下體蓮花輪而上，依次爲臍輪、心輪、喉輪、眉輪、頂髻輪）而發起種種「功德」，而實證「諸地」果位，及

「法身、報身、究竟佛位」等。亦以雙身淫行之法，而修中脈明點升降之通達等，分配爲佛地五智之修證。

然而如是所說自語相違：既言成所作智乃佛地方證，則不應又言「初地證得成（所作）智」；既言法界體性智係證得佛地四智後之「大毗盧遮那佛所證者」，即不應言「五、六地證得法界體性智」。如是所言，豈唯前後自相矛盾，亦復悉違　佛說，非眞佛法也。

陳健民所說，卻與陳淳隆二人網站上文所言相背；陳健民言法界體性智於因地已經發起，謂雙身法合修時之「智慧明點」升至心輪時已發起「法界體性智」，然後升至喉輪、眉輪而起妙觀察與大圓鏡智，非如陳淳隆二人所說：「於四智完成後，方證法界體性智。」是故密宗諸上師所說自相違背，令密宗行者莫衷一是、無所適從。

當知大圓鏡智、成所作智之圓滿，要依妙觀察智及平等性智之修證圓滿而得，「妙觀察與平等性」二智則要依證得法界體性智方能現起，若不能證得法界體性之智慧，終不能發起妙觀察智；不能發起妙觀察智則不能發起平等性智，平等性智無由生起故。然學人若不能了知有情法界之根本何在，云何能有法界體性之智慧？無是理也！

所以者何？謂一切有情法界之總體性，皆由萬法根本之第八識如來藏而直接及間接發起故；一切學人若證第八識心已，便能現觀有情法界之根源何在；由是現觀故，便生妙觀察智，非諸凡夫及二乘有學無學等愚人所能觀察，故名爲妙；由是妙觀察智之所現觀，故親見一切有情之理體法爾平等，各各悉有第八識故，而各各有情之第八識悉皆同一平等體性故，非因悟與未悟而有差別故。

由有妙觀察與平等性二智故，方得漸修一切種智及修除性障……等而進住初地，分證五分法身而漸除習氣……等，乃至究竟佛地而得頓生大圓鏡智與成所作智。由是正理，當知一切學人欲成佛道者，必須先證法界體性智，法界體性智是佛菩提一切種智之基礎故，是明心證悟者所親證之智慧故，明心證悟者所證之法界體性智唯是第七住菩薩之般若總相智故，證得法界體性智之一切菩薩皆未能了知一切種智故，尚須親從大善知識而修學別相智與一切種智故，此是一切證悟般若總相智之七住菩薩所共安住之般若境故，亦是一切證悟之後進修一切種智之菩薩所共了知之正理故。

是故密宗所說之五智等法，皆是自意妄想而說者，非唯自宗所言互生矛盾牴觸，亦復違 佛所說，不符聖言量，非是 佛於諸經所說正法也。如是等密宗上師所言，唯能誤導衆生墮於戲論之中，於佛法修證完全無益也，與佛所說佛法修證之解脫道與佛菩提道全然無關故。

第六節　密宗臆想之無我證量

密宗每以心想無我，即謂已証無我：《《夫無我有二：一、眾生無我，二、一切法無我。如修無我，先想我死無常；能將我死無常想得透徹，則我執自破。但在佛地之前皆不能全無我心，足見我執之不易破也。行者當想一切法與一切眾生既然自性本空，則眞我從何而得？我且不眞，遑論形相？可知凡所有相皆是虛妄。昔蓮花生大師曰：「一切法空，一切眾生無我」，古來之佛莫不如此稱說也。因眾生從無始以來皆執我爲實有，是故流轉輪迴，萬劫莫拔，良可哀也。昔末而斡（馬爾巴）喇嘛囑其門徒密勒往恒河東邊去見密得喇斡，向其求一切法空之理。因一切法空之道明白，則身三可得，斷心可有也。》》（62-72~73）

然而密宗古今諸師其實皆未證得無我之法，上至梅紀巴、畢瓦巴、月稱……下至阿底峽、蓮花生、宗喀巴、歷代達賴法王……等人，迄無一人證得無我法也；所以者何？謂彼諸人皆同以雙身法中之樂空不二、樂空雙運中之觸覺、及其中之覺知心無形無色，而作爲空性故；月稱、宗喀巴、達賴⋯等人既皆同執樂明無念之覺知心爲常住不壞法，則皆墮於意識心我見之中，而自言能斷已斷我見我執，實無眞義可言也。如是密宗上師等人之「證量」，具載於密續之中，乃至口訣相傳至今而仍不斷，俱墮常見外道之「**常不壞我**」中，而自謂已離、已斷「我見」，皆是誤會佛法「我空」之旨者也。

藏密黃教諸中觀師（譬如印順法師、達賴喇嘛、宗喀巴⋯等人）更以「外於如來藏之**一切法空**」爲最究竟之佛法，而墮於斷滅見及「無因論之**一切法空**」中（請詳見拙著《邪見與佛法、楞伽經詳解、真實如來藏、我與無我⋯》諸書中之辨正，此處勿庸重述），而不知「一切法空」之理乃依於「蘊處界有」而生；要依「蘊處界有」之法，方能有一切法空之理。是故一切法空依蘊處界有等法而有，屬於現象界之三界法，是故一切法空說非是眞實佛法，此理乃是二乘所修之世俗諦，此理不能言及第一義之實相故。

更可悲者，謂東密及西藏密宗各派，甚至連最基本之二乘法世俗諦之無我空，亦不能證得，遑論佛菩提之修證？何以故？謂東密諸師悉未證得如來藏故，亦不解十八界空相之世俗諦故，墮於覺知心中故。而西藏密宗則皆以明體爲實相法故，妄以爲：依於觀想所生虛妄之明體，可以修成佛道而證實相故。然明體實乃妄想所生之內相分境，乃是依他起性法中之「再依他起性」之法也，依意識心之觀想而生故，意識是依他起性之法故。

亦謂樂空雙運、樂空不二中之淫樂相應之覺知心，其實正是依他起性之意識心，並非樂明無念時即變成佛地之眞如也。縱使雙身法眞能修成佛果者，修至「佛果」時之覺知心仍是意識故；然佛地之第八無垢識乃是自無始劫來即已存在之法，非如密宗所說之由覺知心意識轉變而成者也，佛地眞如是本住法故，與意識心同時同處而運行不輟故，非因修行而後出生者故，非因滅卻意識覺知心而後始有之心故。

西藏密宗各派既皆同以樂空雙運、樂空不二之覺知心作爲常住不壞之法，則墮常見外道法中，與常見外道所說之「一念不生常而不壞」之覺知心爲同一心也。由是故說：密宗諸派皆未曾證得二乘法之世俗諦，亦皆未證得大乘法中之如來藏也。未知未證七住般若慧之密宗，而以種種佛法名相，而以明點及覺知心作爲實相心、作爲如來藏，所說實無可信之處，所言證聖之言即成虛妄之語，皆是勇犯大妄語業者也。

密宗復以心想「空安不分、一切法空」而一心不疑者，即名爲已成羅漢，不知應斷我見、應除我執，而自以爲已斷我見、已除我執；邪謬至此。嚴重缺乏佛法知見，皆處凡夫位常斷見中，而反貶抑顯宗行人之依法正說、依法正修、依法正證者爲因地修行，爲證量粗淺，殊不知密教諸師悉皆誤會顯教之法，完全不解顯教之「二乘、通教解脫果」，亦復完全不解顯教大乘之佛菩提果。譬如密宗上師作如是說：

《《幻身之道得後，幻化始來。修法之人須先修起分，起分修好乃修正分之初步工夫，初步工夫修成後始修幻身。如有疑心，即爲不清淨之幻身。於「空安不分」疑心全無時來，自己身體完全爲佛身，如海中之魚出來一樣清淨者，此身也。是時一心平定坐，一切皆不問；下座之後亦仍「一切法空」，與幻化時同。凡屬有情，不論巨細，皆視爲佛；即一蟲之微，亦視作佛之化身。一切空處器物，不論大小皆視爲佛之壇城，此種想念不可一刻離懷。**苟能如此一心不疑者，即與佛無異矣**。**是人在顯教理上，謂之羅漢**，因其煩惱已除也。蓋在密教中，疑心去則煩惱亦隨之而除也；在顯教中，疑心去後，尚有一百十二種煩惱待除，煩惱除盡始是羅漢。藏經中『根本經』云：見道來後，其人即成聖人，生死之苦除矣。》》（62-223~224）

如是，密宗以思想「一切法空、空安不分」而不疑者，即成聖人，而不在斷我見常見下手，不斷除「離念靈知常住不壞」之邪見，不知「離念靈知虛妄」之理。學人當知：二乘解脫道之修證，並非打坐時心中作「一切法空」之想、即可證得解脫果；而是在坐中及一切威儀中，詳審觀察覺知心之虛妄、觀察處處作主之意根虛妄，如是斷除我見與我執，方能成就解脫果。若如密宗所說之坐中作「一切法空、空安不分」之想者，仍墮意識心中，始終不斷意識我見—始終認定覺知心爲常而不壞之我，正墮常見外道所未能斷之「常見見」中。常見見之「我見」尚不能斷，何況能斷我執？我見我執不斷，尚不能知顯教初果分證解脫之境界，而言能知阿羅漢所證之解脫果者，無有是處！由上所舉一段言論，即知密宗悉以所想爲眞，而非現觀與實證佛法之宗教。

是故應成派中觀師如月稱、宗喀巴、歷代達賴、印順法師…等人，悉以爲能觀察「一切法空」者即是有證量之人，是故印順之徒衆等人否認佛教界所說「印順法師是學問僧」之評論，而認爲印順是有般若證量之人、非唯研究學問而已。然而印順等應成派諸中觀師，既皆否定第八識如來藏，而般若諸經所說眞旨則以第八識如來藏而說，所說般若中道諸理乃是「非心心、無心相心、不念心」之第八識體性：般若以第八識心爲體。印順等人既否認第八識，則顯然不懂般若，未證悟般若，有何證量之可言者？

月稱、宗喀巴、達賴、印順…等人復又否認第七識意根之存在，則佛說之十八界，已被印順宗喀巴等人改寫爲十七界，由此以觀，印順是否爲「有般若證量者」？於此已明，何須彼等徒衆出面否認「學問僧」之名、而高舉其佛教界之地位？

復次，佛說：「往世意識不能來至此世，此世意識亦不能去至未來世」，謂意識是依他起性心，若無有五色根出生完好存在，則如來藏亦不能生起意識覺知心；是故覺知心唯能依於此世之五色根爲俱有依而起，不能離此世俱有依五色根而起；此世意識覺知心，不能依往世或來世之五色根而起，往世五色根已壞故，來世五色根尚未出生故，是故意識覺知心不能貫通三世、不能來往三世。

猶如意識之不從往世來，亦不能去至後世，唯有一世；如是，前五識亦皆隨於意識而不能去至未來世，亦非從往世來至此世，是故前六識皆唯能依如來藏藉此世五色根所生中陰身之微細五色根，而現起於中陰階段；中陰身受生之後，前六識悉是死已永滅、唯有一世，永不復現。

宗喀巴以明點及雙身法之樂空「智慧」作爲聯繫三世因果之本體，故不承認　佛於前後三轉法輪諸經所說之第八識與第七識。然而此說虛妄，謂明點乃依意識而生起，雙身法之樂空「智慧」亦依意識而有，非可外於意識而獨存也。既依意識爲俱有依，則知非是本有常住不壞之法，意識本身已是依他起性之緣起法故，明點及樂空之慧復依意識而起，則是依他起性中之再依他起者，云何可以顛倒建立爲意識心之所依法，豈非顛倒黑白、指鹿爲馬之說？如是依他起之無常法，云何可建立爲常住不壞之本體？宗喀巴之顛倒白痴與無智，已非嚴重而已，實已至於難以想像之地步也。

達賴、印順……等應成派中觀師，依於現實常識，明知意識不能來往三世，爲防否定第七八識而致死後成爲斷滅，爲防「違背因果法則」之譏，爲防他人斥其爲斷滅見者，乃於否定 佛說之第七八識後，另行建立「意識細心」說，主張有一不可知、不可證之意識細心或極細心，作爲三世因果之聯繫者，以免墮於斷滅論中。以如是建立故，又復墮於十八界之意識界中，仍然未離常見外道之常見法。

印順雖言：「意識而加以不可知、不可證之說，當然有別於常見外道」，然而 佛說意識心時，於四阿含中處處皆作是說：「一切粗細意識皆意法爲緣生。一切粗細意識皆可知可證。」無有不可知、不可證之細意識，迥異印順、達賴、宗喀巴「有細意識不可知不可證」之說也。

復次，若有細意識而不可知、不可證，以此爲三世不壞之心，作爲連繫三世因果之主體識，則此不可知不可證之細意識應是實相之心，則應是可知可證者；若非實相之心者，云何可能是三世因果之聯繫者、之主體識？若非可證之心，則印順所說即成無義，不可知、不可證故；亦應 釋迦佛非是證道之人，尚有細意識不可知不可證而未能證故，則非是一切智者，則非是已成佛道者。如是印順與宗喀巴邪謬之理，可建立其說爲佛教正法耶？抑不可建立其說爲正法耶？

審如是，亦應印順非是證悟般若之人，所說之法未曾親證故，尚有不可知不可證之細意識未曾證得故；亦應印順是戲論者，佛所說法皆是可證之法故，印順所說法是不可證者故，唯是想像故；亦應過去無量佛是未成佛者，非是「一切智」之智者，尚有印順所說之不可知、不可證之意識心，而彼諸佛悉未能證故。是耶？非耶？有智之人盍共思之！

復次，不可知、不可證之法，可是佛法耶？既非佛法，則「不可知、不可證」之說即成戲論，與解脫道及佛菩提道悉皆無關故。如是，印順以不可知、不可證之戲論法而作言說、而言佛法者，云何彼諸徒眾可美之爲「於般若有證量者」？

如是種種過失，顯示月稱、宗喀巴、達賴、印順等應成派中觀師，個個皆是臆想佛法之人，非是實證眞修之人也。所以者何？謂二乘羅漢尚須親自觀察第七識意根之虛妄（雖然意根能從往世來至此世，復能去至未來世），而後斷除意根之我執，非唯斷除「意識常住不壞」之我見而已；如是聲聞涅槃之修證，具載於四阿諸經中，現仍可稽；而彼印順、達賴…等應成派諸中觀師，竟能否定四阿含諸經中所說之意根（第七識），而謂爲無，而謂爲佛滅後之大乘法經典中所創造者。然後又復建立不可知不可證之意識細心說，取代 佛於四阿含諸經中所說之第八識如來藏，作爲連繫三世因果之主體識，則是以建立之不可知證之本體論，取代佛說之可知可證之本體論，謂之爲嚴重破壞佛教正法者，誰曰不宜？

如是宗喀巴、達賴、印順…等人「睜眼說瞎話」之言語著作，云何可信？云何彼諸徒衆可稱：違 佛所說阿含經法之「**印順法師是於佛法有修證之人**」？今者請問彼等師徒：「印順於三乘佛法中，究竟是於何乘之法有所修證？」若言二乘法，則二乘法中之意根第七識，彼尚不能現觀，而說之爲無，而否定之，則已顯示彼印順尚未能現觀十八界法；未能現觀現實運作之十八界法者，云何能現觀十八界法虛妄？不能現觀十八界法虛妄之人，云何可言其於二乘法之解脫果有所修證？

如是，於十八界法尚且不能具足現觀之印順法師，若言於緣覺法、於大乘般若、於大乘種智有所修證者，皆有許多過失，可以證明其爲「**學問僧**」，非是修證僧；確可證明其於三乘佛法悉皆不知不證也，皆可舉例而證明其於佛法之外行、只是研究佛學之學問僧而已。限於篇幅，暫且從略不論；若有彼諸徒衆爲文著書，舉例強言其於三乘佛法爲有修證者，當以別書專書而作辨正，於此暫表不述。

密宗諸師之自續派中觀者，雖不否定第八識，而皆錯以意識爲實相心，則亦不得言爲「於般若有修有證」也。若如上開所舉之文，顯見未能現觀十八界法空，而言「心想一切法空、便是聲聞羅漢」者，眞乃妄想之徒也；如是而言即是「顯教阿羅漢之修證」者，顯示密宗上師之完全不知顯教之法、完全不證顯教之法，如是而言已完成顯教之修證，而言「必須修證顯教之法完畢者方能修學密教之法」者，乃是狂妄宗徒誑人之言也，乃是以凡夫之身而崇密抑顯者也，有何證德證量之可言耶？

密宗之以雙身法配合明點寶瓶氣修法，而認爲可以證得解脫果者，非余故意栽贓誣蔑之言也，乃是西藏密宗諸大小宗派之一切共識、共法也，乃至號稱最嚴謹而具足修行體系之薩迦派亦復如是，有文爲證：

《《**如三灌**（秘密灌頂）**時身語等三種等匀**（淫行中之身口意皆一心不亂）**而爲，復由以剎那中「方便、智慧」相融而住**（男女雙方皆具方便善巧及「樂空智慧」行門，令雙方之物質明點與觀想明點皆相融合而安住），**乃行於父母二者**（乃觀想男女雙方）**之界**（種子、淫水）**淨分**（高潮射精時上提淫液之氣分名爲淨分）

勝蕊處（龜頭及子宮口），於中脈下端，如山嘴相接（將龜頭啣接子宮口），如匯水於池（不可令雙方之淫液流出女性體外）。（於高潮時上提淫液淨分之氣而觀想）如芥子許之明點色甚白，化光由右血脈行至臍輪，於臍輪其光若破曉之日冉冉而昇、其光大粲粲如日之遍照，若肺鼓氣脹脹而起。　又行右血脈，觀其於心輪亦具三法，又行血脈，至喉輪、亦具三法。復行血脈至右耳放光而出，由其光中復現本尊壇城，於一切有情之相續行四灌頂，（觀想）有情眾成（爲雙身交抱之）本尊；由有情眾之本尊與其所放之光二者相交混，轉甘露精粹，安住於頂門梵穴外中脈口處。　復念頂輪具三法，其光紅色降於喉輪，具千日之光輝，復降至心輪，於自相續轉成五身之驗相，其色亦轉成五色。臍輪以下，因界易集聚之故，脈清淨之道由臍而生，於如前佛母之蓮宮（明妃之下體中），以明點之形相而住。　其右所執之波浪凝堅，圓滿集於右血脈中，於勲息得自在，謂「**空解脫門**」，此**初果**。　如彼亦行於左脈者，能執之波浪凝堅，圓滿集於左精脈，於命息得自在，謂「**無願解脫門**」，此爲**二果**。　如彼行於中脈者，能所二執之波浪堅凝，淨治此中脈，於住息得自在，謂「**無相解脫門**」，此爲**三果**。》》（61-297）

以如是觀想明點、寶瓶氣、雙身合修之法，配合運用而修；復以如是觀想所得之境界，配以二乘解脫果所證之初果、二果、三果，而言已證三解脫門，其實完全不能現觀十八界法之虛妄，完全不能現觀五蘊、六入、十二處之虛妄，悉是未斷我見者，如是而言能證解脫果之初二三果者，無有是處。解脫果之初果至四果之修證，一一皆須現觀蘊處界無常、苦、空、無我，方能證得也；豈以如是貪著淫樂而不斷「覺知心我常住不壞」之邪見者，所能得證？顚倒至此，何得說之爲佛法之正修耶？尚不如斷見外道之知見也。

密宗悉皆以爲：心想「一切法空」即可證得解脫道及成佛，而不知「一切法空」只是般若經中、依如來藏而說之十八空內之一種空相爾，誤會一切法空即是般若之全體，是故對於般若便生種種妄想，復以如是妄想而誤導衆生，謂一切法空即是般若；應成派中觀師印順，乃至妄言：「般若乃說一切法皆緣起性空，故唯名無實，故說般若正義即是性空唯名。」然而諸多信受應成派中觀之顯教法師居士，與諸密宗行者，對此邪謬說法卻不肯詳審思維而如實辨正之，反作自圓之說，而言彼等所修是眞正之解脫道及佛菩提道；密宗諸師更將誤會之說，高推於顯教正法之上，顚倒其詞，謂爲更勝顯教之法。

譬如陳健民曾作是言：《《宗喀巴大師也承認：除非密乘行者先實

修了第三灌法（原註：此法授權行者可依瑜伽母實修雙運之禪法），否則他不能實證到寧瑪巴的大圓滿或者獲得大手印的成就。他不願意把三灌和四灌法分開。但是在寧瑪巴本身，則有兩條修行的道路：一條是解脫道，另一條是雙運道。紅教（寧瑪巴）大師們都宣稱：這兩條修行道都可以指引行人**在一生中達到無上正等正覺**。》》（37-165）

然而眞實情況則是寧瑪巴所說之一切法，皆不能引導任何人證得解脫道及無上正等正覺；紅教如是，黃教、白教、花教亦復如是，所說、所修、所證皆違解脫道及佛菩提道之正理與行門。此言密宗諸派所說法教，皆是以明空雙運（打坐入定而一念不生時，認取離念靈知心爲佛地真如）作爲成佛之道，亦皆以樂空雙運、樂空不二（詳第八章及第九章中詳述）爲成佛之道。然此二法皆不能證得十八界空而斷我見及我執，如是則無法證得解脫道；亦不能令人證得如來藏而發起般若慧，更不能證得唯識一切種智之正理，則與佛菩提道絕緣，何況能成無上正等正覺？

而密宗紅教自言能修、能證解脫道及佛菩提道，乃是臆想而作之言說，並無實義之可言也。何以故？謂密宗四大派皆認一切法空，卻又執取命氣明點等無常法爲常不壞法，違背自宗所說一切法空之理。既認明體是生命之實相，則墮依他起性之緣生法中，何能與解脫道相應？又皆同認樂空不二、樂空雙運之離念靈知心爲眞如，則亦墮依他起性之意識心中，仍與常見外道無所差別，同皆未斷我見，何況能斷我執？

如是不能現觀明空雙運之意識心無常空，亦不能現觀樂空雙運之意識心無常空，復又不能證得第八識如來藏，則與解脫道及佛菩提道俱皆絕緣，而自美言有三主要道（聲聞、緣覺、佛道）能證解脫道、能證佛菩提，如是假語村言，悉同紅樓夢話，非是眞言宗之所應言也，所說皆非眞言故。

第七節　心外求法之密宗道

何故言密宗爲心外求法之外道？謂密宗悉依外境修証而謂爲佛法上之果証，悉依明點及淫欲中之六塵境界成就而謂爲証得諸菩薩地乃至成佛之果位，悉皆外於自己之眞實心——如來藏識——而修「佛法」，然佛法卻全部圍繞自心第八眞相識而證、而修、而斷所知障及煩惱障。今者密宗違背如是 佛說正理，外於自心藏識而說、而修、而證，皆是向自心之外而求佛道，故名心外求法之外道。

譬如密宗如是傳法：《《修習次第者，由別攝靜慮支，而勤修命勤氣，認持明點、防護淡濃。頌所謂幢即杵，彼之四脈當塞住，由此可配見道。由此後由隨念支，配修道。……以氣數持千八百數，到密杵金剛尖上三千六百刹那時間能定已，得密蓮花位（原註：師云即初二地）。如是臍、心、喉、眉間四者，依次四、六、八、十地，頂與肉髻爲十與十二地，如是……由下得堅固而上溯，摧毀其動搖而得勝不變大貪或名離貪。由瞋淨故，說名大瞋，爲佛異名。由淨痴故，無痴之痴是名大痴。如上貪瞋痴清淨，其根本無明亦清淨，是爲大無明。無明滅除，從行乃至老死，十二緣起亦滅除，乃得三身究竟果。》》（34-424）

密宗上師如是所說，其實皆未斷除我見（取離念靈知心爲常不壞心故），是故未得解脫道之見道果；亦未斷我執（常與他宗他派辯說離念靈知心是常住心而執之不捨故），是故皆未證得解脫道之見道果與修道果。又復皆未証得第八識，是故認取離念靈知心爲眞如心而墮於意識我見中，於大乘中皆是未見道之凡夫，尚不能入於賢位第七住中，更無可能證得初地之道種智，道種智要依證得第八識而發起之根本智方能發起故，道種智是見道「後得智」之通達位智慧故。如是密宗諸師所說所修之法，既然雙違解脫道與佛菩提道，則彼等未能親入三乘法之見道位中，足可證明之也。

密宗諸師常言彼等密宗之法是果地修證，每言顯教之法是因地修行，因而輕嫌顯教之法；然而檢查密宗古今諸師之著作密續所述「證量」及與言說，現見彼等乃至二乘見道亦無，皆以意識爲不壞法而墮我見中故；如是以凡夫之見而言轉識成智，而謂果位教授、果位修證；如是荒謬妄想法門，竟謂爲上上根之人、且須上師灌頂之後方可修之，荒唐已極。

又如密宗如是說言：《《昇華**貪煩惱**之法：首當修小乘不淨觀，使不墮凡夫之貪數；次以大乘諸法清淨，貪性亦當清淨，而修「人無我空、貪無我空」，使第三灌之四空，得有切實基礎；然後趨入密乘，得受灌頂，凡夫身昇華爲佛身，凡夫具（陽具與陰戶）昇華爲佛杵、女爲佛蓮，凡夫四重大樂（淫樂中之初喜至第四喜樂觸）昇華爲四空，然後即此貪道行之煩惱毒，**轉爲妙觀察智**。

昇華**瞋煩惱**之法：諸佛忿怒本尊，或現爲獠牙睜目，或呼吽呸咒語。首當修小乘慈悲觀，發四無量心，使瞋煩惱之根爲其本人私我而發出者，得以根本消除；次發大菩提心，修大乘法二無我，了知利他與調伏瞋心與眞如空性相合；次乃趨入忿怒本尊觀，自然與大菩提心同體大悲，而不落於凡夫之瞋惱上。……故凡修瞋煩惱而能配合菩提心及眞如空者，則必可**昇華此瞋煩惱成大圓鏡智**。

昇華**癡煩惱**之法：修睡眠光明，即屬此法。先當修小乘斷絕睡眠，初唯減少睡眠時間，漸次練習坐睡、不倒單；次當修利他緣起觀，常為他人驚醒，反以利他易倦而得美眠，定於法身光明之上，因此可得大手印之明體，及六法中睡眠光明法之成就。……此種睡眠，醒時如起於定，神智清晰，不可與凡夫之睡眠同日而語。故道家陳希夷一睡十年，則印度薩拉哈一睡二十年，一屬天仙定，一屬法身定。如其昏沉長睡，則未有任何利益。故科學家認為多睡能令人愚痴，而養生家亦以為多睡傷神也。密宗昇華之而**證法界體性智**。

昇華**慢煩惱**之法：密法生起次第，提倡佛慢。當其修小乘法，則多修平等菩提心，使凡夫私人之我慢，漸次減少；其後修大乘法，遵守菩薩戒，忘我利他，平等布施；其後修密宗，得灌頂，成本尊身，則昇華凡夫私人之高慢，而成本尊如來之佛慢。謂我成本尊，當發佛陀同樣大願，當修佛陀同樣大行，當證佛陀同樣大空、大力、大悲，不當再入凡夫之我慢也。譬如密勒日巴，當其回入岩穴門口，發現魔鬼佔住，讚之不去，咒之不去，供之不去，最後乃提起空性法身佛慢，而告之曰：「汝不必去，請與我同居。」一直闖入，而魔已歸於空性，無有蹤跡矣。此即佛慢之實例也。**由此可成平等性智**。

昇華**疑煩惱**之法：禪宗參話頭，小疑小悟，大疑大悟，不疑不悟。密宗最上瑜伽，亦用參究法。貢師傳「普賢如來大灌頂」時，當第四灌舉行，貢師深恐漢人不通藏語，乃用漢語告弟子曰：「汝心在哪裏？」此即等同參話頭，余依諾師閉關匡廬，諾師特傳「仰兑瑜伽」，並囑密密參取「心從哪裏來？到哪裏去？在哪裏住？」每日將所得相告。即是昇華疑煩惱，以參究最後之眞理。禪宗此例最多，不用贅述。能善昇華，則可**轉成成所作智**。

如上一章所述六節妙用，密法分別用之於儀軌、念誦、觀想、氣功、大手印、事業手印（雙身修法），甚多甚妙，使人人之五毒得轉成五智而證佛果。佛果既成，而度生之事業亦可以遂。

夫眾生者，皆五毒之業身也。就各人言，人人皆有此五毒，或輕或重，或轉或造，各不相同；而異熟業報，由此出生。五道者，即五毒所墮之道也。貪毒重則墮餓鬼，瞋毒重則墮地獄，痴毒重則墮畜生，人道則多疑，天及修羅則多慢。此就其大概而論。人道之中，亦有多貪者、多瞋者、多癡者、多慢者，故其轉變其他五道更無一定。**密法使人成本尊身，昇華人易犯墮之五毒以為五智，則即生成佛**。而以此昇華經驗，度脫墮入五道眾生。》》（34-60~63）

又云：《《拙見以為：顯教轉識成智，煞費三大阿僧祇劫；**密教果**

位方便轉識成智，一生成辦。應就上部四灌修持各法，而特論其密法，以爲補充大乘轉識成智之方便。》》（34-94）

然而如上所說「轉識成智」之說，其實正墮外道之法中，惟以佛法名相解說而與外道有所不同爾，內涵則與外道完全相同，所說與佛法完全無關故，所說、所傳、所修、所證皆是外道法故。所以者何？謂貪欲煩惱之消除，非能「在淫欲中、以追求淫樂之第四喜大樂」之中所能斷除故，第四喜之樂觸乃是欲界中最大之貪故，一心求證第四喜即是欲界之最大貪故，欲求長住與常住第四喜中即是欲界最大之欲貪故。云何希求常住淫樂大喜之人而可言藉欲止欲？猶如一心求食，而得食之後復又永嫌食之不足，欲求長時住於飲食不斷之中，言爲以食止食，言爲斷除食貪，一般荒唐無稽。而彼等所言樂與空無二者，完全錯會佛法空性之義，墮在有中而言離有，口中說空而墮在有中，墮在大貪之中而言離貪，眞乃人間顚倒言說之極也。

復次，密宗所言：「受灌頂」後，藉觀想本尊變成佛身而將「凡夫身昇華爲佛身」者，乃是世間最大之虛妄想，佛身非由如是觀想而能成功故，要由修集福德及一切種智方得成就故。

密宗所言：受灌頂後，藉觀想等法將「凡夫具（陽具陰戶）昇華爲佛杵、女為佛蓮，凡夫四重大樂（淫樂中之初喜至第四喜樂觸）昇華為四空」者，更是三界中最大之妄想，佛身早於成佛二大阿僧祇劫之前已斷欲貪故；佛地永絕男女欲之觸受，云何尚須以欲貪之「修證」而轉「凡夫具（陽具陰戶）昇華為佛杵、佛蓮」？而求淫觸？無是理也！是故密宗所言：「即此『貪道行』之煩惱毒，轉為妙觀察智」者，乃是世間最大之妄想與騙局也！如是而言轉貪道煩惱成妙觀察智者，眞是妄想之言也。

貪道如是，「轉瞋慢疑三毒為大圓鏡智、平等性智、成所作智」者，亦復如是，充滿自相矛盾之迷思，充滿悖逆佛道之邪見，與佛法之理論及修證完全背道而馳；由是理故，說密宗所言、所修之法，皆是外於自心第八識眞實心而修，故是心外求法之外道。

昇華癡煩惱為法界體性智之說亦復如是，完全是妄想之言。謂法界之體性即是如來藏之體性，一切有情悉由各自之如來藏而生故，如來藏是一切法界之根源故；是故欲證法界之體性而發起法界體性智者，當從自身之如來藏觸證著手，當入禪宗修學禪法而證自身之如來藏，方能發起法界體性智。今者密宗不此之圖，而欲從斷除睡眠之法而證之，則是外於自心眞相識而求佛法，即成心外求法之徒也。

密宗自天竺創立、而入篡佛教正統以來，乃至於今，莫不如是心外求法，迥異佛之法教，印順法師云何可爲密宗辯護、而言密宗是佛教之一支耶？無是理也！今由此書，佛門學人了知其爲心外求法之外道，則知應當如何自處也。

第八節　密宗對無分別智之誤會

密宗之行法，導致其成爲「心外求法之外道」者，其最大原因乃是妄以所想爲眞，不思求覓住世之菩薩接引，不肯勤求三乘佛經所說眞意，純以自意狂慢而起觀想，將假作眞，欲與佛教顯宗爭正統，以求取代顯宗，是故無法眞正修學佛法，故墮外道妄想之中。如是心態若不修正者，此一大劫過已，密宗仍將無人能悟般若，仍將外於自心藏識而修佛法—仍將永墮「心外求法」之外道妄想境界也。

密宗一向以意識保持覺醒不昧而不分別（其實非真無分別）、一向以覺知心保持一念不生而不起語言文字分別諸法，作爲證得無分別智；坐禪修定時如是，於合修雙身法時亦復如是：以淫樂中一心受樂，而觀「淫樂空無形相故是空性，受樂之覺知心空無形相故亦是空性」，如是受樂而一念不生、不起語言文字之思維分別，便作已證得無分別智，以此

「修證」作為理手印：

《《薄伽梵（此指密宗所創造之「佛」）『無上續』云：「由離漏失（由遠離精液之漏失），能得俱生智（能證得第四喜大樂之智慧）」。『喜金剛續』云：「欲與離異、刹那、勝歡喜、越言語行境是三灌之力，諸佛智如是。」如上乃以喻義二者融合而言。彼休息之法有三法印，『時輪』云：「手印（雙身修法中之明妃）者、業智理（是雙身法事業「智慧」之理）。」其註解云：「業手印者，由修咒力成辦空行母（事業手印之明妃—空行母—者，由修持咒之力量可以成辦空行母之資格）。」或名咒生空行母，或名田生。又有由種姓所生者，彼等皆具髮乳（皆具頭髮乳房之好相）。智手印以意修分別形相出生，理手印為幼女看鏡光，具足一切殊勝相，**而離一切分別**（以覺知心不作分別）。頌中所謂水銀者，蓋喻明點（喻精液）；彼與火相遇（精液與欲火相遇），則易散失，如是杵與產門相觸（如是，陽莖與陰道相觸），亦易漏失。水銀（精液）當以藥油等令不動（應以藥油等物塗之令不洩精），如是以修手印力（如是以修雙身法事業手印之力），令明點不失（令精液不漏失）。》》（34-423~424）

如是以淫樂中之不起分別，作為證得無分別智，初次證得時，即是根本智；後時重修而有更深細之體會者，則名後得智。如是一念不生之根本智及後得智，於密宗而言：不以坐禪而證者為優，乃是以雙身法之證得者為優；密宗認為坐禪所證得者僅是明空雙運，不具大樂，故不能成「報身佛」，而說之為「孤分法身」；認為雙身法中證得者，則可以證得淫樂之第四喜大樂之果報而成「報身佛」、及受樂無念之覺知心「法身佛」，是故此一「無分別智」以雙身法中所證者為優—具有樂受之果報故證得「報身佛」、及具有覺知心離妄想分別而成為「法身佛」故。此是西藏密宗各大小宗派一致之見解。

然而佛法中所言無分別智者，乃是佛菩提道之正修：經由參禪而證自心第八識，由證第八識故現前觀察及領受第八識之「本來無分別性、本來不起妄念」，而非以意識覺知心離語言分別也。若以意識離分別者，則證悟之後不應仍有分別，則應證悟後之禪宗祖師及　佛皆成白癡而不能善觀眾生根器及應說何法。然而現見　佛及諸聖於證悟後皆具意識心而能分別眾生根器與得度之因緣，而方便善巧以說諸法，可知無分別心第八識與有分別之覺知心第六識一向並行，而非將原本有分別之意識心修成無分別之第八識心也。

若言覺知心修成無分別心，方是正修者；則正在禪坐時成無分別心，下座為眾生說法及觀察眾生根器時復變成有分別心，如是忽而分別、忽而不分別，則成變異法，則非是眞正佛法，佛法之般若正理非是變易法故。是故諸聖所證無分別心，乃是無始劫來一向皆無分別，是本來就已存在之無分別心，而非藉諸修行方法轉變有分別之意識覺知心爲無分別心也。若是轉意識爲無分別心者，則此無分別之意識覺知心乃是由修而變成無分別性；若是因修而變成者，乃是因緣生法，則將來因緣離散時必定仍將變成有分別心，是故密宗所證之無分別心皆是時而有分別、時而無分別之心，所證乃是意識心故。

佛法中之無分別心則是第八識，乃是一向皆無分別者，自無始劫以來即是無分別之心故，無始劫來一向與意識心同時並存而運行不輟；乃至意識眠熟、悶絕而斷滅時，亦仍運行不輟而無刹那暫斷，非由意識覺知心轉變而成者，故非變異之法。由是故知密宗所說之無分別心，絕非佛法中所說之無分別心。

復次，密教所言淫樂中之空性—覺知心，既能了知淫樂之觸受而一心受樂並雙運之，亦自了知正在淫觸受中，則是分別之心，非是無分別心。既然樂空雙運，則是了知樂空二法，則是分別心，無分別心不應、也不能了知樂與空故；正領受樂觸故，了知是樂受而保持之，即是分別故。是故密宗所言樂空雙運之理手印爲無分別心者，乃是妄想，非是佛法之眞實修證也。

由如是妄想之故，密續所言皆非佛法，依妄想言說而造作故。譬如明朝帝師之密宗大師讓蔣多傑於其所著之《扎莫囊敦—甚深內義》書中所云眞如：《《世尊（密宗所創造之佛）所說之方便，離漏（離精液之洩漏）如同水銀者，三種手印大束持，幢之主脈四清淨，滅後（精液洩漏之現象滅後）與見諦相合（即是與見道相合），具足隨念十六（請詳第九章所說）故，堅固已（於性高潮中堅固不漏已）向上升提（在性高潮中向上提升精液與淫液之淨分），能生十二地次第（能生起密宗之初地至妙覺地之證得次第），得見道十六歡喜，究竟於十二緣起（於十二緣起能究竟了知），身相好如花開敷，說剎那現證菩提，佛（密宗所創造之佛）說此即是真如。》》（34-423）

密宗悉以雙身法中淫觸及淫液淨分提升之「修行、證量」，而言見道及證眞如。然而彼頌中所言之見諦，及其所言之眞如，皆與佛說之第八識如來藏（至佛地時改名真如）之修證無關，並非佛所說之眞如自心。彼等密宗所說因於雙身法修行所生之智慧，亦皆與佛所說之般若智慧完全無關，皆是依於自意妄想而生，所證非是佛法中之般若慧，而假藉「佛說」之名，取信於衆生。若未眞正修得般若智慧者，往往因於般若智未生故，而受其籠罩，隨其修學，便成「相將入火坑」之可憐憫者。

觀察密宗古今諸師所造一切密續密經，彼等對於根本無分別智及後得無分別智之錯會，皆無有二，同一所墮—悉認樂明無念之覺知心爲佛地眞如、爲無分別心；復有極多密宗上師依「諸密續之眞實旨意」而私下弘傳雙身法，彼等認爲雙身法之密旨即是 釋迦世尊所未明傳之眞正佛法故，彼等認爲雙身法眞是密宗所說之報身佛法身佛所傳正法故，悉皆不知 世尊早於三乘諸經中多所破斥，是故爲諸密續邪說邪法所誤。

今者適有新聞媒體廣作報導，言台灣「靈鷲山、心道法師」與女性信徒有不當之親密行爲而爆發性醜聞，亦有江燦騰教授指說曾見彼方丈室內有壯陽藥酒而感驚奇者（此據《壹週刊》報導而引述之）；前時亦有新聞報導，謂盧勝彥上師與女信徒有相同情事。

如是報導，將來若於其餘密宗道場紛紛發生者，余悉不疑；何以故？謂如本書第一章至此第十一章所舉實例諸多證據，既已證明密宗是以雙身法之淫樂第四喜爲其一生「精進」追求之目標、以此作爲即身成佛之實修法門，則知密宗學人若「精進」修行密法者，遲早必定要與其異性上師入密壇中合修雙身法、及以色身供養上師；亦必將於受密灌之後，再與其上師合修雙身法，此是黃教**宗喀巴**大師《密宗道次第廣論》中所訓示者故。

是故密宗女性行者與男性上師上床，或在密壇中佛像前行淫者，乃是正常現象，彼等名之爲「正法修行」，而且是密宗內之最高級、最殊勝之「即身成佛法門」；於諸勝解密教法義之菩薩而言，此乃密宗門內之常事，無足驚奇者。唯有外人與初學密法者、及諸顯教中人，不知密宗法義之眞正意旨，故於密宗上師與其異性弟子上床一事大驚小怪，而喧騰於報章電視媒體者，皆屬外行人之觀點也。

復次，密宗之男性上師，爲求能令與其合修雙身法之女弟子達到性高潮，乃是爲求能於性高潮時指導女弟子修證樂空雙運境界，則男性上師必須具有良好之男性能力，是故除須勤修寶瓶氣以控制精液不漏之外，尚須如第八章第九章所舉述：「應須覓求壯陽之藥酒，或求取其餘種種壯陽之飲食，以求達到長住於性高潮中而不洩」之狀態，是故密宗之男上師必須先壯陽，然後方有能力於雙身合修時、自不洩精而長保堅挺，方能令其女弟子達到性高潮，而指導其女弟子觀察「樂空不二」。俟其女弟子證得樂空不二境界時，再於女弟子連續不斷之性高潮中、指導女弟子如何長住淫樂第四喜中而不失「空性見」，如是指導女弟子證得「樂空雙運」。由上師如是親身交合而助其女弟子證得樂空雙運境界已，則令女弟子證得「佛母、空行母」境界，成爲「初地」乃至「佛地」之「聖者」，即以女身而成佛道，此是密法之正修行也。

是故一切佛教學人若信受密宗之法者，皆必須接受如是事實：密宗之法自始至終悉以此淫樂法義而說、而弘傳、而度衆生、而令人「成聖、成佛」故。若不能接受此一事實者，即非密宗之眞正信徒也，即是初入密宗之淺學者也；於密宗上師而言，即說此人爲「非器」：不可傳授密法與此人。由是之故，余於未來若再重見此等性醜聞報導者，絕無絲毫驚奇之感，亦料定密宗若不修改其邪謬法義者，必將繼續有此類性醜聞接二連三出現，絲毫不感驚奇。

一切佛教學人於此亦不應有絲毫驚奇之感，密宗之法義及行門完全以此雙身法爲中心故。由此緣故，平實普勸有智之人：**當依三乘佛說諸經，探究眞實意旨，愼加抉擇，而免錯入歧途猶不自知；失身失財事小，因修密法而毀破重戒、大妄語、及破壞佛法等，導致未來世之長劫尤重純苦，方是大事。**

第九節　妄想施設之俱生智

密宗所言俱生智之妄想如次：《《淨不淨本體：三頌半：於彼貪欲定之時，四喜次第皆具識，貪樂最初在頂轉，二喜在喉三喜心。識亦集於臍處故，火與月亮相合時，海螺脈中感俱生，即此一刹那證知。八識不滅各各明，如此無別非煩惱，此故說名智慧身，皆成清淨眞如故。無滅無漏具空性，俱生智遍主當修。

諸有情於貪時（於性高潮時），識（所觀想之阿賴耶識—謂中脈內之明點）在何處耶？答：蓋如四喜次第，識（所觀想之明點）與之相俱，初在頂（此處所說與前自說之在密處相違）、二喉、三心、四臍，到臍則**識全體集合矣**。拙火與月液（男方之精液與女方之淫液）混合在海螺脈中（混合在女方中脈下端之子宮口海螺脈中），領納俱生（領納與生俱有淫樂之樂觸），是爲俱生智喜。

其時間與本體者，頌云：「此即一刹那證知，八識不滅各各明，如此無別非煩惱。」如上所云：一刹那了知（在性高潮之俱生智現起之第一刹那即能了知此喜），是其時量（這就是證知之時量），**本體爲樂明無念混合**，雖無煩惱垢（密宗認爲正住此高潮之樂時爲無煩惱），但一切有情不能了知。於俱生智一刹那滅後（於了知性高潮那一刹那過後），離喜現前（安住於高潮境界中之心所得歡喜，名爲離喜，就現前了）；然**俱生智喜爲智體**（然而仍以俱生智喜爲離喜之智體），**餘三喜皆非智**（其餘三喜「初喜、勝喜、第四喜」皆非是真正之智），具分別相（皆具有分別之相故），故喜金剛云：「喜者爲初喜，勝喜爲增上，離喜離歡喜，餘爲俱生喜。」故說**第四喜**（以俱生喜）**爲智慧身**。八個識圓滿本體（其實密宗從來不曾有人具足證得八個識），何時對治一切垢已，則何時能現量證知：一切皆大樂本體。頌文無滅者，**六識本體明顯，此爲化身**。**具足空本體者，即自性無漏者，無一切煩惱故，此爲大樂圓滿報身**。**即自性身，一切時成爲普通俱生本體**，說爲修所證得也。》》（34-434~435）

宗喀巴由邪見而認此淫樂爲俱生之法，認定此樂之本質即是一切法之本體，名之爲眞實法、常住實際，並可盡未來際任運相續不斷，故建立此淫樂之觸爲諸法之本體，故否定第七八識，故不須有第八識爲常住之恒不生滅本體，是故**宗喀巴作如是言**：「**故眞實樂、及名自體俱生或名自性俱生**，義謂不待**功用因緣**，盡未來際任運相續。（出處詳見第二輯）」是故西密之各大宗派悉皆不能外於此雙身法之俱生樂行門，亦皆不能外於此第四喜之追求，此是因於密宗之行門與理論皆同出於此一淫樂之法門故。

證得俱生喜者，即是密宗所說之成就究竟佛道也；梅紀巴、薩拉哈、月稱、阿底峽、蓮花生、瑪爾巴、密勒日巴、岡波巴、宗喀巴、歷代達賴法王……乃至今時之一切密宗「**已成佛道**」未成佛道者，皆同此一「證量」，悉皆不能自外於雙身法之理論與行門果證。

如是所言：淫觸之樂生起，而至性高潮時之第一剎那，了知此即是與生俱來之喜樂，即是一剎那證知也；譬如少年男女未曾雲雨，未嚐禁果故初受淫樂之觸受時，不能了知與生俱來而有此樂；直至性高潮時略起分別之心，便於彼一剎那間了知人之與生俱有此樂功能，如是了知此樂與生俱有，即是此頌所云「**此即一剎那證知**」也。

此後之第二剎那起，安住此境界之中而生歡喜，此喜即名離喜；若能因有密教異性上師之教導，故於如是所證之俱生喜出現後，心中生起歡喜而無憂煩之心，而與上師長住於此性高潮淫樂之中，則成離喜之喜；如是證知此喜樂者，即是密宗離喜之喜。若能依此而與異性上師或密宗異性行者次第進修，終至達到喜樂遍至全身及頭頂，而能長住其淫樂高潮中，並能不漏失明點（精液）者，即是已證俱生喜及第四喜，即是已成究竟佛道之密宗「**聖者**」。

如是密宗之證「**聖**」者，乃以俱生喜爲智體，故宗喀巴說**第四喜**（以俱生喜）**爲智慧身**。乃是以「**樂、明、無念**」三者混合之覺知心作爲諸法之本體，故說**本體為樂明無念混合**，密宗以如是意識境界之修證，以如是外道行門邪見及修行證量作爲佛法上之正修，荒唐至極，而竟有諸顯密教中愚人信受不疑。

密宗認爲：人身所具有之男女根，既然生來就具有淫樂之樂觸，而此樂觸並非修行而後始得，乃是與生俱有者，故是眞實不壞之法。而第四喜也是生來就具有此種功能性，並非因爲修行而後始有，只是衆生不知不證，要待密宗上師加以解說弘傳指導，然後方知。既是本來就有此一功能性，便是俱生之法，所以經由修學密法而證得第四喜時，即說此喜是俱生喜；此喜之證得，要因密宗上師之親身傳授，方能了知其中種種細節，所以弟子必須絕對信受上師之言行、絕對服從上師之指導。

而修學此法者，必須以色身與上師親自接觸，方能具足證得上師之法，所以密宗行者於適當時機，必須以自己之色身供養上師；若上師與自己同一性別，則覓求異性作爲明妃勇士，以色身供養上師，俟上師歡喜，然後再傳第三秘密灌頂──以自己之色身交付與上師而接受臨床指導（詳見宗喀巴著《密宗道次第廣論》所說）或藉請來之異性而由上師臨床指導。

若自身未曾以大量「金、錢」供養上師而得其歡喜者，則須自身生來美麗英俊，加之以曲意承事，能得異性上師之貪愛歡心，方可能獲得上師之傳授秘密灌頂，方能親受上師之臨床指導。若密宗弟子不能供養大量錢財，自身亦不英俊美麗，或英俊美麗而不能曲意博取異性上師歡心者，則往往須以自己之未婚年輕女兒供養上師，然後方能獲得上師之歡心，而擇期親自傳授第三秘密灌頂、及作第四灌之「臨壇（臨床）」指導。

傳第三秘密灌頂之後，已有肌膚之親，並已經有雙身法之修行理論與概念後，再覓適當時機與上師合修雙身法，以求證得第四喜，畢竟上師比學人更有經驗故。證得第四喜時，上師即指導弟子如何觀察「樂空不二」之理，並指導弟子如何樂空雙運，則可迅速證得密宗之「**佛果**」。

證得此第四喜時，對於如何證得此喜，已能了知，故有證得此喜之「**智慧**」。而此第四喜之功能乃是俱生而有，非因修得，所以證此第四喜之慧即名俱生智。此第四喜即是密宗各派所說之「**智慧身**」，號稱清淨自修之西密黃教**宗喀巴等出家喇嘛**亦不能自外於此，觀乎宗喀巴所造之《密宗道次第廣論》所說，即可知過半矣。然而如是無上殊勝之即身成佛密法正修，卻與佛教中所修、所證之智慧身迥異，非依如來藏之證得而發起智慧故，乃是密宗所自設之智慧身故；由是故說密宗所說之「俱生喜、俱生智」，皆是妄想，非是佛法。

第十節　密宗佛果修證及修學之條件

密宗自言究竟佛果位之修證如下：《《究竟道：二頌：此後滅除肉髻氣，爾時名爲得佛陀，上行之樂見十六，成就空悲無分別。三年個半月清淨，即是成就智慧身，氣脈明點三種相，六支究竟即是果。

第十二地（此是密教之十二地，非顯教經中所說之十二地）最後流已，說爲得佛陀，亦名大光明灌頂，得金剛阿闍黎主灌頂，究竟成就出世十一灌頂之果。時輪云：具足十及十一灌，如是滅除十二緣起，令其清淨，由下堅固而上，具十六歡喜、十六空、十六大悲。如是十六等者，外空等五、蘊五、生緣悲五、大空等五、界五、法緣悲五、無散等空五、處五、無緣悲五，其第十六者爲體性空智、智慧界、佛大悲，三年三方智慧清淨究竟。頌云：是爲成辦智慧身，及諸智慧之次第，與前所得清淨同。如上成就殊勝不變中，……（而成就佛地四智云云）。》》（34-483~484）

如上所言密宗「佛地」之修證，其證量完全與佛法無關，皆以淫樂之觸受所證作爲佛果之修證故。然而佛果之修證者，乃在於修證解脫道及佛菩提道。解脫道則須斷除我見，密宗之樂明無念修法則不唯不能斷我見，反更增長我見；淫樂必須以「覺知心我」而領納之故，俱生智亦必須藉淫樂方能證得故，追求俱生樂即是欲界最大之貪故，欲界貪必須依「覺知心我」爲主體方可證得故。如是密宗修行解脫道之理論與行門，皆違佛所說之解脫道修行法門與理論，並且完全相反—反其道而行、反其心行而入淫貪大貪之中。如是而言能證、已證解脫果者，眞乃緣木而求魚也；如是背道而馳，欲證解脫果者，其可得乎！

佛菩提道之主要內容則是依如來藏爲主體而修證之般若總相智、別相智、一切種智。然而密宗所說如是因灌、瓶灌、第三秘密灌頂（慧灌）、第四灌頂（首次與上師合修雙身法而接受理論與實修之指導），乃至後來與上師不斷入密壇合修雙身法而樂空雙運之後，悉皆與如來藏法之修證無關，根本不能證得如來藏。既不能證得如來藏，則必無法發起佛所說之般若總相之智慧，何況能發起般若之別相智慧？更何況能發起般若慧中最究竟之一切種智？是故，密宗所修之法，與佛教根本法中之佛菩提道完全無關，本質乃是純粹之外道法。

自古以來，密宗諸師一向作如是主張：「須已修証顯宗通達，並具足修証完全者，方可修密。」如是表顯密宗之道高於顯教。然密宗古今諸師皆未証如來藏，於顯宗之見道—不論三乘法之任何一種見道—密宗諸師尚且未得其一，云何有能通達顯教之三乘法者？何況具足顯宗之修証？是則密宗古今諸師，依自所言之意，悉皆無有修學密法之資格也。尚無資格修密之密宗古今上師等人，云何可以貶顯崇密而自炫耶？

復次，外道若證得初禪定境已，尚且棄欲界男女貪猶如敝屣，唯恐重墮欲界境界，絕不再有貪愛之心，云何密宗諸師反教徒衆悉皆求取欲界中最粗重之貪愛—淫樂之第四喜？不應正理！

復次，菩薩所證般若智慧既已超越三界愛，乃至已證佛果，則是已斷煩惱障中最微細之種子習氣，非唯斷除現行而已；而淫樂之追求乃是煩惱障中最粗重之現行，尚非種子隨眠習氣，云何密宗尚言「顯教佛仍須修證三界中層次最低之『欲界愛』淫樂法而後能成究竟佛」？云何密宗超越顯教佛果修證之密宗報身佛，卻悉皆示現男女交合之雙身受淫樂之相？而言三界中層次最低之欲界淫樂為密宗報身佛之究竟大樂？顛倒至此！如是邪見，非唯一般密宗上師有之，乃至號稱最清淨之黃教宗喀巴，亦墮此中，而造《密宗道次第廣論》以廣弘之，可知西藏密宗之荒謬，各大派悉皆一致也。

是故密宗所說必須修學顯教之修證完成後，始可修學密法，如是之言，顛倒荒謬，非如實語也。何以故？謂密宗古今諸師對於顯教之三乘佛法—乃至唯有其一—皆未能知、亦未能修，何況證得佛果菩提？密宗古今諸師，既於顯教諸法悉皆錯會，於顯教諸法悉皆未證，則依彼等所言，皆無修學密法之資格也。如是，則彼等**密宗諸師皆可休息弘揚密法之事業，皆當先入顯教中修學三乘法後，俟未來修證顯教法圓滿具足而成佛已，然後再修密法，始合其言，如是所修密法方是真修實證故。**若未修得顯教之法圓滿，而修密法者，依彼等所言，皆不可能成就故。

如是，密宗古今諸師所說之「佛法」證量，悉是外道法，與佛法完全無涉；既於三乘法之見道，尚不能知之，何況能修之？既不能修之，何況能證之？既皆未能見道，何況能成阿羅漢？既皆未成阿羅漢，何況能成佛道？有智之人，由此諸理，即可了知密宗諸師所說之「佛法」修行理論與行門、及彼等之修行證量，不須末學再多作言說也。

第十二章　神通——密教誇大不實之神通証量

第一節　妄想之神通行門

密宗古今諸師妄以爲明點氣功之成就，可以成就天眼及天耳通，譬如薩迦派之《道果——金剛句偈註》云：《《…即頌云：「如天眼清淨，能覺有際頂下禪定之覺受」，謂：依景像，見三界種種色法差別，生有漏天眼通。頌云：「具鈴之音」，謂：殊勝具鈴者，其爲中脈，若由九界所出之風氣同集於其上，則内脈之聲如蜂鳴。非殊勝者爲若心氣集攝於左耳至慧□（梵字阿）字間，則於九界之聲音無分遠近，悉皆得聞，如天耳通。》》（61-498）

然而天耳通之修證，實非如是；觀於四阿含經中所說之修法，不曾說由明點中脈及寶瓶氣之修行通達者可以證得天耳通也。是故欲修神通境者，當依佛所說法而修，莫依密宗虛妄想所說之法門而修神通，否則引來諸魔鬼神示現種種似神通境，令行者誤以爲是自有之神通，而作諸狂妄行爲；著迷不捨之後，便遭鬼神誘引而入鬼神道中。

若密宗行者後時了知彼爲鬼神示現，而欲遠離，不欲入鬼神道中與之爲伍，鬼神便作種種違心之境，令密宗行者精神錯亂，須長住精神病院中、一世荒廢；欲令彼鬼神遠離者極難，彼等必將加以作祟而令行者償還鬼神曾爲行者服務之債也。如是事例，於各大精神病院中，所見極多，而皆說言修學「佛法」導致；其實並非眞正修學佛法，乃是修學密宗之外道法所致，而由佛教承擔此一惡名。

又如：《氣趨入之門、持氣之法、與其利益等，頌云：

如是氣行於鼻尖，五種顏色善自觀，如是念誦之數同，
晝夜六時常時念。趨入之門鼻兩孔，口與下方共三道，
此身具有四種門，持法呼吸住入出。清清楚楚而算明，
持住無別任運上，自心即能生任運，顏色形狀相嫻熟，
有漏神通從此出。

依正士上師，口訣云：「火風之氣從鼻孔出，水氣從口出，地氣從下道出，黃門氣從全身毛孔出。」上師麻爾巴云：「上外二門氣防守，下內二門氣防守，中共門中而防守（原註：師云：上二門鼻孔，下二門二便道，中指臍下三脈會合處）。持氣方便有四：初、妄念多者，宜用數法，身七支坐，平坦住，令息出入，次心認持而數之（原註：唯數入息）。二、隨法，氣於身內全體或某部份行，以心隨之。三、止

法，氣遍全身已，心止於無分別上。四、觀法，心放下一切世出世法，及法之去來住，皆住於自性顯空無分上，趨入清淨勝義。如上顯密二經已詳，地藏十析云，心實難調，氣外馳，心亦外馳，**故心者說為氣**，頌所云：持住無分任運上，自心即能生任運。此則屬時輪之別攝支也。所謂利益者，如前所說，顏色如能明顯出生，于身內外得堅固已，則成十遍住定。又於心間觀第八識無垢月輪，餘識皆集中于此而修，可顯五神通，詳見金剛阿闍黎貢加寧波與大善巧嘎登借巴所著《密集廣註》中頌云……。」》》（34-407~409）

曾聞陳健民為密宗近代修行者中之佼佼者，密宗既有如是勝妙之法，而陳師拋家棄子，出外尋師訪道、一生精進修證密法，已經窮盡貢噶及諸那上師之所傳者；既如是，陳師應當早已證得神通也，彼修證密法之證量及廣修，可謂近代密宗上師之最故。然而陳師因於何故，至臨終時猶未證得神通境耶？

所以者何？謂如是密宗所說，藉由中脈及明點、寶瓶氣之修法而可證得神通境者，違　佛所說神通之法，亦違顯教三乘諸經所說修神通之法，事實亦見密宗諸師之言神通者，皆是死後由弟子而言之也，未曾於死前有之也。如此謂之穿鑿附會之說，非有實質也。是故密宗所言可藉中脈及明點、寶瓶氣之修法而可證得神通境者，非如實語，違背神通之正修理論與行門故。若言如是修法可得神通者，民間諸傳授氣功之大師等人，應當各各皆有神通之證量，而密宗諸師更應過之，云何彼諸氣功師等人悉無神通之證量？云何古今密宗諸師通達寶瓶氣者，於死前皆見無有神通之修證？要待死後由其弟子們渲染附會之？有智者鑑之。

復次，「**心者說為氣**」，此說有大過，自語相違故。密宗諸師說法，前後相違之處甚多，有時說明點即是心，有時說氣即是心，有時說覺知心是心，有時說明點即是阿賴耶識，有時說明點即是如來藏，所說莫衷一是。今者更言「心即是氣」，違教悖理，復違自語，所說前後非一，云何可信？如是違教背理之法，而言其法是更勝妙於顯教之究竟法，有何意義？

非唯陳師如是妄說，薩迦派之密續中亦復如是妄說：《《**於佛母諸脈處**（於明妃之中脈等一切脈處），**其界淨分能無所礙**（於提取其身中之淫液種子淨分能夠無所障礙者），**以見而行秘密緣起**（以此正見而行秘密緣起。合修雙身法者非可為外人說，又因合修此雙身法可以成就「究竟佛果」，其法從緣起法中修證，極為秘密，故名秘密緣起）**後，見外境覺受之所現，乃生五神通而無礙。又，若見淨分集於眼門，則生眼通，集於耳門則生耳通；若見集於心間，則死時得遷**

識，生時得他心通；若見充盈於頂髻等一切脈處，則得生神變之神通而無礙。本頌中云：「若淨分臨脈字，生神變而無礙」，謂能變化自身種種脈界，若於此引導手印之淨分，則生變化外境種種色之神變而無礙。》》（61-565、566）

如是而言明點等修法，可以成就諸種神通者，云何密宗諸多大證量者，不能證得此諸神通？而須裝神弄鬼以籠罩學人耶？此謂密宗所說之法，既皆以假作眞、以表爲眞，是故以爲觀想成就時，即是所觀之法成就。然而所觀之像並非即是所欲得之現實世界境界，唯是自己之「內相分境」爾，非即是外境成就也。是故欲藉觀想之法而成就諸種神通境界者，乃是妄想，不能與神通境之眞正修學法門相應也。如是而言神通之修證者，即成無義。

若言性高潮時所上提之精液淫液淨分「集於眼門，則生眼通，集於耳門則生耳通」者，則有過失：此謂密宗諸師既信如是言，復轉爲他人宣說，乃至印製成書而廣流通，則應此說是事實，應能如法修成。然今現見密宗諸師自稱已證初地乃至成佛者，廣有其人，以及「活佛」再來世間者，亦復不計其數，然而悉皆未證神通（捨壽後則必有弟子廣說其捨壽時之大現神通）。此則顯示彼過有二：一者，顯然所證雙身修法，未能提其淨分至於眼耳…等處，是故無有天眼、天耳…等神通；若言尙未能提升至眼耳等處故無神通者，則不應名爲「活佛」，於密宗道之生起次第尙未能具足證得故，尙無證量故；或應雙身法所言之「提升淨分至眼耳等處能生神通」者，乃是妄說—唯是言說而不能修證之也。

復次，此段文中所言：「若見集於心間，則死時得遷識，生時得他心通」者，亦復有過。此謂密宗諸師既皆錯會所觀想之明點爲阿賴耶識、爲如來藏，然而明點卻只是因緣所生之法—由意識及五根、意根、如來藏之配合而生，非是眞正之如來藏。既非眞正之如來藏，則密宗所說「遷移明點往生來世即是遷識」之說，即成虛妄之法。既未親證如來藏眞相識，而言能遷識往生來世者，顯然所說成妄，非眞佛法也。

復次，密宗諸師既未能知余心中所證諸多種智，乃至不能稍知余心中所證最淺之般若總相智（根本無分別智），顯然普皆未得他心通；既皆未得他心通，顯然未能將彼等在雙身法中所修之淨分提升至心間；是故未得他心通；既未得他心通，顯然過去世未曾修成遷識法，則所說「若見集於心間，生時得他心通」者，亦成妄言。

如是進退失據之言、自相矛盾之言，云何密宗諸師聞之不能解其邪謬？文中所言「若見充盈於頂髻等一切脈處，則得生神變之神通而無礙」者，亦復如是虛妄邪謬，皆屬《楞伽經》中 佛所說「妄想之想」也，皆不可信也。由是故說密宗所說諸法皆非眞正之佛法，唯是借用佛法名相而行其外道法之宗教爾。

而密宗中人所說神通者，自古以來，一向有此現象：所說具有大神通者，皆是已過世者，未曾有人於在世時顯現神通者。密續中所說之蓮花生……等人現大神通者，皆非在世時有之，皆是過世之後，由後人宣揚其在世時有何大神通；若後時無人反對者，便載入典籍中而廣流傳。猶如今時之元音老人顯密雙修，在世時亦未有絲毫神通可言，然死後之台灣諸多弟子，卻大肆宣揚其死時死後示現大神通境界等事，悉是穿鑿附會渲染之說，絕無實質；所以者何？謂元音老人乃是身罹重疾、吐血不止，由救護車送醫而仍吐血至死者，焉有大神通之可言者？而密教中人大肆宣揚其死後之現大神通，乃是不實之事，有何可信之處？元音老人之事如是，密教中之一切古時大師亦復如是，皆是死後由其弟子渲染附會、加油添醋而流傳之，本無神通可言也。

此謂神通之修證，必須依禪定正修之後，復作神通法門之加行，然後始能證得；非如密宗所說之由中脈明點觀想後、加修寶瓶氣之可成就也，亦非如密宗之以雙身法實修時作此觀修所能成就者也。復次，密宗所說之禪定者，乃以雙身法中正受淫樂之離念靈知境界，作為禪定正修；如是修行，完全違背禪定之正修行法門，亦完全違背禪定之修證境界，復與神通修證之加行完全無關，云何能依之而發起神通耶？

復次，欲證神通者，必須捨離欲界淫欲之貪著，方能發起初禪定境，而密宗卻教人貪著欲樂中之至樂大貪，貪著不捨；證得神通之人，若復貪著淫欲，則其神通境界不久便又喪失，必須遠離淫欲之貪著心，重新再作神通加行之觀修，而後始能復得神通；然密宗卻言「捨棄雙身法之貪者即是犯密宗十四根本戒，必墮地獄。」與修證神通之法背道而馳，絕無可能修證成功。

密宗所欲教人修證者，悉與所欲修證之境界相違，越精進而修，則離所欲修證之境界越遠；故說密宗所言「經由雙身法四種喜之中脈明點觀想與寶瓶氣之修行，可以證得神通境」者，乃是神通妄想，非是神通境之正修也，絕無可能成就神通故。

第二節　漏盡通之妄想

密宗非唯欲以觀想而思成就五神通，乃至欲以觀想而思成就漏盡通：《《又於心間觀第八識無垢月輪，餘識皆集中于此而修，可顯五神通，詳見金剛阿闍黎貢加寧波與大善巧嘎登借巴所著《密集廣註》中頌云：上中下三密瓶氣，**能作具解脫之業**，利益八種如下述。時輪云：于師口訣、煙等相未生以前，應不斷修之；修法則于脈輪之命氣（明點）與下行氣（與貪求射精高潮相應之氣）堅持，月氣（女方之淫液）塞住、曜氣（男方之拙火寶瓶氣）塞住、菩提心（物質明點之精液）塞住；任何人于此略具希求心，如上行已，可令太陽（可令男性之拙火）增長太陽月力，二氣平等不平等相已清淨，皆住於中脈之火上，命氣與太陽氣，則集中于太陽時可據非死時云。**解脫者，如大幻網經所載獅子解脫功德已詳，所謂八種功德者。》》**（34-408）

猶如此段文中所舉，欲以觀想中脈、明點、拙火、寶瓶氣等法，而成就「具」解脫果者，名爲妄想。學人當知：欲求證解脫果者，絕非以意識心而取證解脫果——非以意識心入住無餘涅槃之中也。何以故？謂佛說無餘涅槃者，乃是滅盡十八界法，令自我消失於三界中，亦復不再有自己之十八界法再出現於三界中，是名無餘涅槃，此是解脫修證之唯一法門。

若人欲取證　佛所言如是無餘涅槃者，應滅我見及我執——現前觀察意識等六心（見聞覺知性及離念靈知心）虛妄、現前觀察思量心（時時處處作主之心）虛妄，如是現前觀察而斷除對於「自我眞實不壞」之知見及執著；如是斷除我見及我執已，則成有餘涅槃—具足解脫及解脫知見。如是之人名爲慧解脫者，捨壽之時，便能滅卻自己，不復受生於任何境界之中，故不再有「未來世之自我」出現於三界內，是名無餘涅槃。如是修證方屬佛教所說之解脫也。

今者密宗所說者，皆是欲以觀想等法，將意識入住於所觀之境界內；復以精液明點之不漏、而能如是常住性高潮之第四喜中，以此作爲證得報身佛之常住大樂果報、作爲解脫輪迴生死、作爲漏盡通，以如是境界而名解脫（請詳第九章細說）。其實皆未曾斷「我見」之一分一毫，何況能斷我執？此謂密宗古今諸師對於我見及我執之意涵悉皆錯會，亦對解脫涅槃之意涵生諸錯會，甚至完全不能理解涅槃之眞實意旨與內涵，如是以淫欲之樂及觀想等法，而欲成就解脫，是名對於漏盡通所生之虛妄想也。

第三節　神足通之妄想

密宗以夢妄想及觀想之妄想，而欲成就神足通及出世間果：《《第二個修之道理，乃修時做夢、幻化樣子。修此有二：一、世間的修，

二、出世間的修。何謂世間的修？即以前所無者，現在變出來（以覺知心在心中觀想變出來）樣子修；或以前已有者，現在變成別種樣子修（或將以前所觀想之境相加以變化）。譬如以前沒有，現在變出（觀想變出）一女子樣子修；或以前是男，現在變爲女身樣子修。女身覺得不好時，再（觀想）變爲男身。**世上種種，其實不外此二途：即以前所無者現在**（觀想）**變出來，或以前已有者現在**（觀想）**變成別種樣子是也**。修時行者心中想：身乘日光至三十三天，上下自如；本來氣之力能走，可以如飛機騰雲駕霧破空而去。修成者可乘月光上升遊行各處焉。以上皆屬世間的修。

至於出世間的修，即修時想：**身往世間之外去**；譬如往極樂世界去，或往不動佛之顯喜處去，或往究竟天去，或往其他清淨佛土去，見佛聽經問法受教。如此觀想修持，此之謂出世間的修也。夫平時修練氣功，使明點能至身體各部，即爲此時前往佛土之基礎也。倘明點不能運行自如，則此時佛土萬不能去矣。白日醒時一心修習，觀想此身前往佛土聽經問法；晚上夢中自亦如是修持，醒睡如一，然後方可於睡夢之中、魂赴佛國，應念而到焉。》》（62-251~253）

於觀想時之想，或夢中作想者，皆是妄想，與實相完全無關。然依此而起願，觀想極樂世界、以此欲求捨報而生極樂者，亦可得生也；然此非因己力而生，乃因自己有此「願生極樂」之心，復以觀想之法而努力觀之，則如《觀無量壽佛經》所說之作觀，即是《無量壽經》所說之繫念思維念佛法門也。由此而觀之相，雖非眞正極樂之相，然因一心欲生極樂故，即成念佛之法；由此便得具足信願行等三法，捨壽時，佛自來接引；雖非行者自身之力能生極樂，無妨亦能生彼極樂七寶池中也。

然諸密宗行者若認如是觀想所見之極樂世界即是眞正之極樂世界，則成妄想；雖然亦能因佛願力神力而往生於彼，然彼所觀絕非極樂之眞實影像也，唯是自心如來藏所現之「內相分」爾。

所舉如是文中之言，謂觀想時或夢中所想：變成何身即是何身、變成何境即是何境者，皆是妄想也。如是而言世間修：謂想自己變成何身即可來世眞成何身，想自己能乘日光而往忉利天、即成自己能眞正乘日光而至忉利天，想自己能乘月光而至世界各處、即成自己眞能乘月光而至各處者，皆是妄想所得，絕無實質修證可言；依此修之而認以爲眞者，若不變成精神失常及自大之狂徒者，已是萬幸，何況能成眞正之世間法修證耶？終無可能隨意往至各處也。

文中開示所言「出世間的修」：「即修時想：**身往世間之外去**；譬如往極樂世界去，或往不動佛之顯喜處去，或往究竟天去，或往其他清淨佛土去，見佛聽經問法受教。如此觀想修持，此之謂出世間的修也」，眞乃大妄想也。

何以故？謂觀想自身往世間之外去之言，乃是無智凡夫之言也。所以者何？此謂密宗諸師迄未能知何謂世間、何謂出世間故。極樂世界既有七寶池與八功德水，既有凡聖同居土之飲食如意，則是具足十八界之法，焉得謂爲三界之外？乃至菩薩所生極樂世界之實報莊嚴土中，尚有修定、聞法、供養十方諸佛等行，則必仍有眼耳身意等根及識，亦必仍有色聲觸法等塵，具足十二界，焉得名爲已出三界？故知密教諸師之誤會「三界、出三界」之眞意也。當知極樂世界非未出三界、非已出三界，是理已說於拙著《宗通與說通》之中，茲不重贅。由此可知密宗諸師皆不能眞知出三界之理也。

復次，所言「修時想：**身往世間之外去**」者，名爲不解佛法者之所說也。所以者何？謂一切有情之身（不論是欲界身、色界身、觀想所成身）皆不能往世間之外去，乃至一切有情之覺知心、思量心，亦皆不能往世間之外去故。若所觀想之身能往三界外去者，則**無色界天**應在三界世間之外，不應言爲三界世間之內也，無色界天唯是不觸五塵之四空定中覺知心爾，尚且無身，更勝「**身往世間之外去**」之有身者，何況密宗所說尚有色身之「三界外」？豈非更遜於無色界？然 佛所言，及現觀無色界有情衆生，皆在三界之內，未曾脫離三界生死輪迴，焉得謂爲已出三界者耶？何況出「三界」後尚有色身者？其境界必較無色界更低劣也。是故密宗所說「**身往世間之外去**」者，實有大過焉。

若所觀想之身能往世間之外去者，則能觀想之心更應能出三界之外去，理必如是故。是故，此文所說「**出世間修**者，修時想：**身往世間之外去**」，即是密宗諸師對於出三界之虛妄想也。密宗一切上師皆墮凡夫與外道妄想之中，總認爲能知能覺之心可以出三界，亦認爲三界之外有某種境界可以令覺知心長住其中、作種種樂事。然實三界之外無一切法，亦無有情一切種身，亦無有情一切種心，亦無世界任何境界，亦無六塵之任何一塵，亦無十八界之任何一界，亦無覺知心、思量心，十八界俱滅故，唯餘本離見聞覺知之第八識如來藏故。

十八界俱皆滅已，方名已出三界。然十八界既皆滅已，尚無「**衆生我**」在，云何而可言有三界外之世界可供覺知心安住而受衆樂？而密宗竟言有**所觀之身可出三界之外**？竟認爲覺知心可出三界之外？竟認爲出三界後之佛尚受欲界之淫觸？解脫道知見之嚴重不足，乃至於此，顯見密宗古今諸師於顯教之解脫道完全不知不證，而言「**已修已證顯教之法**

後始能修密乘」者，眞乃狂妄無知之言也。

三界之外無有任何世界，三界之外若尙有世界者，則生於彼等世界中者，仍是令人輪迴生死之世界也—由此「三界外之世界」而可再生往其餘「三界外之世界」，則輪迴繼續不斷故。若言「三界外之世界」唯有一世界者，則此世界亦有方所，試問此一「三界外之世界」處在何方何所？若有此「三界外之世界」者，則應 佛說四阿含諸經言說、皆是虛妄語，佛所說出三界者，乃是無餘涅槃故；而無餘涅槃本際之中，滅盡十八界法，無有一法留存故。

今者密宗所言，既有「三界外之世界」，是故能令身心長住於此「三界外之世界」者，則 佛亦應爲我等衆，說有如是世界爲出三界後之境界，令我等弟子證之。然而 佛終不作是說，佛始終作如是言：滅盡十八界法而不復生未來世之十八界法者，名爲無餘涅槃。如是之法方是佛所言之出三界法，迥異密宗之所說也。

由是故說密宗所言：「修時想：**身往世間之外去**」者，名爲不解佛法者之所說也；純是妄想，非佛法也。既非眞實佛法，修之何用？唯益未來捨壽時之妄想及輪迴爾。

密宗諸師更作妄想：以爲成佛之後，報身佛可以享受欲界最大最高之淫觸（第四喜淫樂）樂受，以之爲出三界之最大樂，以之爲報身佛之出世間大樂果報，故名「**報身佛**」，眞乃邪妄至極之妄想也。所以者何？謂佛於成佛之二大無數劫前，早已視欲界淫樂如敝屣，並且一向宣說欲界淫樂是有情輪迴生死之最粗重煩惱，一向宣說欲界淫樂必定令人由此貪愛而輪迴於欲界之中、久受生死，一向說之爲「欲界愛」，亦令諸弟子首先斷此貪愛；云何復於最上上根人方可修學之密法中而言報身佛「**長受恒受**」三界中層次最低之淫樂？而復言此報身佛之境界爲出三界之境界？豈有此理！

信受密法、如教而修者，唯是浪費生命光陰爾：

《《此無他心使然耳，蓋吾人「心」之作用有不可思議之力量，**凡有所思、無有不可成爲事實，全視吾人心誠與否耳**。古人不云乎「精誠所至金石爲開」？斯之謂歟。但未修之人固不能也，因其身體臥下即熟睡如死，奚得前往耶？常修氣功之人前往甚易，如正分不修，萬不能修習。此法起分「自觀爲佛」之法未曾修過，亦不能修習。此法必也起分修好，正分多修，方可修之。如修之而力量不來，切莫心灰意懶，應再接再厲，多多修習，久自有效也。》》（62-253）

密宗之最大弊病即是**以假作眞、一表萬里**。如是以假作眞之觀念，於密宗之一一法中，隨處可見。此段文中所說者亦復如是，所言「**凡有所思、無有不可成為事實**」者，乃是虛妄之想，非是佛法之正修行也。所以者何？謂解脫道之修證，必須斷除我見與我執，方能成其功、始可竟其業，非以觀想自己解脫即能解脫也。

佛菩提道亦復如是，須以親證第八識如來藏心，經由領納第八識性而解了其「中道性」，而發起般若慧；非以觀想某一法爲如來藏者即是如來藏也，非如密宗之以觀想中脈內之明點作爲如來藏、便能成爲如來藏也。是故密宗篤信「**凡有所思、無有不可成為事實**」者，即是密宗步入歧途之根本原因也。

一切學人皆當建立正知正見，舉凡佛法中三乘菩提之道，其修證之法，必須依於　佛說之法，必須完全依於聖教量之眞意，不得隨於自意所想、而謂「**凡有所思、無有不可成為事實**」者，否則即成《楞伽經》中所說之「妄想者所想，妄想者所說」之法也。若依妄想而修者，所修悉皆不名佛法，絕不可能與佛法證量證境相應故，必定成爲外道法、及外道之證境故。如是密宗邪見，而言佛法解脫道及佛菩提道之「果位修行」者，其實完全是外道妄想而假借佛教教相與名相，與佛法修證無關也。

第四節　以明點發起界外神通之妄想

密宗一切上師皆悉妄謂：明體之修證可以發起界外神通。譬如：《《一味功力已圓者，則見一切法隨所顯現，皆自明體而出，和合無礙；其功德即從此明體妙用，緣起實德上之果位十玄門、出生大神通變化。前二瑜伽、即專一亦未嘗不可生起神通，蓋前五通即界內禪定，亦可出生；惟此一味之大神通，因由明體直接出生，而非由定力出生，故與無漏通配合，而成爲**界外禪之大神通**。》》（34-876）

密宗諸師常以自意所想而說佛法，此段文意之中亦復如是；譬如此文所說之「界外禪大神通」者，乃是「虛妄之想」者所說也。何以故？謂一切法皆悉不出三界，若出三界已，即無一切法可得故。此謂三界者即是衆生所處之境界也，法界者即是衆生心所生一切法之界限也；是故若有一法能出三界者，彼等出三界之法，唯有一法—第八識如來藏。除如來藏外，十八界法中，無有一法「可出三界而有其用」也，而一切法皆不能外於十八界法而現起，是故無有一法能出三界也，何以故？謂除如來藏外，設若有法出現者，彼法所在之處必是三界之中，無能出於三界也；何以故？謂一切法皆必須依十八界法之全部或局部運作，方能現前，一切法莫非如是，悉皆不能外於十八界而現行；概依或多或少之十八界法方能現行，而十八界法必定出現於三界內，無有一界能於三界外出現，則知一切法悉皆不能出現於三界之外也。

唯有如來藏不復出生十八界法時，方可名彼法是出三界者也。而今密宗諸師悉欲以覺知心而出三界，皆是妄想者所說也。而今陳健民更說有「**界外禪之大神通**」，悉是自意發明之虛妄想也。所以者何？謂三界外、法界外，無有一法可得故；若強言界外有法者，唯有一法—第八識如來藏。若界外唯有第八識如來藏者，則此意即謂：界外無人、無我、無見聞覺知心、無思量心、無涅槃與生死，十八界俱滅，一切法俱滅。若此等皆無者，尚有何法而可謂爲「界外禪」？尚有何法而可謂爲「**界外禪之大神通**」？一切禪、一切神通皆悉依十八界中之意識界方能現起故。由此可知密宗所言之法，悉是屬於自意施設所想之法，非依佛意而證得者也。

復次，明點明體乃是所觀想之法，由能觀之心作諸觀行所成；能觀之心尚且是依他起性之法，何況明體乃是依於能觀之心所作觀想方能現前之法，云何而可言爲能生萬法之法耶？無是理也！果眞明體是能生萬法之法，則明體之法應如第八識心之恒時現前而未曾刹那暫滅—如證悟如來藏者之於一切時皆見有情之如來藏恒時現前。然而明體之法，唯是觀想之時方能現起，覺知心不作觀想時，便又消失。能觀想之人，乃至可於一切時中皆觀明體現前分明者，亦非恒時現前者也，眠熟即滅故、悶絕即滅故、正死位中亦必定滅故。

明心之人現見一切有情之第八識恒時現前，不須觀想，而彼被觀者之第八識亦復如是恒時現前，不須觀想而後現起；彼被觀之人若得證悟時，亦如是現見一切有情之第八識恒時現前，不須觀想而後方現，故名「遍一切時」之法。是故，密宗觀想明體之法，乃是以假作眞之法，乃是妄想之法也，所修所證非是佛法也。

密宗古今諸師之神通証量，多屬籠罩之詞，非有証量；無有證量之人，而由後人穿鑿附會後，載入文字中，令後人信以爲眞。乃至擅以己意而發明子虛烏有之法，如此段文中所說「**界外禪之大神通**」者，皆是子虛烏有之妄想法，有何可信之處耶？而密宗古今諸師若眞有神通者，悉屬報得神通或鬼神所示現之鬼通，絕非依彼等所說經由觀想明體之法而能修得也。

復次，密宗行者若有於此世修得神通者，必定非由觀想明體之法而證也，觀想明體之法不能發起神通故。又：極少數密宗上師所修證之神通境，設若有成就者，其層次皆甚低，不能遠離欲界淫欲之極重貪故，未得初禪定境證量故，神通境依其禪定證量之高下而有差別故。

復次，密宗中人若於前世曾修神通而致此世有報得神通者，萬勿修學密宗之雙身法，否則必令神通得而復失；神通境與淫欲樂觸之貪著完全相背故，若貪淫樂者，久之必令神通境界漸漸失去故，如是正見，一切已有神通之學人普應知之，以免被密宗上師所誤。如是普通之鬼神層次神通，於今尚且未見有何密宗上師依於明體之觀修而得成功者，乃更發明「界外禪之大神通」名相，籠罩學人，無足採信也。

密宗「諸經、諸續」所說護法金剛之神通，皆是廣大無邊，並皆誓言護持佛教正法令不壞滅，所唸諸咒亦復極具威力、世無其匹，而皆不能護持佛教不滅，有何大威神之可言耶？即使只是護持表相佛教之「密宗佛教」自身，亦復力所未逮，終被回教軍隊所滅，不能護持之，如是密宗之護法金剛，有何威神可言？率爲山精鬼魅所化現爾，不足爲憑；是故有智之人當明辨之。

第十三章　息增懷誅

第一節　簡介息增懷誅

密宗古時上師所長期集體創造之《大日經—大毗盧遮那成佛神變加持經》中，宣示息增懷誅等四種護摩之法云：《《⋯世間之火初，其子名梵飯，子名畢怛囉，吠濕婆捺羅；復生訶縛奴、合毗縛訶那、簸說三鼻睹、及阿闥末拏；彼子缽體多，補色迦路陶，如是諸火天，次第以相生。復次置胎藏，用忙路多火；欲後澡盥身，縛訶忙囊火；浴妻之所用，以嘗檗盧火；⋯⋯拜日天時用，合微誓耶火；拜月天時用，所謂爾地火；滿燒之所用，阿密栗多火；**彼於息災時，用那嚕拏火；作增益法時，訖栗旦多火；降伏怨對時，當以忿怒火；召攝諸資財，用迦摩奴火**；⋯⋯隨其自形色，藥物等同彼，而作外護摩，隨意成悉地。》》（《大正藏》18-43）

息者悉災，增者增益自身，懷者加攝諸資財、以及令異性歡喜，誅者降伏怨對也。凡此諸法，皆是以服侍火神、燒諸物品，令其歡喜，而後遣之爲吾人作事之法也。此法祆教中常有之，並以此爲主要修行之法。密宗之護摩、服事火神者，是否源於祆教之法，尚待考證，亦復非余所欲辨正之者，故略而不言。

古有事火外道者，認爲事奉火天乃是來世生天之法。彼等認爲火乃種種火天之口，故以種種食物及日常用品而投火中，以供養之。彼等外道由因「晨朝禮敬、殺生祭祠、燃衆香木、獻諸油燈，如是四種，名事火外道。」昔時 世尊於尼連禪河邊所度之事火外道三兄弟者，即是後來之大迦葉等三兄弟阿羅漢也。據佛教研究者所言：「密教之護摩法，無疑係襲自此類事火外道。」

陳健民作是說云：《《凡息增懷誅四種事業，一面調伏善心有情，一面懾伏惡心魔軍，皆當由空智以攝歸一體，由悲心以息除煩惱，由大力以拔其惡根；成佛度生，皆不可少。》》（34-77~78）。此謂密宗有此四法，故認爲由此能增益自身，亦能降伏怨懟及惡魔。謂之爲成佛及度衆生所必須者。

陳健民又作是說：《《…是以密法中，除以信力養成正行，戒力養成正德，定力養成正功，念力養成正智，慧力養成正覺外，別修氣功以養成通力，紅白滴以養成熱力；乃至能燒除眾生黑暗，增長眾生之光明，息滅魔軍之邪氣。末世發揚佛法，尤不可少也。》》（34-78）

陳玉蛟教授於其著作中云：《《「息」是息災，指能息滅橫死、疾病、時疫、魔害、傳染等災。「增」是增益，指能增長壽命、形色、威光、勢力、功德及所求事。「懷」即攝服，懷柔。「誅」，指祈禱鬼神加禍於敵人的詛咒儀式》》（6-263）

復次，於合修雙身法（父母無二密修法）之前，亦須先修息增懷誅四法，故蓮花生作是說云：《《收放手印不變橛者，修四事業，以息法寂八怖畏，以增法益福壽財寶，以懷法攝空行，以誅法制諸魔障；心中所欲空行勇士，如蟻集羶；一切空行母如母慈視，一切姊妹如我侍者；從心所緣，放四光等；當勵力行，一切如意。身成光明，攝持三界，特別女子咸敬愛我，最後修大空樂（父母無二密修法之大樂與「空」雙運之法）。》》（34-537~538）

修此息增懷誅四法之前須作火供，火供時之供物則以顏色區分之：《《四種息、增、懷、誅火供：息災用白色，故其供品，多選白色食品、衣料、花卉，皆用白色。增法火供，多用黃色。懷法火供，多用紅色。誅法火供，多用黑色。其他各項外色內德，舉一反三。》》（34-40）

宗喀巴主張：若所請者是能依之天者，所須用物如下：《《請能依天：迎請須用閼伽（供養），故當先修閼伽。其器或用金銀木石、或諸餘物。一切吉祥謂赤銅器。若修息災及上悉地，用大麥及牛乳。若修增益及中悉地，須用胡麻及酪。若修降伏及下悉地，用牛尿及粟米，或血閼伽。通一切羯摩吉祥者，謂用米花、塗香、白花、茅草、胡麻、淨水，配合陳設。熏以燒香，誦前所說或明王咒，或總部心，或各部一切羯摩咒，或誦迎請眞言七遍、加持閼伽。次向前面繪像等處禮拜，以膝著地，諸指內交仰手向上豎二食指，搖二大指結召請印。誦云：「由信三昧耶，世尊請速降，受此閼伽供，唯願愛念我。」次於咒尾加誦「顎黑耶曦」。捧閼伽器，若是佛部，齊額供獻；於餘二部，平胸及臍供獻。觀想自行智尊降臨。所用眞言，『蘇悉地經』迎請品說：以明王眞言請天子，以明妃眞言請天女，或以各各咒請。……》》（21-84、85）

宗喀巴又云：《《息災增益降伏事業，如其次第，以「如來部、蓮華部、金剛部」而修。上品中品下品悉地，亦如是修。息災者，謂能息滅橫死、疾病、時疫、魔害、傳染等災。增益者，謂能增長壽命、形色、威光、勢力、功德，及所求事。降伏者，謂殺逐等。修行時節，謂於臘月、八月、正月、二月、四月白半月，應修上品悉地及息災法，臘月無諸難事。又息災多宜於秋季，如是增益宜於冬季，降伏宜於春後。又修中下成就，於前五月之黑半月爲宜。又修上中下品悉地，及修息災增益降伏，時分如次：應於早晨、初夜、日中。又息災法，從白半月初一至十五日，增益從月半至月半，降伏應於黑半月修。……坐相，修息災法宜蓮花坐，修增益法宜吉祥坐，修降伏法宜足壓足。面則如次向北、向東、向南。》》（21-108）

宗喀巴又補充息增之法云：《《閼伽器者，論云：「金銀銅石木，珠母及瓦螺，葉鉢爲浴足，灑漱閼伽器，或於餘器中。」正說九種，餘者亦可。總續雖說此等爲閼伽器，然實亦是餘水之器。此如難勝月云：「此皆閼伽支，故說閼伽名。」內物及眞言者，若息災者則用大麥、牛乳、白花、茅草、胡麻、炒米及和以甘露之白色香水，此等稱爲閼伽七物。誦「嗡啊吽」部主眞言，甘露瓶咒七遍或百八遍而爲加持。若作增益用者，則以胡麻、酥酪、黃花、茅草及和甘露之黃香水，如總續云：「次注妙香水，智者以手灑，用燒香善熏，心意善持誦。」而作持誦。》》（21-313）

復次，護摩之供品、時辰、方位、安灶之法，如陳健民所說：《《……各種護摩供品，普通供品如五谷、五綢、五寶、五香、三白、三甜外，其他特別的供品，隨其四種事業性質不同，而分別預備之，則不宜供也。此就供品而言。　自等四法，必分別於晨間、上午、下午、晚間四時分別舉行。今同時舉行，則四種事業不能偏重一點，以求速效，故必分別舉行。此就時間而言。由所修本尊不同，故其方位亦異；又因事業不同，故其應向方位亦異。此就地位而言。四種火供，各有安灶之法及其灶之形式。圓、方、半月、三角，皆順各法特點而定其形式。此就灶式而言。》》（34-174-5）

所供之對象：《《所修本尊各有特性。或長於增財，如毗沙門天王火供；或長於攝持，如咕嚕咕哩；或長於息災，如綠度母；或長於除病，如藥師如來；或長於證德，如勝樂金剛；或長於懺罪，如金剛薩埵；或長於除魔，如麻哈嘎拉；或長於加持，如釋迦文佛。》》（34-174-1）

男行者修懷法之目的在於與明妃互相之間更增融洽（女行者等同此理），是故修懷法時之供養對象，主要爲勝樂金剛等雙身「佛」。然空行母亦屬懷法所供之對象，於密法中，空行母亦等同於「佛」故，是故有師云：《《夫法有息災、增益、懷愛、及誅伏四種。上樂王係誅金剛，每一本尊皆有息增懷誅四法。懷金剛用紅色，古嚕古利亦是懷金剛。懷法之佛甚多，那洛空行母、其中之一耳。彼以懷法成就者，即屬懷金剛之列。》》（62-58）。此謂懷法中之那洛空行母亦是密宗之「佛屬」，等同於佛。《楞嚴經》中 佛所斥之「男佛女佛」者，蓋指此也。

修懷法者，所供之物，當以象徵男女兩性之性器官者，及以能增進性能力者，爲其所供之最上妙品，密宗上師認爲如是等物有助於雙身法之性功能故：《《以海參代杵（代表陽具），以大蠔士代蓮（代表陰戶），以其形式相似，且其陰陽性質相似，加入懷法火供，豈有更妙者乎！大蝦米乾，此物又紅又勾，又爲魚類，此三條件皆合懷法火供原則。合歡皮、百合、鈎藤、陽起石，其名甚合懷法意旨。……三鞭酒可加入懷法中。》》（34-175）

若欲合修雙身法前，應當先修密供，密供又名「交合供」：《《現分有境方便佛父之自性與境空性智慧佛母之自性，此二者雙運無別，是一切大、本來交合，以如是相合所生之大樂味，能令一切壇城饜足，彼能知佛父佛母相合眾各自雙運。單尊天女眾則以隱有種性主或佛父之手印天杖轉化爲雙運之殊勝融樂，漸次圓滿上降下固之大樂智，心住其上後，觀空樂智生於相續，並持「與一切尊之隨貪無別」之佛慢。》》（158-225）

此乃以觀想之法，觀想佛父佛母受樂、並觀想彼等樂空雙運而生佛慢等；藉此觀想令自己生起欲修雙身法之意願，亦令將欲與己合修雙身法之對象，能於自己生起好感、而願全力配合。作此密供時，諸方夜叉、羅刹、鬼神等，必定與此火供相應而受感來赴，或受感而驅使某女（某男）前來，成此好事，彼鬼神等便可於此男女淫行中而受淫液精氣之食。是故欲修雙身法之前，須先供養諸「佛菩薩」（其實乃是夜叉等所變現之佛菩薩形），而供養「諸佛菩薩」之物則以和淫行及增強性能力有關之物為主，物別是五肉及五甘露（五肉與五甘露等詳前第一輯中所說）；乃至密供時之觀想「佛父佛母」交合受樂等。此交合供乃為雙身合修之法，預作準備，乃是懷法也。

第二節　誅法

行誅法者，所誅之對象有二：一者自身之煩惱及我執，此若多行則於己於人俱皆無妨；二者藉誅法而驅遣鬼神誅殺他人，令其人立刻殞命，或令其人短壽。若是誅殺他人者，行誅法後，必須以遷識法觀想被殺者往生諸佛淨土。

誅殺自身之煩惱者，行誅法之前，先須作誅殺供：《《所誅為自具本尊性相之能所分別，以其為牽引輪迴，是障礙證悟無二智之敵，彼以何誅殺？即以「離執著分別智」之兵械，誅殺自相續中之「二執著分別」於無生法界中，是一切大、本來誅殺之義。於其狀態中，超度十惡不赦之敵，造惡業因之眾，因其必生難忍苦果之故，以大悲動機，藉通達自己與所誅者體性不成立之「如虛幻、光影般」而誅殺，並以一切分別聚融入法性界中，觀輪迴涅槃平等性界中一味。》》（158-225、227）

又如：《《識以銳利矛刺外境傲慢眾，識如鑿斷內煩惱，識如勁風吹分別雲層之三力，共九種具全，以九吽字生起後催請事業，所對任何「敵障」直接明現勾攝融入，「見」法性之城堡，「修」禪定之會遇，「行」具悲心命（根）而行誅業，如續云：「運悲誅殺三昧耶，非爲殺戮及壓伏」，其基礎之動機爲悲心，時之動機於不爲瞋恨間斷狀態中，不顛倒之要訣是明觀自身爲黑魯嘎，不遲礙要訣爲觀金剛橛勝子，不散漫故直指「麟伽」芻相中；「壽濯」者，所緣之心內神識命根實有，以金剛橛（普巴杵）絞合後，以其出光芒勾召十方諸佛子俱之一切加持能力入金剛橛，令成具能粉碎三有之能力，直指神魂處，漸指諸根門，刺其心間；……復次，濁身所依爲男自右足起，女則自左足依次切截，灑甘露，以噉食蓮華骷髏男女及變化眾俱，以誅供及舞蹈之態呈獻予壇城天眾，令歡喜普具咂咂食聲，爭食嚷嚷而享用。……如是，以取壽命精華爲自滿足，還識爲敵滿足，呈獻血肉爲天滿足，具此三滿足誅殺之果，本尊所依身心骨肉，三種和合差別是誅殺業之儀軌。……久美多傑云：「觀勾召攝住後『敵障之血肉』融入食子成甘露，具誓眾無餘爭相噉食享用。」……「應誓」時，復灑藥血加持，常課為於男女中性三續之具誓眾獻食子之法作供；特別誅法時，則拋施咒物。》》（158-365~371）

誅法之修法：《《八大黑魯嘎釋云：「佛父佛母交合際中，出無量囑咐忿怒眾，於升現我執分別形色及二執敵障眾，以各種兵械誅殺，獻予天眾之口，自我誅滅於無自性法界中。」》》（158-227）

如是誅法乃欲誅殺自己之無明及輪迴之因，乃是妄想者之修行法門也。彼等所言，處處充滿邪見妄想，亦復不解「天法界」之實情也。

譬如「無量囑咐忿怒眾」竟需出於「佛父佛母交合際中」，已墮密宗之根本妄想中——妄想一切法皆出自欲界兩性之交合。如是妄想，脫胎於婆羅門教之性力派邪見之中，今之印度教思想亦來自同一法源，悉以男女交合作為世間一切法生起之因，是故此一性力派思想皆墮性器官崇拜之邪思中；如是性力派性器官崇拜之邪思，觀乎印度教各廟門前所設之石磨、及石磨中央之支柱等象徵，即可知其意也。今者密宗之誅殺供中所說誅法所遣之忿怒眾，仍需出自所觀想而現之「佛父佛母」交合之際，是則此一邪思已可知也。

以誅法誅殺自己之煩惱，乃是妄想；譬如此誅殺供中所欲誅殺之「我執分別形色及二執敵障眾」，仍是出於所觀想而現之「佛父佛母」

交合之際，而非出自往昔所熏種種邪見及貪著，是故所誅殺之煩惱實非自身之「我執分別」，亦非「二執敵障眾」，此二皆是由於自己之觀想所出者故，並非眞正之我執分別故，並非眞正之「二執敵障眾」故。

復次，我執及分別，此二法皆永遠不可能有形色；而密宗竟說此我執及分別等二法可由觀想而變成有形色之法，然後誅殺之，不應正理。由此種種邪見而生觀想誅殺之法，故說密宗所誅殺之法（誅殺我執及分別），乃是於無法中觀想有一「我執及分別」之「形色」生起，而後再以觀想之法誅殺之，此名妄想也；所觀想被殺之形色絕非眞正之我執及分別性故，所觀想能殺之「殺性」亦非眞實故；如是，能殺與所殺既然皆是妄想，云何如是誅殺煩惱之妄想法、可爲誅殺煩惱之實法？無是理也！

密宗妄想藉由誅法而滅自身之「修道所應斷煩惱」者，乃是虛妄之想，乃是無中生有之後，復破此無中所生之有，於佛道修行上絕無實質可言，唯是自尋煩惱之戲論爾。譬如有人因欲消除肚饑，而不求覓飲食，乃竟離眾獨住而作觀想，觀想「肚饑」之法以形色出現，然後觀想有一能殺肚饑之勇士、從本尊父母交合之際出現，將彼肚饑之形色誅而殺之；出於觀想境後，便向他人宣說：「我今已殺肚饑，我之肚饑已被我永殺，爾等可從我受學。」

密宗亦復如是，妄想觀想之法可以將我執與分別觀成形色之法，妄想觀想之法可以誅殺我執與分別；其實完全錯解我執與分別之法，然後卻來正法大衆之中，高聲宣揚其邪見，謂其法爲最殊勝之法，謂爲佛滅後再來示現之報身佛所說、勝妙於應身釋迦所說之最簡最勝妙而最易修之法，妄謂可以即身成佛。如是以假作眞、一表萬里之邪說謬思，而號稱最最上根之密宗行者及諸上師，竟不能了知其謬思，眞乃普天下之最大滑稽事也。

復次，分別性不須誅除；佛所說之捨棄分別者，乃謂不如理作意之分別性，謂邪分別也，非如密宗所說之誅殺一切分別性也。譬如諸佛菩薩示現於人間，悉有分別，是故能知善惡、能觀衆生根器、能分別諸法法性而爲衆生宣說，非無分別心也。又：「無分別智」者，既名爲智，當知非無分別；若眞無分別，則成白痴，焉得名智？是故，密宗一向錯解佛意，每欲將意識心修除分別性，故藉打坐而欲修除意識心之分別性，或藉雙身法之淫樂一心而欲修除分別性，或欲藉誅殺之法而誅殺分別性，皆是錯會佛法之人也。

是故諸佛菩薩所證之無分別智，乃是以本來能分別之意識覺知心，分別自己之眞正無分別心—自無始劫來即不曾起分別性之第八識如來藏心—證知此第八識之本來無分別性，而了知意識自己之虛妄，故斷我見及我執—斷除虛妄分別、證知眞心之本來無分別，是名證得無分別智。

是故證得無分別智時，無妨意識自己仍有分別，而現觀第八識眞心之無分別性，如是意識分別心便生起般若慧，了知般若經之旨意，此慧即名無分別智（意識之分別性仍在，因證得本來無分別之第八識如來藏而生起般若智慧，遠離邪分別）；乃是一向即能分別之意識，與一向即離分別之自心如來藏識同在，非如密宗古今諸師之欲將意識分別性修除也；意識現起時必定能了知六塵故，了知即是分別性故，別境五心所法即是意識相應之心所法故，佛地亦必定有第六識而具有分別性故，佛非「不能分別之白痴」故。由是正理，故說密宗誅法所誅之「我執分別形色」，非是佛法中所說之我執與邪分別，亦非眞能誅殺我執與分別也；故說密宗所傳誅殺我執等法，乃是虛妄之想，與佛道修行完全無關也。

誅殺他人者，如云：《《至於無上密部不共之誅法，世人罕知其意含，故余擇要條舉於下：一、發心必爲維護正法，不夾私怨。二、對象必有破壞正法之行實，且爲弘揚正法之重大障礙。三、雖是誅法，滅彼壽命，而有超渡之功能，能遷彼識至佛之淨土。若是因私怨而妄修誅法，或並非欲毀滅佛法之重要公敵，而對之行誅法，則行者反自招早夭之惡果，因惹護法不喜故。陳師生平只曾修誅法一次，以誅滅其自己之我執。故行者對於誅法，宜避免輕試。至於冒濫者，自其咎，吾人在此已先行警告，只有悲憫其愚，代其懺悔而已。》》（34-319~320）

雖然誅法確是虛妄之法，但密宗諸人信以爲眞，故主張不得挾怨報復而行誅法，亦限制修誅法者之所誅對象必須是破壞正法嚴重之人。**然而密宗古今法王上師諸人，卻萬萬不曾料到：西藏密宗四大派法王自身正是破壞佛教正法最最嚴重之人，早應以此誅法誅殺自身之無量邪見與種種妄想。**余今將密宗之種種邪見與妄想，加以辨正而披露之，密宗諸師及諸行者，普應速速修彼誅法，誅殺自己之邪見與妄想，然後歸投顯教正法之中，努力彌補往昔由於無知所造「無意之中破壞正法」之惡業，改修顯教正法，永離密宗邪見。

誅殺他人者，復有其餘限制：《《不得爲本國侵略他國而舉行誅法火供。不得爲好殺之政治野心家舉行懷法火供，以增長其權位，而增加其殺人機會。不得爲邪業施主——如販賣鴉片、白麵、嗎啡等施主，舉行增長財利之增法火供。不得爲未斷殺戮家禽之施主，舉行長壽火供；彼長壽一年，必多殺害若干家禽；發願斷殺者，則可接受。》》（34-177）

行誅法時，須於夜間行之，並不許他人觀見：《《息增二種火供，可容人參觀。懷法所用供品，恐人批評（以生鮮之血淋淋五肉及五甘露作供品故，五甘露乃是邪淫及極穢之物故，詳第一輯舉說）；誅法所行各法，恐被洩漏（行誅殺他人之法，皆不欲爲人所知故），宜避免他人參觀。誅法常在夜間行之。》》（34-178）

行誅法之後，應唸百字明消罪：《《一切供品皆當保持清潔、整齊、完美，供後宜多念百字明，以懺除供時一切大小過失。》》（34-178）。然而誅殺他人後念百字明者，其實不能消除過失，百字明乃是鬼神所傳法故，無有功德能消他人過失故；後當別述，此勿先舉。

第三節　行誅法後應以濁食施諸鬼神

修誅法後，須以濁食施諸鬼神：《《又：亦有說「息增懷三法中，淨食置濁食（密宗行者享用飲食時，不可全用，須留少分，逮自下而上收後，成「濁餘供」，而供鬼神）上；誅法，濁食置淨食上。」

阿闍梨若具「見地密意（已確實證得雙身法之樂空雙運密意）」者，持主尊佛慢，觀父馬頭明王、母瑜伽女之交合際中流降菩提心甘露（流降佛父母交合淫樂之淫液），混合三昧耶後噀津（以酒混合自己於雙身法中受樂而有之淫液—又名三昧耶甘露—而以口噴於供物上）；一般以灑藥血亦可加持（灑藥血亦可加持所供之供物）。守護時相及沖犯故燃燈火，呼喚下七處名號（呼喚羅剎等下七處鬼神名號）後，供養並囑咐事業（囑咐彼等作誅殺他人之事業），彼眾以隨念三昧耶（彼鬼神眾隨念此咐囑而如住定一般不敢忘），於我頂戴如髻珠般，無礙成辦任何囑託之事（能誅殺他人而無障礙）。最後事業金剛（此謂修誅法之人）戴冠著履，至修室外七十步之地（行至修誅法室之外七十步處），爲羅剎煞欄處（此處爲供養羅剎所設之欄），放置（放置供物）復又漱洗食皿（放妥後復又以瓶水沖洗供物之盛皿）；此處說漱水（獻餘供食予室外七十步之羅剎後，以瓶水沖洗盛皿時之洗皿水）不需迴施，最後上七處（天眾）之五種姓攝入自身，餘賓客（其餘邀請來之上七處天眾等賓客）歸逝、漸銷。

又：略有不同者，眞實壇城儀軌云：「觀餘食上七處天眾立即明現，由食子天眾現種種供施而作供養天眾；食子天眾融入自身已，觀食子匯成甘露海。其次迎請下七處眾，供五種姓聚會，且於濁餘噀津後迴施（於濁餘供之物品上，以混合自己雙身法中受樂而有之淫液—又名三昧耶甘露—而以口噴於供物上，用以迴施之）。」》》（158-357、359）

以上所述即是修誅法後，應向諸羅剎衆等慰勞，是故應以濁食噀津而供羅剎等兇狠貪淫之鬼神。復次供羅剎之欄不可設於室中，必須設於室外，並須遠至七十步外，不令彼羅刹等鬼神接近自己之住處，以免後患。此是密宗修誅法者之共識。

所謂佛慢者：《《夫起分之精意，在於佛慢堅固。何謂佛慢堅固？即行者自觀爲佛，一心不疑是也。如修此法者，即自觀爲那洛空行母，一心作此想，絲毫不懷疑。如有人向己頂禮，即想自己心間放光、消除來人之罪業魔障，毫不猶豫懷疑。如修法而不自觀爲佛，必無是處。》》（62-61）

然而此誅法所觀天界衆生受食子（以食物捏成一團名爲食子）之供養者，其實無義；謂欲界諸天之天人，彼等日常所受五欲及飲食，皆勝妙人間多倍，何有肯受人間粗食之供養者？譬如大富長者日常飲食精妙，不肯接受乞丐向他人乞來食物之供養；諸欲界天之天衆亦復如是，豈肯受人間粗食供養？是故以彼食子供養天衆等，受供者實非欲界天衆也。

亦非色界天衆來受彼供，何以故？謂色界天衆不食欲界六天及人間之飲食，日常亦不飲食，唯以禪悅爲食、長養天身，故絕非色界天人來受彼供。更非無色界天人來受彼供，無色界天人無色身故不受任何食物，唯是識食；復又常住四空定中，不與人類之祈求相應，焉有可能來受人間粗食之供？無是理也！是故誅法所供「天衆」者，乃是大福鬼等鬼神衆，絕非天人前來受供也。

密宗所說「佛法」自始至終皆以雙身法爲其主軸，是故乃至修誅法而欲誅殺他人時，亦仍以淫液等五甘露而用口噴於食子上，以供鬼神；誅法所遣之鬼神乃是羅刹、夜叉之屬，彼等皆好樂血食及人類淫液精氣，是故仍以彼法而供養之，須以此物方能差遣之。誅法如是，息、增、懷法亦難免淫液甘露之供焉，若有人不以五肉及五甘露而行火供者，即非如法修薈供者；有智之人由此可知密法中息增懷誅等火供法之邪謬，亦可了知密宗法義之邪謬也。

一般而言，息、增、懷、誅等四法，通常分別舉行，不宜同時舉行。然在藏地亦有四法俱舉者：《《息、增、懷、誅亦如初、二、三、四灌。在西藏亦有混作一次舉行者，如噶馬巴不動金剛所造《速成四種事業》一書，即將息等四法，混編一起而舉行之。貢師曾應湘人請求譯出，本人以爲不合法理。》》（34-173）。此是例外之說，故陳健民以爲並舉之說不合法理，違於世間常理故。

第四節　修此四法前造壇所應注意事項

行此息增懷誅四法之前，應先造壇。造壇亦有諸多應注意之事項——譬如尋地，宗喀巴如是云：《《『總續』中說：非處繪壇者死。故當觀察處所可否作壇。『鬘論』中說東方繪壇、國王死傷，國多災患；南方所爲者死，西方阿闍梨死，北方入壇者死，火方（東南）降雨，羅剎（西南）饑饉，風方（西北）風雨；近塔則死，近有龍處則發洪水，樹陰、死亡幼童。知彼眾過，避前一切，當於城邑、村園、寺廟、居家自在（東北）方作。或於悅意東北方偏北而作。》》（21-177）

宗喀巴又云：《《『金剛空行經』四十六品云：「寺院與園囿、山巔及盤石，宮殿等頂上，尸林及天祠，凡此諸地址，經中咸讚許。」謂在寺院等內作法，不須觀方。》》（21-178）。此謂若於如上所說之地點而修息增懷誅四法而造壇者，不須觀察方位，隨意皆可。

尋地時，應以種種觀法，觀察彼地是否可用？是故宗喀巴又云：《《用土觀者，如鬘論說：掘穴一張手量，速以原土填滿，有餘者善。總續則說：掘沒膝量，仍填原土，若有餘土即有成就，反爾，不應作法，作則招苦、不獲善果。又金剛手灌頂經云：「智者掘肘許，咒師以所掘，原土而填滿，有餘爲最上，平滿爲中等，不滿則應捨，不應於彼修。」

用水觀者，鬘論中說：即於前穴再掘一手量，滿注淨水，他去百步返回觀察，水滿則善，水減應捨，若有聲響、表有龍難。金剛空行經説：東行百步轉回觀察，水滿者善，涸者應捨。釋論則説：涸至半量以下者凶，餘者良善。又説：水若右旋者上，不旋者中，左旋者捨。若有魔礙，以甘露、軍荼利、辟魔釘、金剛橛（普巴杵）。三昧耶論師説：掘孔注水時誦甘露軍荼利咒，向東行時誦三字咒（嗡阿吽）已，由方相觀知可用。……。

《《色觀者，如金剛手灌頂經云：「白色修息災，許紅爲自在，當知黃增益，黑修猛利行（黑色宜修誅法）。」》》（21-178~179）

覓得適宜地點時，應向地主乞地借用，並須供養基地諸鬼神、獲其同意，故宗喀巴云：《《總續中云：「得地主聽許，軌範繪壇場。」此説須得地主聽許。是故觀知可用之地，若屬王等，當從現主乞請聽許。次於上午先行施食，於所觀地用妙香等作曼陀羅，善修曼陀羅輪而爲供養，舉昇虛空。次於彼處地祇神等奉施供食，如是三請「住此諸天龍，藥叉羅剎等，我今乞此地，建壇汝應施。」次誦：「嗡姆集利娑訶，嗡摩哈尼娑訶，嗡當底利娑訶。」口咒左手二十一遍。供養世間自在爲先。頭南面東，著新淨衣、臥潔淨處。若夢凶惡，可誦甘露軍荼利咒，勝解一切諸法勝義無性。或再觀夢。若彼施與或未遮難，可用其地，遮則莫用。次日上午白前舉虛空諸尊，請其聽許。午時修守護輪，釘諸魔礙，或燒猛利護摩、驅逐魔礙。若如後作，則爲守護弟子。午後當在火界（東南方）灶中舉行息災護摩。用一切業咒加持之芥子水灰，於彼灑淨。次結金剛跏趺，修如下所說之地神：先獻浴足、漱口、閼伽、供品。誦「嗡請來」及「救護」等，三返祈請。想彼答云：「可如是作。」—舉昇虛空。》》（21-179~180）

如是作已，尙有淨地之法，應須知之；謂一、掘淨地：除地中之地箭，即諸刺、骨頭及諸不淨物等。二、以咒而淨，並於台之中心點掘一小穴，安置穀寶等，誦咒加持，此名安地庫也。三、善觀蟒神而作不同之掘地法，「若掘蟒神王，所壓九分土，喪父母子女……」等，故當善觀而作。四、須修天瑜伽，自觀爲天身等，並向天衆啓白，然後舉壇作法。五、復須生起天慢，召來魔等、而以普巴杵及咒釘住彼魔，令其不能爲礙。六、作金剛步、行天衆之步，而行此四法等。此中細節極繁瑣，所爲皆是與鬼神相應之世間法，與佛教法義無關，故不錄之。密宗行者欲知者，可逕閱宗喀巴著《密宗道次第廣論》自知，此處從略。

修此息增懷誅四法之時間，亦有一定限制：《《總續云：「以正寂靜心，於寂靜時日，而行咒迎請，如意得成就。」又云：「凶日與非時，非處無軌則，智不應繪壇（若有智慧者，即不應以諸色沙繪製壇場），繪者決定死。」又云：「一切續儀軌，須臾而吉祥，常於吉祥日，主吉而繪壇。不吉時作事，全無成就者。」此說善惡時日於作壇法有大利害，故應觀察。

應於何月中修？如總續云：「自仲秋十五，至季春月圓，智者於此時，如法繪壇場。爲除礙治病，及自修諸壇，夏季亦可繪，智者不須觀。」此說七個月中可作灌頂壇場，餘壇夏季亦可作之。

七月上下弦、何時作？及上弦何時作？前經云：「智者於所說，諸月上弦中，十五或十三、初八或十四、初十與十一，或於初一日、初五及初七、初三亦可作，於此十日中，善繪曼陀羅。下弦吉期中，繪壇亦無妨。」善住經云：「若與宿曜合，黑月亦可行。」

何曜可用耶？前經云：「木曜與月曜，金曜日曜吉，作諸猛利事（可作種種誅法），餘曜日亦可。」宿可用者，即前經云：「鬼柳與氐星、軫角及婁尾，於此諸日中，繪壇最吉祥。彼等主寂靜，是諸吉祥宿，智者應繪壇。凶日作猛事（若欲修誅法者則於凶日繪壇而作）。」

諸凶結合（二十七結合中有八主凶）與凶作用（十一中有一凶），亦應迴避。餘殊勝時如總續云：「日蝕與月蝕，及有奇相時，並於神通月，精勤繪壇場。」又説用具完備（儀軌中所須之用物悉皆完備），信心深厚，精勤事業（修法者應每日精勤修雙身法），無諸損害，花果繁盛，以及弟子承事師長歡喜之時，亦皆可作也。『蘇悉地』説：師長歡喜時所授諸咒易於成就。釁論説：於如是吉日上午作繪壇事。》》（21-175~176）

如上宗喀巴所言，乃是檢擇時日及處所之法，若符合者，即可繪壇場而作息增懷誅等四法。於修此四法時，若有需用數珠者，所用數珠亦因所修四法之異而有別：《《：至疲倦時當修念誦。念珠之料，結合經第三十品云：「泥珠母珍珠，及餘白界等，於息災羯摩，數珠殊勝相。金銀與諸銅，以及蓮花珠，增益法殊勝，知者應數用。紅花等妙香，一切香和丸，善爲製造已，許爲愛敬用。金剛子患子，如是男子骨，用修降伏法。」白界謂骨。等者謂白石及餘白珠等。四座經云：「紅花或餘香，各別或一切，作丸復染色，許爲愛敬用。」金剛空行亦説用珊瑚及紫檀。男子者指人。通一切法皆吉祥者，如前經云：「息增愛降伏，菩提子皆通。」念珠之數，即前經云：「修咒用五十，愛敬彼半數；息災用一百，增益再加八。降伏用六十，持配諸羯摩。」言修咒者，謂隨順諸羯摩，即修一切業咒。念珠之索，金剛空行經説：用金絲或童女所捻綿線九股爲索。》》（21-525）

如上所舉宗喀巴之言，爲密宗行者欲修息增懷誅四法時，所須注意事項。此中有許多知見乃是妄想，及與鬼神相應之世間法，無關佛法，非是學佛之人所應爲者。而彼密宗行者欲藉增法而得增益其世間財報等者，悉不成就。此因世間財報，要依往世之布施爲因，而成就此世依報；及此世之努力爲緣，然後方能得此世之財報，非由密宗諸師所修之增法能增益之也，此乃三界中之因果律故，違此因果律者所爲即是妄想故。

第五節　內護摩

密宗古時多代祖師長期創作結集而有之《大日經》中說，護摩有二種——內護摩及外護摩：《《護摩有二種：所謂內及外；業生得解脫，復有芽種生；以能燒業故，說爲內護摩。外用有三位，三位三中住，成就三業道，世間勝護摩。若異此作者，不解護摩業，彼癡不得果，捨離真言智。》》（《大正藏》密教部 18-32 下）

內護摩者，相對於前四節所舉，爲修息增懷誅四法所作事火之法，說彼爲外護摩，說此爲內護摩：《《復次於內心，一性而具三；三處合爲一，瑜祇內護摩：大慈大悲心，是謂息災法；彼兼具於喜，是爲增益

法。忿怒從胎藏，而造眾事業。又彼祕密主！如其所說處，隨相應事業，隨信解焚燒。》》（《大正藏》密教部18-43下）

《《…眼耳鼻舌身，及與語意業，皆悉從心起，依止於心王。眼等分別生，及色等境界，智慧未生障，風燥火能滅；燒除妄分別，成淨菩提心，此名內護摩，爲諸菩薩說。》》（《大正藏》18-44上）

外護摩者，所謂息增懷誅等四法，皆悉必用諸物而焚燒，以供「諸佛菩薩」及諸「天眾」與諸鬼神、羅剎、夜叉等；藉彼焚燒諸物爲供，而由諸鬼神爲密宗行者成辦諸事，是名外護摩。如是，「內護摩」者，謂仿效外護摩之「事火法」，由密宗行者自心而作觀想—想息增懷誅四法成就，及想業障、妄分別等消滅，而生智慧、成就淨菩提心。

此乃虛妄之想，何以故？謂觀想之法唯是內相分，絕非心想自身大慈大悲即能息災，要須於諸事相眞實利益冤家債主，因此而消彼怨，然後災息；或於諸業之因，造諸能消彼業之因，而後能消，非由觀想之法而作護摩者所能消之也。息法如是，增、懷、誅法亦復如是，皆非由自意之觀想而能達成目的也。故說密宗所言如是內護摩者，乃是妄想者所說法。

復次，如上所舉《大日經》中「大毗盧遮那佛」所說：經由觀想之法，而燒除往昔及今世所造身口意諸業，並燒除虛妄分別者，皆是虛妄之想。此謂犯戒之戒罪可依懺悔之法而滅除，然業種乃是性罪，必須受報方得滅除；或因世間業行中眞實利益怨家債主──確實作諸補償怨家債主諸事，令彼等平復怨心及生歡喜，然後乃滅，非可如密宗諸師所說之經由觀想而滅除也。

復次，虛妄分別之滅除，要依親證二乘菩提──現觀十八界空相無我──方滅解脫道修證之妄分別。要依佛菩提道之修證──親證第八識如來藏而領納其中道性、涅槃性──方起般若慧；起般若慧已，對於佛菩提道之虛妄分別始滅。密宗《大日經》中「大毗盧遮那佛」所說：欲藉「內護摩」觀想而滅諸虛妄分別、出生智慧者，乃是妄想者所說，絕非眞正之大毗盧遮那佛所說也，乃是密宗古時上師集體創作後，假名爲**大日如來**所說者。所以者何？若有化身佛出現人間，尚且不說如是妄想法，何況法身佛之　毗盧遮那佛焉有可能說此妄想之法？無是理也。復次，報身佛所說者，純說一切種智妙法──如來藏所涵一切種子之智慧──純說唯識等一切種智妙法，尚不說二乘解脫道及大乘般若中觀諸法，何況說此「內護摩」觀想滅罪之邪見妄想法？

如是等妄想法，而由密宗所說之「**毗盧遮那佛**」口中說出，可見彼

《大日經》所說之大毗盧遮那佛絕非眞正之　大毗盧遮那佛，而是密宗諸師以自己之妄想、託言為　毗盧遮那佛之所說也。由此亦可證明《大日經》乃是偽經，絕非　佛口親說者也，何以故？謂彼經中「毗盧遮那佛」所說，唯能說緣起性空表義、而不能眞解緣起性空之眞義故，彼經中之「毗盧遮那佛」實非眞證解脫道者故，錯會解脫道之正義故。

復謂彼經中「毗盧遮那佛」所說，不能觸及第一義諦根本之如來藏法，而以緣起性空說為第一義諦之空性故。如是所說，尚不及大乘初見道者（初明心者）之所說也，何況能言及通達種智之初地菩薩所說法？不知、不及大乘初見道者所說之般若慧，焉得自我高推為顯教行者所不能知、不能學之無上密法？而名之為法身佛之　毗盧遮那佛所說法？顚倒之至！是故，密宗所說內護摩之法，不可信也，本質完全是虛妄想故。

第六節　誅法所遣金剛部主之本質

密宗諸師修誅法時，派遣出去殺害衆生之「金剛部主」，其實只是山精、鬼神、夜叉、羅刹之屬——皆好樂鮮血生肉等食及淫液等不淨物故—遇我身旁護法龍天諸菩薩時，唯能恭敬禮拜而退，皆無所能為也；何以故？謂此等「金剛部主」皆好樂不淨物故，皆好樂生鮮之血食故，乃是欲界中層次甚低之鬼神故。密宗行者若修誅法而派遣「金剛部主」往遠方殺害衆生者，皆須用鮮魚、鮮血、帶血之生牛羊肉、五辛、淫液、酒等供之，而後始喜故。是故密宗自古以來，常有「是否須用此等不淨物供養」而生異見者：

《《多傑尊者慈悲逾恒，隨順眾生，亦曾改變成規，以尊重漢人茹素之善舉，故於護法部第二《蕩金確嘉念誦法》第一頁前「設供」一項下，有註曰：「狗肉、牛肉、五辛等，改用素更好。」其後於魚、血、牛羊肉、五辛、酒等下，又有註曰：「改用素菜供，不供亦可。」究竟**供肉、酒、血、蒜等，乃隨順護法之本性，供之能得感應，不供則不易感應**；供而不順其本性，令不歡喜；對已證空性之大護法，或可免其忿怒而加懲處；對於未證空性之大力鬼、藥叉等，可能受其報復，此屬緣起之秘密。行者在學習後得定中緣起秘密哲理時，可以推理了知。不可以「根本定法中法性秘密諸法平等、葷素無分」而忽略之。譬如請客，當請用葷者，必以葷供之；請用素者，必以素供之，則各遂所願，各盡所能，以圖報答主人之誠意。今供護法，原圖其保護，逆其所好而供之，何能感得其應命報效之功德耶？昔有人茹素，而託余行懷法火供，見余購海參鮑魚、取其緣起形相秘密——類似蓮杵（類似男女性器官）；其價既昂，超過預算，余擬就自己囊中補足之，彼仍反對，強調其本人茹素，不願供此等物質。余對曰：「我等所預備之供品，投之火中，供咕嚕咕嚕，伊本食肉，弁不茹素。先生之茹素，乃先生本人之慈悲，如先生死而爲神，余自知以素相供也。」彼仍堅持取消。余乃改變方法：另購七級圓柱形食品，內裹白色糖質等，類似精髓（類似精液），外形不唯似杵（似男性陽具），且其大小亦有可觀；再購船形食品，船艙闖開，如蓮口肉（猶如陰戶張開），塗紅色櫻桃醬泥，極類具有血色之蓮宮（極似具有血色之女性陰道）。該二物皆無肉，然亦極似蓮杵，如此變通方便。然依緣起言之，其形雖似，其質大異；海參之性能壯陽，鮑魚之性能補血，則非彼二食品所可代也。今改用素菜，馴至曰不用亦可，未免過於順人而忽於感神。》》（34-219~220）

如上所舉實例，可知息增懷誅四法所請或所遣「金剛部主」，其實只是山精、鬼魅、夜叉、羅刹之屬，於其所食之物，已示現其本性故。乃至於彼等「金剛部主」所示現之形像中，亦已明示其鬼魅屬性，唯是密宗淺學行者自己愚迷而不知爾，今舉嚇嚕噶身相之實例而告：

《《『善逝集會』云：「能勝鐵、鎧甲自在、猛獸豹、變化金剛、凶暴蛇、凶猛虎、威光人皮、凶猛鎧甲、大力獅子、猛暴熊，共十衣。」

另：略有不同者，『馬頭三界遊戲要用灌頂』云：「勇猛禪定銳利虎皮衣，迴遮凶暴交股杵鐵衣，智慧禪定金剛囑咐衣，自在赤紅鎧甲威光衣，勇威纖柔黑蛇莊嚴衣，自在噉食禪定獠牙衣，金剛皮裘紺青紅綾衣，能攝猛獸凶暴豹皮衣」，謂八解脫。

尸林八裝束中著披三衣：表十力摧滅愚痴之相爲大象肩帔，表菩提心摧滅貪欲之相爲人皮腰帶，以英勇猛烈事業摧滅瞋恚之相爲虎皮裙裾。

著佩二飾：蛇飾爲白刹帝利種姓之髮箍，黃龍吠舍離種姓耳璫，紅龍婆羅門種姓雙股鏈及頸飾，綠龍戌陀羅種姓腰帶及瓔珞，黑龍旃陀羅種姓環釧。

顱飾爲五枯顱之頂嚴，五十**鮮濕滴血頭顱爲瓔珞**，顱骨碎片爲肩飾。

塗敷三飾：額上大灰團塊，兩顴鼻尖三處血、明點，喉脂膏臙脂；或有說兩顴額上血、明點，或眉間處血、明點，下頷脂膏臙脂。彼八者後再加智慧火聚及金剛翼，合爲吉祥十裝。……

依方便爲主中六骨飾爲：頂上束箍散髮之具、三十二網目骨製網絡，喉具十六網目骨製頸飾，前胸後背緊掛百零二骨鬘之瓔珞，或達及下身虎皮裙上六十四網目骨飾下皮之絆胸網絡，腰腕踝上骨環、骨釧共六種；或有環釧合計一，另加耳璫爲六種，表六波羅蜜。

又有說左右肩上骨珠，乳上骨蓮，背部骨杵，肩胛骨輪，腰骨吉祥結，臍骨交股杵，共六種。》》（158-241~245）

密教內地位無比崇高之嚇嚕噶尚且如是，則受血食等供養而往諸方誅殺衆生之夜叉、羅刹、鬼魅、山精等，其狀可知。云何密宗諸上上根器、遠超顯教之大修行人，而不知此等皆是凶神惡煞之輩耶？密宗行者生時常與此等凶神惡煞爲伍，共造諸業，將來捨報時，豈眞欲與彼諸凶神惡煞爲伍？同其種類？無智若此！吾人寧無披露事實之悲心？寧無令其了知而遠離之悲心？是故凡此事實，皆當如實披露，令彼等密宗一切上師學人悉知。

凡佛法中之護法神，皆已茹素，乃至最樂血食之夜叉羅刹鬼子母衆，一旦歸依三寶，佛亦禁其食肉，何況付以重責大任之佛教護法神、而續食生鮮血肉？故知密宗所供之金剛部主，皆是鬼神之屬，非是佛教中之護法神也。此事具載於《楞伽經、楞嚴經：：》中，非余強言之也，密宗諸師及諸學人云何而不能知？仍與彼諸凶神惡煞鬼神爲伍、同其共業？非有智之人也；一切已歸命三寶之鬼神藥叉衆等悉已遵行佛語而茹素故，尚樂血食及衆生肉之鬼神必非已歸命三寶者故。

復次，密宗行者常言誅法之殊勝：《《誅滅斷絕：敵軍之摧滅、驅逐、誅殺、勾召等。……。最勝成就中，四特殊事業爲：息業惑及含藏垢染，增教證功德，懷攝解脱及一切智智，以證誅自己後、以悲誅他，及自在與神通、總持、辯才等，富饒地道一切功德，…》》（158-403）

然若誅法眞能猶如密經密續所說之滅魔及滅敵軍者，不應天竺波羅王朝之「晚期佛教—密宗」滅於回教國家軍隊之手，更不應中國「佛教」之藏密諸大修行者被驅離中國也。可知密宗所修誅法所遣之鬼神，其實僅是層次極低之山精鬼魅等爾。如是誅法，傷天害理，尚不能求得天人之協助，何況能求得慈悲爲懷之佛菩薩協助？何況能求得尊重佛戒之護法神協助？而密宗諸師自矜有此誅法，以炫顯教，而輕顯教之無有此法？眞乃顚倒之宗教也。

復次，密宗諸師常言：以其誅法可以誅魔乃至降魔。然而依彼密宗誅法所遣之「護法神」身相而觀之，復由其所造之行及所受供物而觀之，可證密宗誅法所遣之「護法神」本身即是冒充佛教護法神之魔也；自己已是魔身魔屬，當知絕無可能眞正壞魔也。如是而言降魔者，殊屬無義之言；如是而欲行降魔之舉者，眞乃妄想之行也。

由諸正理，說密宗上師修誅法而誅殺他人，乃是幻想之法，所派鬼神大多不能達成其任務也。乃至鬼神至其所應誅殺之對象面前時，發覺所面對者是大菩薩或大護法，唯有自取其辱，凡事皆無所能為，則必對修誅法之密宗上師生大瞋恚，返迴密宗行者修誅法處，便對彼修誅法者報復，宣洩怨氣。是故密宗上師欲修誅法者，必須詳細審思，謀定而後動，以免自招其害。

誅殺他人已，所修遷識法、欲遷死者之根本識往生極樂世界者，亦是妄想之法，何有能力遷彼亡者之根本識耶？所以者何？謂密宗諸師尚且不知不證自己之根本識，何況有力能遷被殺者之根本識？無是理也！

縱使修彼誅法，真能驅遣鬼神而殺他人者，其心險惡，絕非學佛之人所應為也。而彼等密宗之遷識法既是妄想，非真能遷移被殺者之本識往生極樂，則彼等密宗上師誅殺他人後，而言以遷識法觀想被殺者之根本識往生極樂，謂為慈悲者，即成無義。無義之法，密宗行者應知遠離，莫再為彼所惑。

復次，縱使密宗上師真能驅遣鬼神而殺他人者，彼諸鬼神往誅弘傳正法之人間菩薩時，必定未至近處即已觀見護法神也。彼等既屬層次甚低之鬼神（猶嗜血食葷腥淫液等不淨物故），若見正法之護法神時，見護法神或護法菩薩之威德神力，必定迅速逃竄而回，於弘傳正法之人間菩薩無所能為。舉凡弘傳正法之人間菩薩，必定皆有護法神隨身護持，此乃彼等護法神積極修集功德法財之所在，無有怠於職守者。

復次，若所弘正法層次越高，則護法神層次隨之越高、威力越大，乃至有時由大菩薩而護持之。凡此皆屬事實，我會中諸同修等，已有多人因於種種緣故而知而見故。是故，密宗上師雖有因瞋而修誅法、欲不利於余者，反遭所遣鬼神之不悅，反受彼苦；彼等被遣鬼神，欲殺他人而不能成功，反遭其辱，必生瞋恨於修誅法者故。

復次，密宗諸師及密續中，既言修誅法者可誅自己之煩惱而生智慧，然而現見天竺及西密東密古今諸師及諸學人，迄未見有一人眞能誅除「我見我執」煩惱；亦未見有密宗古今諸師及諸學人能證如來藏而生般若慧者，更未見有能證種智而通達唯識者（皆於唯識增上慧學錯會故），由此可證密宗所言誅殺我見煩惱之法，眞是妄想，非眞佛法也。

於此普勸密宗一切上師學人：既然息增懷誅四法皆屬邪謬之法，當即迅速遠離密宗邪法妄想，迴入顯教之內、修學眞正之佛菩提道，修學眞正之解脫道，方是有智之人也。

（第三輯完。全部四輯，於公元 2002/1/5 完稿，2002/2/9 凌晨 3.30 潤飾完竣。）

參　考　書　目

本書舉證文詞之出處示意：例一：（230-3）爲第 230 冊之第三頁。

例二：（62-55-9）爲第 62 冊之 55 頁第九行。

例三：（1-24-B）爲第一冊之 24 頁 B 面。

編號說明：依取得之先後順序加以編號。

1、蓮花生大師應化史略（諾那活佛譯述，新文豐出版公司 1983.1.再版）

2、十觀宗派源流（土觀羅桑卻季尼瑪著，劉立千譯，佛教慈慧服務中心 1993.7.出版）

3、入菩薩行（寂天著，陳玉蛟譯註，藏海出版社 1992.1.初版）

4、密勒日巴全集（共三冊，張澄基譯，慧炬出版社 1980.6.初版）

5、岡波巴大師全集（張澄基譯，法爾出版社 1985.9.初版）

6、阿底峽與菩提道燈釋（陳玉蛟著，東初出版社 1991.4.再版）

7、阿底峽尊者傳（法尊法師譯，佛教出版社 1986.1.出版）

8、入中論善顯密意疏（宗喀巴著，法尊法師譯，世界佛學院漢藏教理院 1942.3.30.出版）

9、入中論釋（宗喀巴著，法尊法師譯，方廣文化出版公司 1998.6.初版再刷）

10、佛家經論導讀叢書—密續部總建立廣釋

（克主杰造論，談錫永譯及導讀，佛陀教育基金會印行）

11、勝集密教王五次第教授善顯炬論

（宗喀巴著，法尊法師譯，方廣文化出版公司 1995.5.初版）

12、覺囊派教法史（阿旺諾追札巴著，許得存譯，西藏人民出版社 1993.1.西藏初版）

13、藉古鑑今話心經（王武烈著，台灣正見學會，1997.8.08.初版）

14、西藏的佛教（山口瑞鳳等人著，許詳主譯，法爾出版社 1991.2.1.初版）

15、西藏佛教史（矢崎正見著，陳季菁譯，文殊出版社 1986.10.初版）

16、密乘閉關寶典（昆秋仁欽及仁津卻紮著，赤列倫珠譯，大手印出版社 2000.？月出版）

17、直指大印（赤列倫珠講授，黃英傑譯，大手印出版社 2000.？月出版）

18、菩提道次第略論上冊（昂旺朗吉堪布口授，郭和卿譯，方廣文化出版公司 1994.1.初版精裝）

19、菩提道次第略論下冊（昂旺朗吉堪布口授，郭和卿譯，方廣文化出版公司 1994.1.初版精裝）

20、菩提道次第略論（宗喀巴著，大勇法師譯，佛教出版社，出版年月不詳）

21、**密宗道次第廣論**（宗喀巴著，法尊法師譯，妙吉祥出版社 1986.6.20.精裝版）

註：此書已有出版社公開印行，非如以前爲**不傳之密**。請洽：

新文豐出版社　台北市雙園街 96 號　02-23060757、23088624

22、辨了不了義善說藏論（宗喀巴著，法尊法師譯，大千出版社 1998.3.精裝版）

23、顯密修行次第科頌、慧行習練刻意成念記

（宗喀巴著，能海上師集著，方廣文化出版公司 1985.1.初版）

24、菩提道次第論科頌講記（宗喀巴著，能海上師集著，方廣文化出版公司 1984.11.初版）

25、宗喀巴應化因緣集（修慧法師編述，佛教出版社 1985.5.初版）
26、至尊宗喀巴大師傳（周加巷著，郭和卿譯，華藏教理院 1992.9.精裝初版）
27、至尊宗喀巴大師傳上冊（周加巷著，郭和卿譯，青海人民出版社 1993 年精裝初版）
28、至尊宗喀巴大師傳下冊（周加巷著，郭和卿譯，青海人民出版社 1993 年精裝初版）
29、菩提正道菩薩戒論（宗喀巴著，湯薌銘譯，
金輪山西天佛學研究院華藏文化中心 1989.11.精裝贈閱版）
30、菩提道次第六加行課誦法本（宗喀巴佛學會印行，出版日期不詳）
31、兜率上師瑜伽（宗喀巴佛學會印行，出版日期不詳）
32、曲肱齋全集（一）（陳健民著，徐芹庭編，普賢王如來佛教會 1991.7.10.出版精裝本）
33、曲肱齋全集（二）（陳健民著，徐芹庭編，普賢王如來佛教會 1991.7.10.出版精裝本）
34、曲肱齋全集（三）（陳健民著，徐芹庭編，普賢王如來佛教會 1991.7.10.出版精裝本）
35、曲肱齋全集（四）（陳健民著，徐芹庭編，普賢王如來佛教會 1991.7.10.出版精裝本）
36、曲肱齋全集（五）（陳健民著，徐芹庭編，普賢王如來佛教會 1991.7.10.出版精裝本）
37、佛教禪定上冊（陳健民述，康地保羅筆錄，無憂子譯，普賢王如來印經會 1991.6.出版）
38、佛教禪定下冊（陳健民述，康地保羅筆錄，無憂子譯，普賢王如來印經會 1991.6.出版）
39、密咒道次第寶鬘釋（蓮花生著，歐陽鷙教授講授，劉銳之譯，
南亞協進會西藏研究委員會藏書影印本）
40、大幻化網導引法（蓮花生著，敦珠仁波切講授，劉銳之譯，
南亞協進會西藏研究委員會藏書影印本）
41、諸家大手印比較研究（劉銳之著，1958 年出版，
南亞協進會西藏研究委員會藏書影印本）
42、俱生契合深導了義海心要（阿逸多法自在造，陳濟博譯，
1981 中秋出版，南亞協進會西藏研究委員會藏書影印本）
43、大乘要道密集上冊（元、發思巴上師輯著，自由出版社壬辰年影刊）
44、大乘要道密集下冊（元、發思巴上師輯著，自由出版社壬辰年影刊）
45、大圓滿無上智廣大心要（智悲光著，根桑澤程講授，1982.出版）
46、甚深內義（讓蔣多傑著，陳健民譯，林鈺堂等人 1998.2.1.印行）
47、仰兌一趨入光明道（龍清巴結集，貢噶上師講授，1972 中秋出版，
南亞協進會西藏研究委員會藏書影印本）
48、大圓滿虛幻休息妙車疏（龍清巴著，無垢光譯，根桑澤程講授，
劉立千譯，1983.10.10.出版，南亞協進會西藏研究委員會藏書影印本）
49、詞義寶藏論（龍欽巴造，吉美袞桑滇真譯，喜林苑了義文化出版社 1998.2 初版）
50、密乘法海（多覺傑拔格西著，新文豐公司 1987.6.台一版）

51、那洛空行母生起次第導引—金剛空行母眾心明點

（尼梅巴德欽黑嚕嘎著，法護譯，南天書局 1997.7.初版）

52、現觀莊嚴論《略釋》（法尊法師譯，老古文化公司 1990.3.再版）

53、現觀莊嚴論《初探》（陳玉蛟著，東初出版社 1992.2.初版二刷）

54、現觀莊嚴論《略釋及科判表》（法尊法師譯，密乘出版社 1987.1.初版）

55、般若波羅蜜多教授現證莊嚴論名句頌解（能海上師釋，方廣文化公司 1994.9.初版）

56、菩提宗道菩薩戒集頌（能海上師集著，方廣文化公司 1995.1.初版）

57、定道資糧論頌等（能海上師集著，方廣文化公司 1995.1.初版）

58、最勝耳傳修心七義論等（宗喀巴造，昂旺朗吉口授，郭和卿譯，

福智之聲出版社 1994.7.初版）

59、大圓滿心性休息導引（龍欽巴造，談錫永譯釋，香港密乘學會 1996.9.初版）

60、大圓滿三自解脫論（龍欽巴造，法護譯，大藏文化出版社 1995.3.初版）

61、道果—金剛句偈註（畢瓦巴著，薩迦班智達講釋，法護譯，

大藏文化出版社 1992.5.初版）

62、那洛六法（道然巴羅布倉桑布講述，盧以炤筆錄，晨曦文化公司 1994.8.初版）

63、寶性論新譯（彌勒菩薩造，無著菩薩釋，談錫永譯，香港密乘佛學會 1996.12.初版）

64、九乘次第論集（敦珠法王著，許錫恩譯，香港密乘佛學會 1997.9.初版）

65、吉祥集密大續王（寶法稱.仁欽曲札譯，佛教慈慧服務中心 1997.7.出版）

66、一切法大圓滿—菩提心普作王（詩列星哈喀拉.毗盧渣那藏譯，

陳文仁漢譯，圓明出版社 1997.6.初版）

67、大圓滿—佛陀的終極理念（卓格多傑著，圓明出版社 1996.8.初版）

68、大手印—最高成就修行法（泰錫杜著，唵阿吽出版社 1998.7.初版）

69、相對世界．究竟的心（泰錫杜著，台北噶舉佛學會 1996.6.初版）

70、密宗大解脫法（蓮花生原著，嘉初釋義，楊弦、丁乃筠譯，圓神出版社 1997.11.初版）

71、月燈—三摩地王經釋（創古著，帕滇卓瑪譯，眾生出版社 1997.10.31.初版）

72、大樂光明—金剛乘之大手印（格桑嘉措著，崔忠鎮譯，文殊出版社 1988.8.再版）

73、喜金剛本續（D.L.斯奈格羅夫英譯，崔忠鎮中譯，時輪譯經院 1989.3.初版）

74、時輪本續註（嘎旺．達吉講述，崔忠鎮譯，時輪譯經院 1989.10.初版）

75、大樂光明《增訂版》（格桑嘉措著，崔忠鎮譯，時輪譯經院 1992.4.增訂版）

76、時輪金剛生起次第灌頂儀軌（崔忠鎮譯，時輪譯經院 1992.4.初版）

77、香巴噶舉法寶集（達賴二世著，崔忠鎮譯，時輪譯經院 1989.4.初版）

78、勝樂略續（印度貝瑪嘎惹與惹瑪傳授，仁欽桑波藏譯，仁欽曲札漢譯，

香港佛教慈慧服務中心 1997.7.精裝版）

79、三主要道（帕繃喀傳授，仁欽曲札譯，經續法林 1997.8.初版）

80、遠離四種執著修心法集解（傑森、達巴、嘉辰等著，孫一譯，陳聖群 1989.4.印行）
81、釋量論略釋（法尊法師編，佛教出版社 1984.2.初版）
82、量理寶藏論（薩班慶喜幢編著，明性法師中譯，東初出版社 1994.7.初版）
83、入中論頌講義（釋寶幢著，三揚印刷公司，未載出版年月）
84、入中論（古印度月稱法師造，法尊法師譯，新文豐出版公司 1984.1.初版）
85、法尊法師論文集（法尊法師著，大千出版社 1997.5.精裝版）
86、聖僧鐵記（貢拉堪布編譯，普濟法音事業公司 1999.9.初版）
87、上師五十法頌略釋（印度跋維諦瓦原著，丹吉仁波切譯，佛教出版社 1983.7.初版）
88、大圓滿禪定休息清淨車解（無垢光原著，龍清善將巴釋，自由出版社 1992.5.出版）
89、密宗道次第論（克主杰著，法尊法師譯，佛教出版社，印行年度未載）
90、無上密乘修持三要卌（宗喀巴、敦珠、龍清巴等著，金剛乘學會 1987.12.初版）
91、四部宗義略論講釋（日慧法師集述，法爾出版社 1991.5.1.初版精裝本）
92、空行教授（蓮花生口授岩傳，艾歷卑瑪恭桑英譯，
羅啓安及黃英傑漢譯，密乘出版社 1994.7.初版）
93、臨終教授解脫幻境（寶法稱譯，佛教慈慧服務中心 1997.7.初版）
94、利器之輪（法護著，永楷、滿華法師譯，佛光出版社 1994.9.初版）
95、菩提道次第甘露藏（耶西尊珠造，釋法音譯，佛陀教育基金會 1995.5.初版）
96、修道與生活（巴巴哈哩達士著，靜濤譯，中國瑜伽出版社 1985.1.再版）
97、西藏密宗史略（王輔仁著，佛教出版社 1985.3.初版）
98、藏傳佛教世界（十四世達賴著，陳琴富譯，立緒文化公司 1997.8.初版）
99、薩迦傳承史（秋吉崔欽著，黃英傑譯，大手印文化公司 1994.10.初版）
100、西藏十六代噶瑪巴的歷史（噶瑪聽列著，孫一譯，大乘精舍印經會 1986.2.出版）
101、吐番僧諍記（法國戴密微著，耿昇譯，商鼎文化出版社 1994.3.15.初版）
102、西藏生死書（索甲著，鄭振煌譯，張老師文化公司，1998.4.初版第 210 刷）
103、帝洛巴（貢噶著，正法眼出版社 1998.4.1.初版）
104、馬爾巴傳（查同傑布著，張天鎖等人譯，眾生出版社 1998.4.15.初版）
105、八十四成就者傳記（巴渥偉色著，徐寶鈴、呂旻容合譯，
薩迦諾爾旺遍德林佛學會 1996.3.初版）
106、薩迦法王訪問記（薩迦天津著，黃英傑譯，大手印文化公司 1994.10.初版）
107、訪雪域大士・藏密的指路明燈（吳玉天著，諦聽文化公司 1996.4.出版）
108、甚深內義（第三世大寶法王造，卡塔講述，寶鬘印經會 1997.11.30.出版）
109、大手印（卡塔著，台北噶瑪噶舉法輪中心印行，未載年月）
110、證悟的女性（卡塔講述，寶鬘印經會 1995.11.1.出版）
111、岡波巴四法（卡塔講述，寶鬘印經會 1997.1.初版）

112、西藏佛教略記（恒演法師著，佛教出版社 1994.8.初版）
113、密乘解脫之道、卡盧仁波切行傳（麥克劉德著，徐進夫譯，台北佛教利生中心）
114、蓮花金剛藏上師開示錄（吳潤江講，諾那精舍金剛印經會第三輯五版 1980.印行）
115、蓮花金剛藏上師開示錄（吳潤江講，諾那精舍金剛印經會第四輯初版 1981.印行）
116、蓮花金剛藏上師開示錄（吳潤江講，諾那精舍金剛印經會第五輯再版 1982.印行）
117、金剛上師諾那活佛法語（依 1941 年上海諾那精舍再版重印第五輯三版 1975.印行）
118、沐恩錄（林鈺堂著，1985.出版）
119、藏密修法密典《卷一》（呂鐵鋼編，北京華夏出版社 1995.1.初版）
120、藏密修法密典《卷二》（呂鐵鋼編，北京華夏出版社 1995.1.初版）
121、藏密修法密典《卷三》（呂鐵鋼編，北京華夏出版社 1995.1.初版）
122、藏密修法密典《卷四》（呂鐵鋼編，北京華夏出版社 1995.1.初版）
123、藏密修法密典《卷五》（呂鐵鋼編，北京華夏出版社 1995.1.初版）
124、西藏佛教論集（西藏叢書編委會，文殊出版社 1987.2.初版）
125、西藏佛教經研究（西藏叢書編委會，文殊出版社 1987.4.初版）
126、上品華嚴之金剛經（李善單著，佛乘世界文教基金會 1996.3.初版）
127、密宗十四根本墮戒釋論（曹巴嘉辰著，薩迦諾爾旺遍德林佛學會 1997.2.出版）
128、閒話密宗（談錫永著，全佛出版社 1997.8.出版）
129、宇宙靈源（邱立堅著，宇宙靈源基金會 1995.初版）
130、薄伽梵母正智正道心經之研究（王武烈著，正見學會 1996.10.30.出版）
131、聖妙吉祥真實名經（梵漢藏文合璧，貝葉本，密乘出版社 1985.5.初版）
132、道之三主要（貝葉本，大藏寺印本，出版日期未載）
133、金剛瑜伽女卡雀母珍寶鬘修習儀軌（薩迦諾爾旺遍德林，
貝葉式壓克力皮活頁本，出版日期未載）
134、怎樣認識真假密法（丹吉佛爺等著，佛教出版社 1982.10.10.第三版）
135、金剛密鑒（貢那格西等著，聯合影藝雜誌社出版，未載日期）
136、虔誠的獲得（喜饒根登著，雲慈正覺會 1997.9.第 20 版）
137、藏密真宗（郭元興等著，出版者及發行者皆未載，日期亦未載）
138、般若波羅蜜多心經講義（義雲高著，雲慈正覺會 1997.8.第四版）
139、西藏度亡經（蓮花生著，徐進夫譯，天華出版公司 1985.1.1.再版）
140、密宗綱要（王弘願著，天華出版公司 1992.4.初版四刷）
141、殊勝的成佛之道：龍欽心髓導引（蔣揚欽哲旺波著，頂果講述，
黃英傑譯，全佛文化出版社 1992.10.25.初版）
142、大圓滿之門（秋吉林巴取出岩藏，敦珠等講述，黃英傑譯，全佛文化出版社 1992.10.25.初版）

143、如是我聞：來自西藏的法音（貝諾、崔津合著，黃英傑譯，全佛文化出版社 1992.10.25.初版）
144、佛所行處：道果心印加持海（黃英傑編著，全佛文化出版社 1992.10.25.初版）
145、大手印教言：擢動空行心弦（噶瑪巴十六世著，黃英傑譯，全佛文化出版社 1992.10.25.初版）
146、民國密宗年鑑（黃英傑編著，全佛文化出版社 1992.10.25.初版）
147、貢噶老人雪山修行記（林維洋編輯，正法眼出版社 1994.5.19.出版）
148、西藏佛法入門（林維洋編輯，正法眼出版社 1997.5.19.出版）
149、自性光明（龍昭宇編輯，正法眼出版社 1995.7.19.出版）
150、正法眼（一）（噶瑪三乘法輪中心編輯及出版 1995.12.1.第三版）
151、正法眼（四）（噶瑪三乘法輪中心編輯及出版 1990.09.20.初版）
152、正法眼（五）—見修行果（噶瑪三乘法輪中心編譯，正法眼出版社 1992.9.12.初版）
153、見即解脫（歷代止貢法王著，黃英傑譯，大手印文化公司 1995.12.初版）
154、密乘之門（黃英傑譯著，大手印文化公司 1996.9.初版）
155、生死自在（黃英傑譯著，大手印文化公司 1996.9.初版）
156、慈氏妙音（泰錫杜開示，黃英傑譯，大手印文化公司 1996.11.初版）
157、照見清淨心（波卡著，吳嘉真譯，張老師文化公司 1998.9.初版）
158、生起次第釋論集（楊堅葛威洛覺、袞謙濵貝尼瑪合著，法護譯，南天書局 1998.7.初版）
159、宗義寶鬘（貢卻亟美汪波著，陳玉蛟譯，法爾出版社 1997.5.1.二版一刷）
160、菩提道燈抉微（釋如石著，法鼓文化公司 1997.6.初版）
161、敦珠新寶藏前行讚頌（敦珠造，邵頌雄譯，香港密乘佛學會 1998.9.初版）
162、密宗氣功（馬爾巴譯，余萬治、萬果共同譯註，百通圖書公司 1998.9.初版）
163、心月滂華：菩提心修學次第（洛桑嘉措著，釋法音譯，1997.1.出版）
164、大中觀論集（上下冊）（談錫永著，香港密乘佛學會 1998.11.初版）
165、寧瑪次第禪（摧魔洲著，許錫恩譯，香港密乘佛學會 1998.12.初版）
166、大金剛威德起分之行三身寶藏（古洗里袞卻多吉述，新文豐出版公司 1995.5.初版二刷）
167、怖畏十三尊壇儀（外四種）（無謬智者口傳，新文豐公司 1987.6.初版）
168、追尋無瑕甘露（昆丘嘉真著，謝思仁譯，眾生文化公司 1998.1.15.初版）
169、我的師父是大喇嘛仁波切（韋其爰著，圓明出版社 1996.7.初版）
170、少年耶喜喇嘛（維琪．麥肯基著，葉文可譯，躍昇文化公司 1995.9.初版三刷）
171、密宗道次第論、宗秘論（克主杰著，法尊法師譯，新文豐公司 1997.9.二版三刷）
172、心經密意闡釋（劉銳之講，談延祚記金，密乘出版社 1985.6.再版）
173、密宗六成就法（徐芹庭編著，聖環圖書公司 1998.2.初版）

174、吉祥喜金剛成就法（徐芹庭編著，聖環圖書公司 1998.10.初版）
175、蓮花生大士寶藏（徐芹庭編著，聖環圖書公司 1998.10.初版）
176、大圓滿成就法（徐芹庭編著，聖環圖書公司 1998.11.初版）
177、大圓滿龍欽心髓（徐芹庭編著，聖環圖書公司 1998.12.初版）
178、無上密宗常修儀軌（徐芹庭編著，聖環圖書公司 1998.11.初版）
179、佛教的見地與修道（宗薩欽哲著，楊憶祖、馬君美、陳冠中譯，眾生出版社 1999.1.5.初版）
180、證悟的女性（卡塔著，何文心編譯，眾生出版社 1998.5.15.初版三刷）
181、修心七要（謝思仁編譯，眾生出版社 1998.5.15.初版三刷）
182、揭開心智的奧秘（傑瑞米海華等編著，靳文穎譯，眾生出版社 1996.6.30.初版）
183、無死之歌（念楚編譯，眾生出版社 1994.6.15.初版）
184、覺醒的心（泰錫杜等 16 人講述，李宜臻編譯，眾生出版社 1995.11.1.初版三刷）
185、覺囊派通論（蒲文成、拉毛札西著，青海人民出版社 1992.8.出版）
186、密宗斷惑論（索達吉著，寧瑪巴喇榮三乘法林佛學會 1999.1.初版）
187、般若實相論（阿王諾布著，世界法音出版社，1999.1.初版）
188、成道必修定觀法（阿王諾布著，大樹林出版社 1997.1.初版）
189、大威德金剛─證分教授彙編（寶法稱譯，香港九龍佛教慈慧服務中心 2000.3.出版）
190、導入正道三續分莊嚴論（哦千貢卻倫珠著，圓明出版社 1999.4.初版）
191、西藏佛教之寶（許明銀著，佛光文化事業公司 1998.8.初版）
192、辨法法性論（世親菩薩論述，談錫永編，香港密乘佛學會 1999.10.初版）
193、菩提伽耶訪道（十四世達賴著，大手印文化事業公司 1997.1.初版）
194、吉祥普巴金剛：成就心要總釋（南佐著，香港佛教慈慧服務中心 2000.3.出版）
195、金剛瑜伽母（洛桑塔欽著，香港佛教慈慧服務中心 2000.3.出版）
196、密宗道次第心要講錄（貢噶・卻生格己講授，慧炬出版社 2000.1.初版）
197、新譯密宗道次第廣論及密續心要（宗喀巴著，寶法稱、妙音翻譯組同譯，香港九龍佛教慈慧服務中心 2000.3.出版）
198、佛法精髓（仰諤益西著，世界法音出版社 2000.4.初版）
199、正達磨祖師論（仰諤益西著，世界法音出版社 2000.5.初版）
200、六中有自解脫導引（談錫永著，香港密乘佛學會 1999.12.初版）
201、供養上師法─樂空雙運（十四世達賴喇嘛口授，士丹京巴仁波切譯英，仁欽曲札譯漢，香港佛教慈慧服務中心 1995.7.再版）
202、印度佛教史（多羅那他著，張建木譯，四川民族出版社 1985.出版）
203、百業經（圖登諾布著，寧瑪巴喇榮三乘法林佛學會 1999.12.出版）
204、丹增嘉措活佛文集（圖登諾布著，寧瑪巴喇榮三乘法林佛學會 2000.5.出版）

205、空，大自在的微笑（竹清嘉措著，張老師文化公司 2000.3.初版四刷）
206、藏密大師（查同杰布等合著，西藏人民出版社 1997.4.出版）
207、深道那洛六法導引次第論．具三信念
（宗喀巴造，丹增善慧法日譯，香港九龍佛教慈慧服務中心 2000.12.出版）
208、愛心中爆發的智慧（多識．洛桑圖丹瓊排著，甘肅人民出版社 1998.9.初版）
209、達賴喇嘛：我是個平凡僧人（莊耀輝著，圓明出版社 1997.3.初版）
210、禪定道炬—如何修習三昧（卓格多傑著，圓明出版社 1997.5.初版）
211、火舞空行—移喜措嘉傳奇（卓格多傑著，圓明出版社 1997.6.初版）
212、龍欽心髓妙道前行（卓格多傑著，圓明出版社 1997.7.初版）
213、他們來自銅色吉祥山（卓格多傑著，圓明出版社 1997.2.初版）
214、雪域虹光—光明金剛密庫（卓格多傑著，圓明出版社 1996.8.初版）
215、九會毗盧—華嚴圓教啓示錄（卓格多傑著，圓明出版社 1996.7.初版）
216、如何修證密法（卓格多傑著，圓明出版社 1996.8.初版）
217、來自普陀洛伽的信念（卓格多傑著，圓明出版社 1996.7.初版）
218、佛教的真髓—密教（梵天著，圓明出版社 1997.8.修訂版）
219、尋訪香格里拉（伯納得．傑森著，黃朝譯，圓明出版社 1996.9.初版）
220、賢劫—達賴喇嘛談末法人生（尙克勞德．卡列拉著，洪惠嬌譯，
圓明出版社 1997.3.初版）
221、雪域中的珍寶—藏傳佛教（姜安著，圓明出版社 1996.1.初版）
222、生死無懼（索甲仁波切著，黃朝譯，圓明出版社 1997.4.初版）
223、小活佛的故事（高登．麥基爾著，圓明出版社 1994.5.初版）
224、西藏佛教譯文小集（朗力唐巴等人著，陳文仁譯，圓明出版社 1997.4.初版）
225、大圓滿禪定休息（一）（無垢光著，龍清巴釋，釋慧門講解，慧炬出版社 2000.8.初版）
226、空性見新角度的闡釋《上下集》
（陳淳隆（妙湛）、丁光文 合著，網址：http://city080.mydreamer.com.tw/）
227、拙火之樂（吐登耶些傳授，丹增善慧法日譯，香港佛教慈慧服務中心 2000.12.出版）
228、那洛空行生圓次第論集
（格西雅旺達吉等人著，丹增善慧法日譯，香港佛教慈慧服務中心 2000.12.出版）
229、真言密教十卷章（遍照金剛著，光明王寺 1992.7.出版）
230、拈花微笑—藏傳佛教哲學境界（班班多杰著，青海人民出版社 1998.9.初版二刷）
231、臨終不斷經（悟光上師著，內門鄉光明王寺 1993.9.再版）
232、瑜伽養生術與秘密道（悟光法師著，派色文化出版社 1997.2.初版）
233、上帝之選舉（悟光上師著，派色文化出版社 1991.5.初版）
234、真言密教聞中記（悟光上師著，派色文化出版社 1995.12.初版）

235、真言密教即身成佛義顯得鈔（賴瑜著，悟光潤飾，派色文化出版社 1995.12.初版）
236、增修密教思想與生活（(木＋母）尾祥雲著，悟光上師譯，
派色文化出版社 1998.12.初版）
237、心經思想蠡測（真言宗悟光上師著，派色文化出版社 1991.12.初版）
238、生活禪（真言宗悟光上師著，派色文化出版社 1991.8.初版）
239、新編正法眼藏（真言宗悟光上師著，太谷文化事業公司 1996.12.出版）
240、禪的講話（真言宗悟光上師著，五智山光明王寺嘉義道場印行，出版日期未載）
241、佛王新境界（盧勝彥著，大日出版公司，1996.12.初版）
242、西藏黑寶冠教主—嘉華噶瑪巴（寶塔山噶瑪噶居寺編印 1999.10.10 出版）
243、清淨道論上（覺音 著，葉均 譯，華宇出版社 1980 年後，未載出版日期）
244、清淨道論中（覺音 著，葉均 譯，華宇出版社 1980 年後，未載出版日期）
245、清淨道論下（覺音 著，葉均 譯，華宇出版社 1980 年後，未載出版日期）
246、中有大聞解脫（蓮花生岩藏，事業洲岩傳，許明銀譯，香港密乘佛學會 2000.10.出版）
247、大圓滿心髓（14 世達賴著，丹增善慧法日翻譯，香港盤逸有限公司2002.2.出版）
248、大密深道（甘丹墀仁波切堅贊生遮著，丹增善慧法日翻譯，香港盤逸有限公司2002.2.出版）
249、自性大圓滿道之支分。三律儀決定論釋義（敦珠仁波切著，丹增善
慧法日翻譯，香港盤逸有限公司 2002.2.出版）
250、大手印要義（扎勒那措朗著，丹增善慧法日翻譯，香港盤逸有限公司 2002.2.出版）
251、驛明傳承第一輯（清淨照明著，牟尼文化公司 1993.4.再版）
252、維摩詰經導讀（談錫永著，全佛出版社 1999.7.初版）
253、幻化網秘密藏續（無垢友藏譯，沈衛榮漢譯，談錫永主編，香港密乘佛學會 2001.12.初版）
254、幻化網秘密藏續釋－光明藏（不敗著，沈衛榮漢譯，談錫永釋，香港密乘佛學會 2001.12初版）
255、慧源全集－第七集（悉利公赤珠著，格魯巴出版社 2001.5.修訂版三刷）
256、禪師道皈（典壁尼嘛著，牟尼文化有限公司 1992.10.初版）
257、佛教真言宗道場莊嚴要覽別行抄、諸尊通用私略口訣
（悟光上師編著，光明寺教理部 1979.7.初版）
258、秘密真言法要彙聚（悟光上師編著，光明寺教理部 1984.7.再版）
259、密教探源（悟光上師編著，光明寺教理部 1981.8.初版）
260、續真言宗全書第十三－秘密曼荼羅十住心論科註（日本和歌山、續真言宗全
書刊行會編纂，昭和 54.3.15.發行）
261、續真言宗全書第十四－秘密曼荼羅十住心論科註（日本和歌山、續真言宗全
書刊行會編纂，昭和 54.11.15.發行）
262、大圓滿禪定休息（二）（釋慧門 著，慧炬出版社 2001.6.初版）

註： 宗喀巴所著之《密宗道次第廣論》一書，據報台灣「新文豐出版社」已有精裝本出版，但不知頁次編排是否與「妙吉祥」之排版相同，讀者若有興趣，可逕向新文豐出版社購閱（台北市雙園街 96 號　02-23060757、23088624）。 **成佛之道**網站，亦已將彼書全文登載之，讀者可隨時上網瀏覽及下載。

佛教正覺同修會〈修學佛道次第表〉

第一階段

＊以憶佛及拜佛方式修習動中定力。
＊學第一義佛法及禪法知見。
＊無相拜佛功夫成就。
＊具備一念相續功夫—動靜中皆能看話頭。
＊努力培植福德資糧，勤修三福淨業。

第二階段

＊參話頭，參公案。
＊開悟明心，一片悟境。
＊鍛鍊功夫求見佛性。
＊眼見佛性〈餘五根亦如是〉親見世界如幻，成就如幻觀。
＊學習禪門差別智。
＊深入第一義經典。
＊修除性障及隨分修學禪定。
＊修證十行位陽焰觀。

第三階段

＊學一切種智真實正理—楞伽經、解深密經、成唯識論…。
＊參究末後句。
＊解悟末後句。
＊透牢關—親自體驗所悟末後句境界，親見實相，無得無失。
＊救護一切衆生迴向正道。護持了義正法，修證十迴向位如夢觀。
＊發十無盡願，修習百法明門，親證猶如鏡像現觀。
＊修除五蓋，發起禪定。持一切善法戒。親證猶如光影現觀。
＊進修四禪八定、四無量心、五神通。進修大乘種智，求證猶如谷響現觀。

佛菩提二主要道次第概要表——二道並修，以外無別佛法

佛菩提道——大菩提道

遠波羅蜜多

十信位修集信心 —— 一劫乃至一萬劫

資糧位

初住位修集布施功德（以財施爲主）。

二住位修集持戒功德。

三住位修集忍辱功德。

四住位修集精進功德。

五住位修集禪定功德。

六住位修集般若功德（熏習般若中觀及斷我見，加行位也）。

外門廣修六度萬行

七住位明心般若正觀現前，親證本來自性清淨涅槃。

八住位起於一切法現觀般若中道。漸除性障。

十住位眼見佛性，世界如幻觀成就。

一至十行位，於廣行六度萬行中，依般若中道慧，現觀陰處界猶如陽焰，至第十行滿心位，陽焰觀成就。

一至十迴向位熏習一切種智；修除性障，唯留最後一分思惑不斷。第十迴向滿心位成就菩薩道如夢觀。

內門廣修六度萬行

見道位

初地：第十迴向位滿心時，成就道種智一分（八識心王一一親證後，領受五法、三自性、七種第一義、七種性自性、二種無我法）復由勇發十無盡願，成通達位菩薩。復又永伏性障而不具斷，能證慧解脫而不取證，由大願故留惑潤生。此地主修法施波羅蜜多及百法明門。證「猶如鏡像」現觀，故滿初地心。

二地：初地功德滿足以後，再成就道種智一分而入二地；主修戒波羅蜜多及一切種智。滿心位成就「猶如光影」現觀，戒行自然清淨。

解脫道：二乘菩提

→ 斷三縛結，成初果解脫

→ 薄貪瞋癡，成二果解脫

→ 斷五下分結，成三果解脫

入地前的四加行令煩惱障現行悉斷，成四果解脫，留惑潤生。分段生死已斷，煩惱障習氣種子開始斷除，兼斷無始無明上煩惱。

近波羅蜜多

大波羅蜜多

圓滿波羅密多

修道位

三地：二地滿心再證道種智一分，故入三地。此地主修忍波羅蜜多及四禪八定、四無量心、五神通。能成就俱解脫果而不取證，留惑潤生。滿心位成就「猶如谷響」現觀及無漏妙定意生身。

四地：由三地再證道種智一分故入四地。主修精進波羅蜜多，於此土及他方世界廣度有緣，無有疲倦。進修一切種智，滿心位成就「如水中月」現觀。

五地：由四地再證道種智一分故入五地。主修禪定波羅蜜多及一切種智，斷除下乘涅槃貪。滿心位成就「變化所成」現觀。

六地：由五地再證道種智一分故入六地。此地主修般若波羅蜜多——依道種智現觀十二因緣一一有支及意生身化身，皆自心眞如變化所現，「非有似有」，成就細相觀，不由加行而自然證得滅盡定，成俱解脫大乘無學。

七地：由六地「非有似有」現觀，再證道種智一分故入七地。此地主修一切種智及方便波羅蜜多，由重觀十二有支一一支中之流轉門及還滅門一切細相，成就方便善巧，念念隨入滅盡定。滿心位證得「如犍闥婆城」現觀。

八地：由七地極細相觀成就故再證道種智一分而入八地。此地主修一切種智及願波羅蜜多。至滿心位純無相觀任運恆起，故於相土自在，滿心位復證「如實覺知諸法相意生身」故。

九地：由八地再證道種智一分故入九地。主修力波羅蜜多及一切種智，成就四無礙，滿心位證得「種類俱生無行作意生身」。

十地：由九地再證道種智一分故入此地。此地主修一切種智——智波羅蜜多。滿心位起大法智雲，及現起大法智雲所含藏種種功德，成受職菩薩。

等覺：由十地道種智成就故入此地。此地應修一切種智，圓滿等覺地無生法忍；於百劫中修集極廣大福德，以之圓滿三十二大人相及無量隨形好。

究竟位

妙覺：示現受生人間已斷盡煩惱障一切習氣種子，並斷盡所知障一切隨眠，永斷變易生死無明，成就大般涅槃，四智圓明。人間捨壽後，報身常住色究竟天利樂十方地上菩薩；以諸化身利樂有情，永無盡期，成就究竟佛道。

七地滿心斷除故意保留之最後一分思惑時，煩惱障所攝色、受、想三陰有漏習氣種子同時斷盡。

→ 煩惱障所攝行、識二陰無漏習氣種子任運漸斷，所知障所攝上煩惱任運漸斷。

→ 斷盡變易生死成就大般涅槃

圓滿成就究竟佛果

佛子蕭平實 謹製

（二〇〇九、〇二 修訂）

（二〇一二、〇二 增補）

佛教正覺同修會 共修現況 及 招生公告

一、共修現況：（請在共修時間來電，以免無人接聽。）

台北正覺講堂 103 台北市承德路三段 277 號九樓　捷運淡水線圓山站旁
Tel..**總機** 02-25957295（晚上）（**分機：九樓**辦公室 10、11；知客櫃檯 12、13。 **十樓**知客櫃檯 15、16；書局櫃檯 14。 **五樓**辦公室 18；知客櫃檯 19。**二樓**辦公室 20；知客櫃檯 21。）
Fax..25954493

第一講堂　台北市承德路三段 277 號九樓

禪淨班：週一晚上班、週三晚上班、週四晚上班、週五晚上班、週六下午班、週六上午班（皆須報名建立學籍後始可參加共修，欲報名者詳見本公告末頁）

增上班：瑜伽師地論詳解：每月第一、三、五週之週末 17.50～20.50　平實導師講解（僅限已明心之會員參加）

禪門差別智：每月第一週日全天　平實導師主講（事冗暫停）。

法華經講義：平實導師主講。詳解釋迦世尊與諸佛世尊示現於人間之正理：爲人間有緣眾生「開、示、悟、入」諸佛所見、所證之法界眞實義，並細說唯一佛乘之理，闡釋佛法本來只有**成佛之道，不以聲聞、緣覺的緣起性空作爲佛法**；闡釋二乘菩提之道只是從唯一佛乘中析出之方便道，本非眞實佛法；闡釋阿含之二乘道所說緣起性空之法理及修證，實不能令人成佛，只有佛菩提道的實相般若及種智才能使人成佛；若不能信受及實地理解此眞理者，終將只能成就解脫果，絕不可能成就佛菩提果。每逢週二 18.50~20.50 開示，由平實導師詳解。不限制聽講資格，本會學員憑上課證聽講，會外人士請以身分證件換證進入聽講（此爲大樓管理處安全管理規定之要求，敬請諒解）。《法華經講義》講畢後，每週同一時段將續講《佛藏經》。

第二講堂　台北市承德路三段 267 號十樓。

禪淨班：週一晚上班、週四晚上班、週六下午班。

進階班：週三晚上班、週五晚上班（禪淨班結業後轉入共修）。

法華經講義：平實導師講解。每週二 18.50~20.50（影像音聲即時傳輸）。本會學員憑上課證進入聽講，會外學人請以身分證件換證進入聽講（此爲大樓管理處安全管理規定之要求，敬請諒解）。講畢後每週同一時段續講《佛藏經》。

第三講堂　台北市承德路三段 277 號五樓。

進階班：週一晚上班、週三晚上班、週四晚上班、週五晚上班、週六下午班。

法華經講義：平實導師講解。每週二 18.50~20.50（影像音聲即時傳輸）。本會學員憑上課證進入聽講，會外學人請以身分證件換證進入聽講（此爲大樓管理處安全管理規定之要求，敬請諒解）。講畢後每週同一時段續講《佛藏經》。

第四講堂　台北市承德路三段 267 號二樓。

進階班：週三晚上班、週四晚上班（禪淨班結業後轉入共修）。

法華經講義：平實導師講解。每週二 18.50~20.50（影像音聲即時傳輸）。本會學員憑上課證進入聽講，會外學人請以身分證件換證進入聽講（此爲大樓管理處安全管理規定之要求，敬請諒解）。講畢後每週同一時段續講《佛藏經》。

第五、第六講堂　台北市承德路三段 267 號地下一樓、地下二樓。規劃完成後將開始裝潢，尙未開放。裝潢完成後將於每週二晚上講經時段開放聽經，不需以身分證件換證即可進入聽講。

正覺祖師堂　大溪鎭美華里信義路 650 巷坑底 5 之 6 號（台 3 號省道 34 公里處 妙法寺對面斜坡道進入）電話 03-3886110　傳眞 03-3881692 本堂供奉 克勤圓悟大師，專供會員每年四月、十月各二次精進禪三共修，兼作本會出家菩薩掛單常住之用。除禪三時間以外，每逢單月第一週之週日 9:00~17:00 開放會內、外人士參訪，當天並提供午齋結緣。教內共修團體或道場，得另申請其餘時間作團體參訪，務請事先與常住確定日期，以便安排常住菩薩接引導覽，亦免妨礙常住菩薩之日常作息及修行。

桃園正覺講堂（第一、第二講堂）：桃園市介壽路 286、288 號 10 樓（陽明運動公園對面）電話：03-3749363（請於共修時聯繫，或與台北聯繫）

禪淨班：週一晚上班、週三晚上班、週四晚上班、週五晚上班。

進階班：週六上午班。

法華經講義：平實導師講解 以台北正覺講堂所錄 DVD，2009 年 11 月 24 日開始，每逢週二晚上放映；歡迎會外學人共同聽講，不需出示身分證件。講畢後每週同一時段續講《佛藏經》。

新竹正覺講堂　新竹市東光路 55 號二樓之一　電話 03-5724297（晚上）

第一講堂：

禪淨班：週一晚上班、週三晚上班、週五晚上班、週六上午班。

進階班：週四晚上班（由禪淨班結業後轉入共修）。

法華經講義：平實導師講解，每週二晚上。以台北正覺講堂所錄 DVD 放映。歡迎會外學人共同聽講，不需出示身分證件。講畢後每週同一時段續講《佛藏經》。

第二講堂：

禪淨班：週四晚上班。

法華經講義：每週二晚上與第一講堂同時播放法華經講義。

台中正覺講堂　04-23816090（晚上）

第一講堂　台中市南屯區五權西路二段 666 號 13 樓之四（國泰世華銀行樓上。鄰近縣市經第一高速公路前來者，由五權西路交流道可以快速到達，大樓旁有停車場，對面有素食館）。

禪淨班：週三晚上班、週四晚上班、週五晚上班、週六早上班。

進階班：週一晚上班（由禪淨班結業後轉入共修）。

增上班：單週週末以台北增上班課程錄成 DVD 放映之，限已明心之會員參加。

法華經講義：平實導師講解。以台北正覺講堂所錄 DVD 放映。每週二晚上放映，歡迎會外學人共同聽講，不需出示身分證件。講畢後每週同一時段續講《佛藏經》。

第二講堂　台中市南屯區五權西路二段 666 號 4 樓

禪淨班：週一晚上班。

進階班：週五晚上班、週六早上班（由禪淨班結業後轉入共修）。

法華經講義：每週二晚上與第一講堂同時播放法華經講義。

第三講堂、第四講堂：

台中市南屯區五權西路二段 666 號 4 樓（裝潢中，尚未開放）。

台南正覺講堂

第一講堂　台南市西門路四段 15 號 4 樓。06-2820541（晚上）

法華經講義：平實導師講解。以台北正覺講堂所錄 DVD 放映。每週二晚上放映，歡迎會外學人共同聽講，不需出示身分證件。講畢後每週同一時段續講《佛藏經》。

禪淨班：週一晚上班、週三晚上班、週六下午班。

進階班：雙週週末下午班（由禪淨班結業後轉入共修）。

增上班：單週週末下午，以台北增上班課程錄成 DVD 放映之，限已明心之會員參加。

第二講堂　台南市西門路四段 15 號 3 樓。

法華經講義：每週二晚上與第一講堂同時播放法華經講義。

第三講堂　台南市西門路四段 15 號 3 樓。

法華經講義：每週二晚上與第一講堂同時播放法華經講義。

禪淨班：週四晚上班、週六晚上班。

進階班：週五晚上班、週六早上班（由禪淨班結業後轉入共修）。

高雄正覺講堂　高雄市新興區中正三路 45 號五樓 07-2234248（晚上）

第一講堂（五樓）：

法華經講義：平實導師講解。以台北正覺講堂所錄 DVD 放映。每週二晚上放映，歡迎會外學人共同聽講，不需出示身分證件。講畢後每週同一時段續講《佛藏經》。

禪淨班：週三晚上班、週四晚上班、週末上午班。

進階班：週一晚上班（由禪淨班結業後轉入共修）。

增上班：單週週末下午，以台北增上班課程錄成 DVD 放映之，限已明心之會員參加。

第二講堂（四樓）：

法華經講義：每週二晚上與第一講堂同時播放法華經講義。

禪淨班：週三晚上班、週四晚上班。

進階班：週四晚上班（由禪淨班結業後轉入共修）。

第三講堂（三樓）：（尚未開放使用）。

香港正覺講堂　香港新界葵涌大連排道 21-23 號，宏達工業中心 7 樓 10 室（葵興地鐵站 A 出口步行約 10 分鐘）。電話：(852)23262231。英文地址：Unit 10, 7/F, Vanta Industrial Centre, No.21-23, Tai Lin Pai Road, Kwai Chung, New Territories

禪淨班：週六班 14:30-17:30。新班將在五月開課，接受報名中。

法華經講義：平實導師講解 以台北正覺講堂所錄 DVD，每逢週六 19:00-21:00、週日 10:00-12:00 放映；歡迎會外學人共同聽講，不需出示身分證件。播畢後每週同一時段續播《佛藏經》。

美國洛杉磯正覺講堂　☆已遷移新址☆

825 S. Lemon Ave Diamond Bar, CA 91798 U.S.A.

TEL. (626) 965-2200　　Cell. (626) 454-0607

禪淨班：每逢週末 15：30~17：30 上課。

進階班：每逢週末上午 10：00 上課。

法華經講義：平實導師講解 以台北正覺講堂所錄 DVD，每週六下午放映(13：00~15：00)，歡迎各界人士共享第一義諦無上法益，不需報名。播畢後每週同一時段續播《佛藏經》。

二、招生公告　**本會台北講堂及全省各講堂，每逢四月、十月中旬開新班，每週共修一次**（每次二小時。開課日起三個月內仍可插班）；**但美國洛杉磯共修處得隨時插班共修。各班共修期間皆為二年半，欲參加者請向本會函索報名表**（各共修處皆於共修時間方有人執事，非共修時間請勿電詢或前來洽詢、請書），**或直接從成佛之道網站下載報名表**。共修期滿時，若經報名禪三審核通過者，可參加四天三夜之禪三精進共修，有機會明心、取證如來藏，發起般若實相智慧，成為實義菩薩，脫離凡夫菩薩位。

三、新春禮佛祈福 農曆年假期間停止共修：自農曆新年前七天起停止共修與弘法，正月 8 日起回復共修、弘法事務。新春期間正月初一～初七 9.00～17.00 開放台北講堂、大溪禪三道場（正覺祖師堂），方便會員供佛、祈福及會外人士請書。美國洛杉磯共修處之休假時間，請逕詢該共修處。

＊＊密宗四大教派修雙身法，是假藏傳佛教＊＊

佛教正覺同修會　弘法行事表

1、**禪淨班**　以無相念佛及拜佛方式修習動中定力，實證一心不亂功夫。傳授解脫道正理及第一義諦佛法，以及參禪知見。共修期間：二年六個月。每逢四月、十月開新班，詳見招生公告表。

2、**法華經講義**　平實導師主講。詳解釋迦世尊與諸佛世尊示現於人間之正理：爲人間有緣眾生「開、示、悟、入」諸佛所見、所證之法界眞實義，並細說唯一佛乘之理，闡釋佛法本來只有**成佛之道，不以聲聞、緣覺的緣起性空作爲佛法**；闡釋二乘菩提之道只是從唯一佛乘中析出之方便道，本非眞實佛法；闡釋阿含之二乘道所說緣起性空之法理及修證，實不能令人成佛，只有佛菩提道的實相般若及種智才能使人成佛；若不能信受及實地理解此眞理者，終將只能成就解脫果，絕不可能成就佛菩提果。每逢週二 18.50~20.50 開示，由平實導師詳解。不限制聽講資格。會外人士需憑身分證件換證入內聽講（此是大樓管理處之安全規定，敬請見諒）。

3、**瑜伽師地論**詳解　詳解論中所言凡夫地至佛地等 17 師之修證境界與理論，從凡夫地、聲聞地……宣演到諸地所證一切種智之眞實正理。由平實導師開講，每逢一、三、五週之週末晚上開示，僅限已明心之會員參加。

4、**精進禪三**　主三和尚：平實導師。於四天三夜中，以克勤圓悟大師及大慧宗杲之禪風，施設機鋒與小參、公案密意之開示，幫助會員剋期取證，親證不生不滅之眞實心—人人本有之如來藏。每年四月、十月各舉辦二個梯次；平實導師主持。僅限本會會員參加禪淨班共修期滿，報名審核通過者，方可參加。並選擇會中定力、慧力、福德三條件皆已具足之已明心會員，給以指引，令得眼見自己無形無相之佛性遍佈山河大地，眞實而無障礙，得以肉眼現觀世界身心悉皆如幻，具足成就如幻觀，圓滿十住菩薩之證境。

5、**佛藏經**詳解　有某道場專弘淨土法門數十年，於教導信徒研讀《佛藏經》時，往往告誡信徒曰：「後半部不許閱讀。」由此緣故坐令信徒失去提升念佛層次之機緣，師徒只能低品位往生淨土，令人深覺愚癡無智。由有多人建議故，今將擇於《法華經》講畢時宣講此經，藉以轉易如是邪見，並欲因此提升念佛人之知見與往生品位。此經中，對於實相念佛多所著墨，亦指出念佛要點：*以實相爲依，念佛者應依止淨戒、依止清淨僧寶，捨離違犯重戒之師僧，應受學清淨之法，遠離邪見*。本經是現代佛門大法師所厭惡之經典：*一者由於大法師們已全都落入意識境界而無法親證實相，故於此經中所說實相全無所知，都不樂有人聞此經名，以免讀後提出問疑時無法回答；二者現代*

大乘佛法地區，已經普被藏密喇嘛教滲透，許多有名之大法師們大多已曾或繼續在修練雙身法，都已失去聲聞戒體及菩薩戒體，成為地獄種姓人，已非眞正出家之人，本質上只是身著僧衣而住在寺院中的世俗人。這些人對於此經都是讀不懂的，也是極爲厭惡的；他們尚不樂見此經之印行，何況流通與講解？今爲救護廣大學佛人，兼欲護持佛教血脈永續常傳，特選此經先流通之；俟《法華經》講畢時，立即在同一時段宣講之，主講者平實導師。

6、**阿含經**詳解　選擇重要之阿含部經典，依無餘涅槃之實際而加以詳解，令大眾得以現觀諸法緣起性空，亦復不墮斷滅見中，顯示經中所隱說之涅槃實際—如來藏—確實已於四阿含中隱說；令大眾得以聞後觀行，確實斷除我見乃至我執，證得**見到**眞現觀，乃至**身證**…等眞現觀；已得大乘或二乘見道者，亦可由此聞熏及聞後之觀行，除斷我所之貪著，成就慧解脫果。由平實導師詳解。不限制聽講資格。

7、**大法鼓經**詳解　詳解末法時代大乘佛法修行之道。佛教正法消毒妙藥塗於大鼓而以擊之，凡有眾生聞之者，一切邪見鉅毒悉皆消殞；此經即是大法鼓之正義，凡聞之者，所有邪見之毒悉皆滅除，見道不難；亦能發起菩薩無量功德，是故諸大菩薩遠從諸方佛土來此娑婆聞修此經。由平實導師詳解。不限制聽講資格。

8、**解深密經**詳解　重講本經之目的，在於令諸已悟之人明解大乘法道之成佛次第，以及悟後進修一切種智之內涵，確實證知三種自性性，並得據此證解七眞如、十眞如等正理。每逢週二 18.50~20.50 開示，由平實導師詳解。將於《大法鼓經》講畢後開講。不限制聽講資格。

9、**成唯識論**詳解　詳解一切種智眞實正理，詳細剖析一切種智之微細深妙廣大正理；並加以舉例說明，使已悟之會員深入體驗所證如來藏之微密行相；及証驗見分相分與所生一切法，皆由如來藏—阿賴耶識—直接或展轉而生，因此証知一切法無我，証知無餘涅槃之本際。將於《瑜伽師地論》講畢後重講，由平實導師宣講。僅限已明心之會員參加。

10、**精選如來藏系經典**詳解　精選如來藏系經典一部，詳細解說，以此完全印證會員所悟如來藏之眞實，得入不退轉住。另行擇期詳細解說之，由平實導師講解。僅限已明心之會員參加。

11、**禪門差別智**　藉禪宗公案之微細淆訛難知難解之處，加以宣說及剖析，以增進明心、見性之功德，啓發差別智，建立擇法眼。每月第一週日全天，由平實導師開示，謹限破參明心後，復又眼見佛性者參加（事冗暫停）。

12、**枯木禪**　先講智者大師的〈小止觀〉，後說〈釋禪波羅蜜〉，詳解四禪八定之修證理論與實修方法，細述一般學人修定之邪見與岔路，及對禪定證境之誤會，消除枉用功夫、浪費生命之現象。已悟般若者，可以藉此而實修初禪，進入大乘通教及聲聞教的三果心解脫境界，配合應有的大福德及後得無分別智、十無盡願，即可進入初地心中。親教師：平實導師。未來緣熟時將於大溪正覺寺開講。不限制聽講資格。

註：本會例行年假，自 2004 年起，改爲每年農曆新年前七天開始停息弘法事務及共修課程，農曆正月 8 日回復所有共修及弘法事務。新春期間（每日 9.00~17.00）開放台北講堂，方便會員禮佛祈福及會外人士請書。大溪鎭的正覺祖師堂，開放參訪時間，詳見〈正覺電子報〉或成佛之道網站。本表得因時節因緣需要而隨時修改之，不另作通知。

佛教正覺同修會　贈閱書籍 目錄

1.**無相念佛**　平實導師著　回郵 10 元
2.**念佛三昧修學次第**　平實導師述著　回郵 25 元
3.**正法眼藏—護法集**　平實導師述著　回郵 35 元
4.**真假開悟簡易辨正法&佛子之省思**　平實導師著　回郵 3.5 元
5.**生命實相之辨正**　平實導師著　回郵 10 元
6.**如何契入念佛法門**（附：印順法師否定極樂世界）平實導師著　回郵 3.5 元
7.**平實書箋**—答元覽居士書　平實導師著　回郵 35 元
8.**三乘唯識**—如來藏系經律彙編　平實導師編　回郵 80 元
（精裝本　長 27 cm　寬 21 cm　高 7.5 cm　重 2.8 公斤）
9.**三時繫念全集**—修正本　回郵掛號 40 元（長 26.5 cm×寬 19 cm）
10.**明心與初地**　平實導師述　回郵 3.5 元
11.**邪見與佛法**　平實導師述著　回郵 20 元
12.**菩薩正道**—回應義雲高、釋性圓…等外道之邪見　正燦居士著　回郵 20 元
13.**甘露法雨**　平實導師述　回郵 20 元
14.**我與無我**　平實導師述　回郵 20 元
15.**學佛之心態**—修正錯誤之學佛心態始能與正法相應　孫正德老師著　回郵35元
附錄：平實導師著《**略說八、九識並存…等之過失**》
16.**大乘無我觀**—《悟前與悟後》別說　平實導師述著　回郵 20 元
17.**佛教之危機**—中國台灣地區現代佛教之真相（附錄：公案拈提六則）
平實導師著　回郵 25 元
18.**燈　影**—燈下黑（覆「求教後學」來函等）　平實導師著　回郵 35 元
19.**護法與毀法**—覆上平居士與徐恒志居士網站毀法二文
張正圜老師著　回郵 35 元
20.**淨土聖道**—兼評**選擇本願念佛**　正德老師著　**由正覺同修會購贈**　回郵 25 元
21.**辨唯識性相**—對「紫蓮心海《辯唯識性相》書中否定阿賴耶識」之回應
正覺同修會 台南共修處法義組 著　回郵 25 元
22.**假如來藏**—對法蓮法師《如來藏與阿賴耶識》書中否定阿賴耶識之回應
正覺同修會 台南共修處法義組 著　回郵 35 元
23.**入不二門**—公案拈提集錦 第一輯（於平實導師公案拈提諸書中選錄約二十則，
合輯為一冊流通之）平實導師著　回郵 20 元
24.**真假邪說**—西藏密宗索達吉喇嘛《破除邪說論》真是邪說
釋正安法師著　回郵 35 元
25.**真假開悟**—真如、如來藏、阿賴耶識間之關係　平實導師述著　回郵 35 元
26.**真假禪和**—辨正釋傳聖之謗法謬說　孫正德老師著　回郵 30 元

27.**眼見佛性**—駁慧廣法師眼見佛性的含義文中謬說

游正光老師著　回郵25元

28.**普門自在**—公案拈提集錦 第二輯（於平實導師公案拈提諸書中選錄約二十則，合輯爲一冊流通之）平實導師著　回郵25元

29.**印順法師的悲哀**—以現代禪的質疑為線索　恒毓博士著　回郵25元

30.**識蘊真義**—現觀識蘊內涵、取證初果、親斷三縛結之具體行門。

—依《成唯識論》及《惟識述記》正義，略顯安慧《大乘廣五蘊論》之邪謬

平實導師著　回郵35元

31.**正覺電子報** 各期紙版本　免附回郵　每次最多函索三期或三本。

（已無存書之較早各期，不另增印贈閱）

32.**現代人應有的宗教觀**　蔡正禮老師 著　回郵3.5元

33.**遠惑趣道**—正覺電子報般若信箱問答錄　第一輯　回郵20元

34.**遠惑趣道**—正覺電子報般若信箱問答錄　第二輯　回郵20元

35.**確保您的權益**—器官捐贈應注意自我保護　游正光老師 著　回郵10元

36.**正覺教團電視弘法三乘菩提 DVD 光碟（一）**

由正覺教團多位親教師共同講述錄製 DVD 8 片，MP3 一片，共 9 片。有二大講題：一爲「三乘菩提之意涵」，二爲「學佛的正知見」。內容精闢，深入淺出，精彩絕倫，幫助大眾快速建立三乘法道的正知見，免被外道邪見所誤導。有志修學三乘佛法之學人不可不看。（製作工本費 100 元，回郵 25 元）

37.**正覺教團電視弘法 DVD 專輯（二）**

總有二大講題：一爲「三乘菩提之念佛法門」，一爲「學佛正知見（第二篇）」，由正覺教團多位親教師輪番講述，內容詳細闡述如何修學念佛法門、實證念佛三昧，以及學佛應具有的正確知見，可以幫助發願往生西方極樂淨土之學人，得以把握往生，更可令學人快速建立三乘法道的正知見，免於被外道邪見所誤導。有志修學三乘佛法之學人不可不看。（一套 17 片，工本費 160 元。回郵 35 元）

38.**佛藏經** 燙金精裝本　每冊回郵 20 元。正修佛法之道場欲大量索取者，請正式發函並蓋用大印寄來索取（2008.04.30 起開始敬贈）

39.**喇嘛性世界**—揭開藏傳佛教譚崔瑜伽的面紗　張善思 等人著

由正覺同修會購贈　回郵 20 元

40.**藏傳佛教的神話**—性、謊言、喇嘛教　正玄教授編著　回郵 20 元

由正覺同修會購贈　回郵 20 元

41.**隨 緣**—理隨緣與事隨緣　平實導師述　回郵 20 元。

42.**學佛的覺醒**　正枝居士 著　回郵 25 元

43.**導師之真實義**　蔡正禮老師 著　回郵 10 元

44.**淺談達賴喇嘛之雙身法**—兼論解讀「密續」之達文西密碼

吳明芷居士 著　回郵 10 元

45.**魔界轉世**　張正玄居士 著　回郵 10 元

46.**一貫道與開悟**　蔡正禮老師 著　回郵 10 元

47.**博愛**—愛盡天下女人　正覺教育基金會 編印　回郵 10 元

48.**意識虛妄經教彙編**—實證解脱道的關鍵經文　正覺同修會編印　回郵25 元

49.**繫念思惟念佛法門**　蔡正元老師著　回郵 10 元

50.**廣論三部曲**　郭正益老師著　回郵 20 元

51.**邪箭囈語**—從中觀的教證與理證，談多識仁波切《破魔金剛箭雨論—反擊蕭平實對佛教正法的惡毒進攻》邪書的種種謬理

陸正元老師著　俟正覺電子報連載後出版

52.**真假沙門**—依 佛聖教闡釋佛教僧寶之定義

蔡正禮老師著　俟正覺電子報連載後結集出版

53.**真假禪宗**—藉評論釋性廣《印順導師對變質禪法之批判及對禪宗之肯定》以顯示真假禪宗

附論一：凡夫知見 無助於佛法之信解行證

附論二：世間與出世間一切法皆從如來藏實際而生而顯

余正偉老師著　俟正覺電子報連載後結集出版　回郵未定

54.**雪域同胞的悲哀**—揭示顯密正理，兼破索達吉師徒《般若鋒兮金剛焰》。

釋正安 法師著　俟正覺電子報連載後結集出版

★ 上列贈書之郵資，係台灣本島地區郵資，大陸、港、澳地區及外國地區，請另計酌增（大陸、港、澳、國外地區之郵票不許通用）。尚未出版之書，請勿先寄來郵資，以免增加作業煩擾。

★ 本目錄若有變動，唯於後印之書籍及「成佛之道」網站上修正公佈之，不另行個別通知。

函索書籍請寄：佛教正覺同修會　103 台北市承德路 3 段 277 號 9 樓

台灣地區函索書籍者請附寄郵票，無時間購買郵票者可以等值現金抵用，但不接受郵政劃撥、支票、匯票。大陸地區得以人民幣計算，國外地區請以美元計算（請勿寄來當地郵票，在台灣地區不能使用）。欲以掛號寄遞者，請另附掛號郵資。

親自索閱：正覺同修會各共修處。　★請於共修時間前往取書，餘時無人在道場，請勿前往索取；共修時間與地點，詳見書末正覺同修會共修現況表（以近期之共修現況表為準）。

註：正智出版社發售之局版書，請向各大書局購閱。若書局之書架上已經售出而無陳列者，請向書局櫃台指定洽購；若書局不便代購者，請於正覺同修會共修時間前往各共修處請購，正智出版社已派人於共修時間送書前往各共修處流通。 郵政劃撥購書及 大陸地區 購書，請詳別頁正智出版社發售書籍目錄最後頁之說明。

成佛之道 網站：http://www.a202.idv.tw　　正覺同修會已出版之結緣書籍，多已登載於 成佛之道 網站，若住外國、或住處遙遠，不便取得正覺同修會贈閱書籍者，可以從本網站閱讀及下載。　　書局版之《宗通與說通》亦已上網，台灣讀者可向書局洽購，成本價 200 元。《狂密與眞密》第一輯~第四輯，亦於 2003.5.1.全部於本網站登載完畢；台灣地區讀者請向書局洽購，每輯約 400 頁，賠本流通價 140 元（網站下載紙張費用較貴，容易散失，難以保存，亦較不精美）。

＊＊藏傳佛教修雙身法，非佛教＊＊

正智出版社 籌募弘法基金發售書籍目錄

1.**宗門正眼**—公案拈提 第一輯 重拈　平實導師著　500 元
因重寫內容大幅度增加故，字體必須改小，並增爲 576 頁 主文 546 頁。比初版更精彩、更有內容。初版《禪門摩尼寶聚》之讀者，可寄回本公司免費調換新版書。免附回郵，亦無截止期限。（2007 年起，每冊附贈本公司精製公案拈提〈超意境〉CD 一片。市售價格 280 元，多購多贈。）

2.**禪淨圓融**　平實導師著　200 元（第一版舊書可換新版書。）

3.**真實如來藏**　平實導師著　400 元

4.**禪—悟前與悟後**　平實導師著　上、下冊，每冊 250 元

5.**宗門法眼**—公案拈提 第二輯　平實導師著　500 元
（2007 年起，每冊附贈本公司精製公案拈提〈超意境〉CD 一片）

6.**楞伽經詳解**　平實導師著　全套共 10 輯　每輯 250 元

7.**宗門道眼**—公案拈提 第三輯　平實導師著　500 元
（2007 年起，每冊附贈本公司精製公案拈提〈超意境〉CD 一片）

8.**宗門血脈**—公案拈提 第四輯　平實導師著　500 元
（2007 年起，每冊附贈本公司精製公案拈提〈超意境〉CD 一片）

9.**宗通與說通**—成佛之道 平實導師著 主文 381 頁 全書 400 頁 成本價 200 元

10.**宗門正道**—公案拈提 第五輯　平實導師著　500 元
（2007 年起，每冊附贈本公司精製公案拈提〈超意境〉CD 一片）

11.**狂密與真密 一～四輯**　平實導師著　西藏密宗是人間最邪淫的宗教，本質不是佛教，只是披著佛教外衣的印度教性力派流毒的喇嘛教。此書中將西藏密宗密傳之男女雙身合修樂空雙運所有祕密與修法，毫無保留完全公開，並將全部喇嘛們所不知道的部分也一併公開。內容比大辣出版社喧騰一時的《西藏慾經》更詳細。並且函蓋藏密的所有祕密及其錯誤的中觀見、如來藏見……等，藏密的所有法義都在書中詳述、分析、辨正。每輯主文三百餘頁　每輯全書約 400 頁　流通價每輯 140 元

12.**宗門正義**—公案拈提 第六輯　平實導師著　500 元
（2007 年起，每冊附贈本公司精製公案拈提〈超意境〉CD 一片）

13.**心經密意**—心經與解脫道、佛菩提道、祖師公案之關係與密意　平實導師述　300 元

14.**宗門密意**—公案拈提 第七輯　平實導師著　500 元
（2007 年起，每冊附贈本公司精製公案拈提〈超意境〉CD 一片）

15.**淨土聖道**—兼評「選擇本願念佛」　正德老師著　200 元

16.**起信論講記**　平實導師述著　共六輯　每輯三百餘頁　成本價各 200 元

17.**優婆塞戒經講記**　平實導師述著 共八輯 每輯三百餘頁 成本價各 200 元

18.**真假活佛**—略論附佛外道盧勝彥之邪說（對前岳靈犀網站主張「盧勝彥是證悟者」之修正）　正犀居士（岳靈犀）著　流通價 140 元

19.**阿含正義**—唯識學探源　平實導師著　共七輯　每輯 250 元

20.**超意境** CD 以平實導師公案拈提書中超越意境之頌詞，加上曲風優美的旋律，錄成令人嚮往的超意境歌曲，其中包括正覺發願文及平實導師親自譜成的黃梅調歌曲一首。詞曲雋永，殊堪翫味，可供學禪者吟詠，有助於見道。內附設計精美的彩色小冊，解說每一首詞的背景本事。每片 280 元。【每購買公案拈提書籍一冊，即贈送一片。】

21.**菩薩底憂鬱** CD 將菩薩情懷及禪宗公案寫成新詞，並製作成超越意境的優美歌曲。 1.主題曲〈菩薩底憂鬱〉，描述地後菩薩能離三界生死而迴向繼續生在人間，但因尚未斷盡習氣種子而有極深沈之憂鬱，非三賢位菩薩及二乘聖者所知，此憂鬱在七地滿心位方才斷盡；本曲之詞中所說義理極深，昔來所未曾見；此曲係以優美的情歌風格寫詞及作曲，聞者得以激發嚮往諸地菩薩境界之大心，詞、曲都非常優美，難得一見；其中勝妙義理之解說，已印在附贈之彩色小冊中。 2.以各輯公案拈提中直示禪門入處之頌文，作成各種不同曲風之超意境歌曲，值得玩味、參究；聆聽公案拈提之優美歌曲時，請同時閱讀內附之印刷精美說明小冊，可以領會超越三界的證悟境界；未悟者可以因此引發求悟之意向及疑情，眞發菩提心而邁向求悟之途，乃至因此眞實悟入般若，成眞菩薩。 3.正覺總持咒新曲，總持佛法大意；總持咒之義理，已加以解說並印在隨附之小冊中。本 CD 共有十首歌曲，長達 63 分鐘，請直接向各市縣鄉鎮之 CD 販售店購買，本公司及各講堂都不販售。每盒各附贈二張購書優惠券。

22.**禪意無限** CD 平實導師以公案拈提書中偈頌寫成不同風格曲子，與他人所寫不同風格曲子共同錄製出版，幫助參禪人進入禪門超越意識之境界。盒中附贈彩色印製的精美解說小冊，以供聆聽時閱讀，令參禪人得以發起參禪之疑情，即有機會證悟本來面目而發起實相智慧，實證大乘菩提般若，能如實證知般若經中的眞實意。本 CD 共有十首歌曲，長達 69 分鐘，於 2012 年五月下旬公開發行，請直接向各市縣鄉鎮之 CD 販售店購買，本公司及各講堂都不販售。每盒各附贈二張購書優惠券。〈禪意無限〉出版後將不再錄製 CD，特此公告。

23.**我的菩提路**第一輯 釋悟圓、釋善藏等人合著 售價 200 元

24.**我的菩提路**第二輯 郭正益、張志成等人合著 售價 250 元

25.**鈍鳥與靈龜**—考證後代凡夫對大慧宗杲禪師的無根誹謗。

平實導師著 共 458 頁 售價 250 元

26.**維摩詰經講記** 平實導師述 共六輯 每輯三百餘頁 優惠價各 200 元

27.**真假外道**—破劉東亮、杜大威、釋證嚴常見外道見 正光老師著 200 元

28.**勝鬘經講記**—兼論印順《勝鬘經講記》對於《勝鬘經》之誤解。

平實導師述 共六輯 每輯三百餘頁 優惠價 200 元

29.**楞嚴經講記** 平實導師述 共 **15** 輯，每輯三百餘頁 優惠價 200 元

30.**明心與眼見佛性**—駁慧廣〈蕭氏「眼見佛性」與「明心」之非〉文中謬說

正光老師著 共 448 頁 成本價 250 元

31.**達賴真面目**—玩盡天下女人 白正偉老師 等著 中英對照彩色精裝大本 800 元
32.**喇嘛性世界**—揭開藏傳佛教譚崔瑜伽的面紗　張善思 等人著　200 元
33.**藏傳佛教的神話**—性、謊言、喇嘛教　正玄教授編著　200 元
34.**金剛經宗通** 平實導師述　共 9 輯　每輯三百餘頁　優惠價 200 元
2012 年 6 月 1 日出版第一輯後，每二個月出版一輯
35.**空行母**—性別、身分定位，以及藏傳佛教。
珍妮·坎貝爾著 呂艾倫 中譯 售價 250 元
36.**末代達賴**—性交教主的悲歌　張善思、呂艾倫、辛燕編著 售價 250 元
37.**霧峰無霧**—**給哥哥的信**　辨正釋印順對佛法的無量誤解
游宗明 老師著　成本價 200 元
38.**第七意識與第八意識？** 平實導師述　每冊 250 元
39.**黯淡的達賴**—失去光彩的諾貝爾和平獎
正覺教育基金會編著　每冊 250 元
40.**童女迦葉考**—論呂凱文〈佛教輪迴思想的論述分析〉之謬。
平實導師 著 定價 180 元
41.**人間佛教**　平實導師 述，定價 300 元
將於《金剛經宗通》出版完畢後二個月出版
42.**實相經宗通**　平實導師述　共八輯　每輯成本價 250 元
俟《人間佛教》出版後二個月出版，每二個月出版一輯
43.**佛法入門**—迅速進入三乘佛法大門，消除久學佛法漫無方向之窘境。
○○居士著　將於正覺電子報連載後出版。售價 200 元
44.**藏傳佛教要義**—《狂密與真密》之簡體字版　平實導師 著 上、下冊
僅在大陸流通　每冊 300 元
45.**廣論之平議**—宗喀巴《菩提道次第廣論》之平議　正雄居士著
約二或三輯　俟正覺電子報連載後結集出版　書價未定
46.**中觀金鑑**—詳述應成派中觀的起源與其破法、凡夫見本質 正德老師著
於正覺電子報連載後結集出版之。 出版日期、書價未定
47.**末法導護**—對印順法師中心思想之綜合判攝　正慶老師著　書價未定
48.**菩薩學處**—菩薩四攝六度之要義　正元老師著　出版日期未定。
49.**法華經講義**　平實導師述　每輯 200 元　出版日期未定
50.**八識規矩頌**詳解　○○居士 註解　出版日期另訂　書價未定。
51.**印度佛教史**—法義與考證。依法義史實評論印順《印度佛教思想史、佛教史地考論》之謬說　正偉老師著　出版日期未定　書價未定
52.**中國佛教史**—依中國佛教正法史實而論。 ○○老師 著　書價未定。
53.**中論正義**—釋龍樹菩薩《中論》頌正理。
正德老師著　出版日期未定　書價未定
54.**中觀正義**—註解平實導師《中論正義頌》。
○○法師（居士）著　出版日期未定　書價未定
55.**佛藏經講記**　平實導師述　出版日期未定　書價未定

56.**阿含講記**—將選錄四阿含中數部重要經典全經講解之，講後整理出版。
平實導師述　約二輯　每輯 200 元　出版日期未定
57.**寶積經講記**　平實導師述　每輯三百餘頁 優惠價 200 元　出版日期未定
58.**解深密經講記**　平實導師述 約四輯　將於重講後整理出版
59.**成唯識論略解**　平實導師著　五～六輯　每輯200元　出版日期未定
60.**修習止觀坐禪法要講記**　平實導師述　每輯三百餘頁 優惠價 200 元
將於正覺寺建成後重講、以講記逐輯出版　日期未定
61.**無門關**—《無門關》公案拈提　平實導師著　出版日期未定
62.**中觀再論**—兼述印順《中觀今論》謬誤之平議。正光老師著 出版日期未定
63.**輪迴與超度**—佛教超度法會之真義。
○○法師（居士）著　出版日期未定　書價未定
64.《**釋摩訶衍論**》**平議**—對偽稱龍樹所造《釋摩訶衍論》之平議
○○法師（居士）著　出版日期未定　書價未定
65.**正覺發願文**註解—以真實大願為因 得證菩提
正德老師著　出版日期未定　書價未定
66.**正覺總持咒**—佛法之總持　正圜老師著　出版日期未定　書價未定
67.**涅槃**—論四種涅槃　平實導師著　出版日期未定　書價未定
68.**三自性**—依四食、五蘊、十二因緣、十八界法，說三性三無性。
作者未定　出版日期未定
69.**道品**—從三自性說大小乘三十七道品　作者未定　出版日期未定
70.**大乘緣起觀**—依四聖諦七真如現觀十二緣起 作者未定　出版日期未定
71.**三德**—論解脫德、法身德、般若德。　作者未定　出版日期未定
72.**真假如來藏**—對印順《如來藏之研究》謬說之平議　作者未定 出版日期未定
73.**大乘道次第**　作者未定　出版日期未定　書價未定
74.**四緣**—依如來藏故有四緣。　作者未定　出版日期未定
75.**空之探究**—印順《空之探究》謬誤之平議　作者未定 出版日期未定
76.**十法義**—論阿含經中十法之正義　作者未定　出版日期未定
77.**外道見**—論述外道六十二見　作者未定　出版日期未定

總經銷： 飛鴻 國際行銷股份有限公司
231 新北市新店市中正路 501 之 9 號 2 樓
Tel.02－82186688（五線代表號） Fax.02-82186458、82186459

零售：1.**全台連鎖經銷書局：**
三民書局、誠品書局、何嘉仁書店
敦煌書店、紀伊國屋、金石堂書局、建宏書局

2.**台北市：**佛化人生 羅斯福路 3 段 325 號 5 樓 台電大樓對面
士林圖書 士林區大東路 86 號 書田文化 石牌路二段 86 號
書田文化 大安路一段 245 號 書田文化 南京東路四段 137 號 B1
人人書局 大直北安路 524 號

3.**新北市：** 阿福的書店 **蘆洲**中正路 233 號（02-28472609）
金玉堂書局 **三重**三和路四段 16 號 來電書局 **新莊**中正路 261 號
春大地書店 **蘆洲**中正路 117 號 明達書局 **三重**五華街 129 號
一全書店 **中和**興南路一段 10 號

4.**桃園市縣：**桃園文化城 **桃園**復興路 421 號 金玉堂 **中壢**中美路 2 段 82 號
巧巧屋書局 **蘆竹**南崁路 263 號 內壢文化圖書城 **中壢**忠孝路 86 號
來電書局 **大溪**慈湖路 30 號 御書堂 **龍潭**中正路 123 號

5.**新竹市縣：**大學書局 **新竹**建功路 10 號 聯成書局 **新竹**中正路 360 號
誠品書局 **新竹**東區信義街 68 號 誠品書局 **新竹**東區力行二路 3 號
誠品書局 新竹東區民族路 2 號 墊腳石文化書店 **新竹**中正路 38 號
金典文化 **竹北**中正西路 47 號 展書堂 **竹東**長春路 3 段 36 號

6.**苗栗市縣：**建國書局**苗栗市**中山路 566 號 萬花筒書局**苗栗市**府東路 73 號
展書堂 **竹南**民權街 49-2 號

7.**台中市：** **瑞成**書局、各大連鎖書店。
興大書齋 **台中市**國光路 250 號 詠春書局 **台中市**永春東路 884 號
參次方國際圖書**大里**大明路 242 號 儀軒文化事業公司 **太平**中興路 178 號
文春書局 **霧峰區**中正路 1087 號

8.**彰化市縣：**心泉佛教流通處 **彰化市**南瑤路 286 號
員林鎮：墊腳石圖書文化廣場 中山路 2 段 49 號（04-8338485）
大大書局 民權街 33 號（04-8381033）
溪湖鎮：聯宏圖書 西環路 515 號（04-8856640）

9.**台南市：**宏昌書局 **台南**北門路一段 136 號
博大書局 **新營**三民路 128 號 豐榮文化商場 **新市**仁愛街 286-1 號
藝美書局 **善化**中山路 436 號 志文書局 **麻豆**博愛路 22 號
宏欣書局 **佳里**光復路 214 號

10.**高雄市：**各大連鎖書店、**瑞成**書局
政大書城 **三民區**明仁路 161 號 政大書城 **苓雅區**光華路 148-83 號
明儀書局 **三民區**明福街 2 號 明儀書局 三多四路 63 號
青年書局 青年一路 141 號

11.**宜蘭縣市：**金隆書局　宜蘭市中山路3段43號
宋太太梅鋪　羅東鎮中正北路101號（039-534909）

12.**台東市：**東普佛教文物流通處　台東市博愛路282號

13.**其餘鄉鎮市經銷書局：**請電詢總經銷**飛鴻**公司。

14.**大陸地區請洽：**

香港：樂文書店（旺角 西洋菜街62號3樓、銅鑼灣 駱克道506號3樓）

廈門：廈門外圖臺灣書店有限公司
商品部：范清潔
廈門市湖裡區悅華路8號外圖物流大廈4樓（郵編：361006）
電話：0592-2230177　0592-5680816　傳眞：0592-5365089
（臺灣地區請撥打 86-592-2230177　86-592-5680816）
網址：JKB118@188.COM

15.**美國：世界日報圖書部：**紐約圖書部　電話 7187468889#6262
洛杉磯圖書部　電話 3232616972#202

16.**國內外地區網路購書：**

正智出版社 書香園地　http://books.enlighten.org.tw/
（書籍簡介、直接聯結下列網路書局購書）

三民 網路書局　http://www.Sanmin.com.tw
誠品 網路書局　http://www.eslitebooks.com
博客來 網路書局　http://www.books.com.tw
金石堂 網路書局　http://www.kingstone.com.tw
飛鴻 網路書局　http://fh6688.com.tw

附註：1.請儘量向各經銷書局購買：郵政劃撥需要十天才能寄到（本公司在您劃撥後第四天才能接到劃撥單，次日寄出後第四天您才能收到書籍，此八天中一定會遇到週休二日，是故共需十天才能收到書籍）若想要早日收到書籍者，請劃撥完畢後，將劃撥收據貼在紙上，旁邊寫上您的姓名、住址、郵區、電話、買書詳細內容，直接傳眞到本公司 02-28344822，並來電 02-28316727、28327495 確認是否已收到您的傳眞，即可提前收到書籍。 2.因台灣每月皆有五十餘種宗教類書籍上架，書局書架空間有限，故唯有新書方有機會上架，通常每次只能有一本新書上架；本公司出版新書，大多上架不久便已售出，若書局未再叫貨補充者，書架上即無新書陳列，則請直接向書局櫃台訂購。 3.若書局不便代購時，可於晚上共修時間向正覺同修會各共修處請購（共修時間及地點，詳閱共修現況表。每年例行年假期間請勿前往請書，年假期間請見共修現況表）。 4.郵購：郵政劃撥帳號 19068241。 5.正覺同修會會員購書都以八折計價（戶籍台北市者爲一般會員，外縣市爲護持會員）都可獲得優待，欲一次購買全部書籍者，可以考慮入會，節省書費。入會費一千元（第一年初加入時才需要繳），年費二千元。

6.尚未出版之書籍，請勿預先郵寄書款與本公司，謝謝您！ 7.若欲一次購齊本公司書籍，或同時取得正覺同修會贈閱之全部書籍者，請於正覺同修會共修時間，親到各共修處請購及索取；**台北市讀者**請洽：103 台北市承德路三段 267 號 10 樓（捷運淡水線 圓山站旁）請書時間：週一至週五為 18.00~21.00，第一、三、五週週六為 10.00~21.00，雙週之週六為 10.00~18.00 請購處專線電話：25957295-分機 14（於請書時間方有人接聽）。

關於平實導師的書訊，請上網查閱：

成佛之道　http://www.a202.idv.tw

正智出版社 書香園地　http://books.enlighten.org.tw/

★正智出版社有限公司售書之稅後盈餘，全部捐助財團法人正覺寺籌備處、佛教正覺同修會、正覺教育基金會，供作弘法及購建道場之用；懇請諸方大德支持，功德無量★

正智出版社有限公司 書籍介紹

禪淨圓融：言淨土諸祖所未曾言，示諸宗祖師所未曾示；禪淨圓融，另闢成佛捷徑，兼顧自力他力，闡釋淨土門之速行易行道，亦同時揭櫫聖教門之速行易行道；令廣大淨土行者得免緩行難證之苦，亦令聖道門行者得以藉著淨土速行道而加快成佛之時劫。乃前無古人之超勝見地，非一般弘揚禪淨法門典籍也，先讀為快。平實導師著 200元。

宗門正眼—公案拈提第一輯：繼承克勤圜悟大師碧巖錄宗旨之禪門鉅作。先則舉示當代大法師之邪說，消弭當代禪門大師鄉愿之心態，摧破當今禪門「世俗禪」之妄談；次則旁通教法，表顯宗門正理；繼以道之次第，消弭古今狂禪；後藉言語及文字機鋒，直示宗門入處。悲智雙運，禪味十足，數百年來難得一睹之禪門鉅著也。平實導師著500元（原初版書《禪門摩尼寶聚》，改版後補充為五百餘頁新書，總計多達二十四萬字，內容更精彩，並改名為《宗門正眼》，讀者原購初版《禪門摩尼寶聚》皆可寄回本公司免費換新，免附回郵，亦無截止期限）（2007年起，凡購買公案拈提第一輯至第七輯，每購一輯皆贈送本公司精製公案拈提〈超意境〉CD一片，市售價格280元，多購多贈）。

禪—悟前與悟後：本書能建立學人悟道之信心與正確知見，圓滿具足而有次第地詳述禪悟之功夫與禪悟之內容，指陳參禪中細微淆訛之處，能使學人明自真心、見自本性。若未能悟入，亦能以正確知見辨別古今中外一切大師究係真悟？或屬錯悟？便有能力揀擇，捨名師而選明師，後時必有悟道之緣。一旦悟道，遲者七次人天往返，便出三界，速者一生取辦。學人欲求開悟者，不可不讀。 平實導師著。上、下冊共500元，單冊250元。

真實如來藏：如來藏眞實存在，乃宇宙萬有之本體，並非印順法師、達賴喇嘛等人所說之「唯有名相、無此心體」。如來藏是涅槃之本際，是一切有智之人竭盡心智、不斷探索而不能得之生命實相；是古今中外許多大師自以爲悟而當面錯過之生命實相。如來藏即是阿賴耶識，乃是一切有情本自具足、不生不滅之眞實心。當代中外大師於此書出版之前所未能言者，作者於本書中盡情流露、詳細闡釋。眞悟者讀之，必能增益悟境、智慧增上；錯悟者讀之，必能檢討自己之錯誤，免犯大妄語業；未悟者讀之，能知參禪之理路，亦能以之檢查一切名師是否眞悟。此書是一切哲學家、宗教家、學佛者及欲昇華心智之人必讀之鉅著。　平實導師著　售價400元。

宗門法眼—公案拈提第二輯：列舉實例，闡釋土城廣欽老和尚之悟處；並直示這位不識字的老和尚妙智橫生之根由，繼而剖析禪宗歷代大德之開悟公案，解析當代密宗高僧卡盧仁波切之錯悟證據，並例舉當代顯宗高僧、大居士之錯悟證據（凡健在者，爲免影響其名聞利養，皆隱其名）。藉辨正當代名師之邪見，向廣大佛子指陳禪悟之正道，彰顯宗門法眼。悲勇兼出，強捋虎鬚；慈智雙運，巧探驪龍；摩尼寶珠在手，直示宗門入處，禪味十足；若非大悟徹底，不能爲之。禪門精奇人物，允宜人手一冊，供作參究及悟後印證之圭臬。本書於2008年4月改版，增寫爲大約500頁篇幅，以利學人研讀參究時更易悟入宗門正法，以前所購初版首刷及初版二刷舊書，皆可免費換取新書。平實導師著　500元（2007年起，凡購買公案拈提第一輯至第七輯，每購一輯皆贈送本公司精製公案拈提〈超意境〉CD一片，市售價格280元，多購多贈）。

宗門道眼—公案拈提第三輯：繼宗門法眼之後，再以金剛之作略、慈悲之胸懷、犀利之筆觸，舉示寒山、拾得、布袋三大士之悟處，消弭當代錯悟者對於寒山大士……等之誤會及誹謗。　亦舉出民初以來與虛雲和尚齊名之蜀郡鹽亭袁煥仙夫子—南懷瑾老師之師，其「悟處」何在？並蒐羅許多眞悟祖師之證悟公案，顯示禪宗歷代祖師之睿智，指陳部分祖師、奧修及當代顯密大師之謬悟，作爲殷鑑，幫助禪子建立及修正參禪之方向及知見。假使讀者閱此書已，一時尙未能悟，亦可一面加功用行，一面以此宗門道眼辨別眞假善知識，避開錯誤之印證及歧路，可免大妄語業之長劫慘痛果報。欲修禪宗之禪者，務請細讀。平實導師著　售價500元（2007年起，凡購買公案拈提第一輯至第七輯，每購一輯皆贈送本公司精製公案拈提〈超意境〉CD一片，市售價格280元，多購多贈）。

楞伽經詳解：本經是禪宗見道者印證所悟眞僞之根本經典，亦是禪宗見道者悟後起修之依據經典；故達摩祖師於印證二祖慧可大師之後，將此經典連同佛缽祖衣一併交付二祖，令其依此經典佛示金言、進入修道位，修學一切種智。由此可知此經對於眞悟之人修學佛道，是非常重要之一部經典。此經能破外道邪說，亦破佛門中錯悟名師之謬說，亦破禪宗部分祖師之狂禪：不讀經典、一向主張「一悟即成究竟佛」之謬執。並開示愚夫所行禪、觀察義禪、攀緣如禪、如來禪等差別，令行者對於三乘禪法差異有所分辨；亦糾正禪宗祖師古來對於如來禪之誤解，嗣後可免以訛傳訛之弊。此經亦是法相唯識宗之根本經典，禪者悟後欲修一切種智而入初地者，必須詳讀。　平實導師著，全套共十輯，已全部出版完畢，每輯主文約320頁，每冊約352頁，定價250元。

宗門血脈—公案拈提第四輯：末法怪象—許多修行人自以爲悟，每將無念靈知認作眞實；崇尚二乘法諸師及其徒衆，則將外於如來藏之緣起性空—無因論之無常空、斷滅空、一切法空—錯認爲　佛所說之般若空性。這兩種現象已於當今海峽兩岸及美加地區顯密大師之中普遍存在；人人自以爲悟，心高氣壯，便敢寫書解釋祖師證悟之公案，大多出於意識思惟所得，言不及義，錯誤百出，因此誤導廣大佛子同陷大妄語之地獄業中而不能自知。彼等書中所說之悟處，其實處處違背第一義經典之聖言量。彼等諸人不論是否身披袈裟，都非佛法宗門血脈，或雖有禪宗法脈之傳承，亦只徒具形式；猶如螟蛉，非眞血脈，未悟得根本眞實故。禪子欲知　佛、祖之眞血脈者，請讀此書，便知分曉。平實導師著，主文452頁，全書464頁，定價500元（2007年起，凡購買公案拈提第一輯至第七輯，每購一輯皆贈送本公司精製公案拈提〈超意境〉CD一片，市售價格280元，多購多贈）。

宗通與說通：古今中外，錯誤之人如麻似粟，每以常見外道所說之靈知心，認作眞心；或妄想虛空之勝性能量爲眞如，或錯認物質四大元素藉冥性（靈知心本體）能成就吾人色身及知覺，或認初禪至四禪中之了知心爲不生不滅之涅槃心。此等皆非通宗者之見地。復有錯悟之人一向主張「宗門與教門不相干」，此即尚未通達宗門之人也。其實宗門與教門互通不二，宗門所證者乃是眞如與佛性，教門所說者乃說宗門證悟之眞如佛性，故教門與宗門不二。本書作者以宗教二門互通之見地，細說「宗通與說通」，從初見道至悟後起修之道、細說分明；並將諸宗諸派在整體佛教中之地位與次第，加以明確之教判，學人讀之即可了知佛法之梗概也。欲擇明師學法之前，允宜先讀。平實導師著，主文共381頁，全書392頁，只售成本價200元。

宗門正道—公案拈提第五輯：修學大乘佛法有二果須證—解脫果及大菩提果。二乘人不證大菩提果，唯證解脫果；此果之智慧，名爲聲聞菩提、緣覺菩提。大乘佛子所證二果之菩提果爲佛菩提，故名大菩提果，其慧名爲一切種智—函蓋二乘解脫果。然此大乘二果修證，須經由禪宗之宗門證悟方能相應。而宗門證悟極難，自古已然；其所以難者，咎在古今佛教界普遍存在三種邪見：1.以修定認作佛法，　2.以無因論之緣起性空—否定涅槃本際如來藏以後之一切法空作爲佛法，3.以常見外道邪見（離語言妄念之靈知性）作爲佛法。　如是邪見，或因自身正見未立所致，或因邪師之邪教導所致，或因無始劫來虛妄熏習所致。若不破除此三種邪見，永劫不悟宗門眞義、不入大乘正道，唯能外門廣修菩薩行。　平實導師於此書中，有極爲詳細之說明，有志佛子欲摧邪見、入於內門修菩薩行者，當閱此書。主文共496頁，全書512頁。售價500元（2007年起，凡購買公案拈提第一輯至第七輯，每購一輯皆贈送本公司精製公案拈提〈超意境〉CD一片，市售價格280元，多購多贈）。

狂密與真密：密教之修學，皆由有相之觀行法門而入，其最終目標仍不離顯教經典所說第一義諦之修證；若離顯教第一義經典、或違背顯教第一義經典，即非佛教。西藏密教之觀行法，如灌頂、觀想、遷識法、寶瓶氣、大聖歡喜雙身修法、喜金剛、無上瑜伽、大樂光明、樂空雙運等，皆是印度教兩性生生不息思想之轉化，自始至終皆以如何能運用交合淫樂之法達到全身受樂爲其中心思想，純屬欲界五欲的貪愛，不能令人超出欲界輪迴，更不能令人斷除我見；何況大乘之明心與見性，更無論矣！故密宗之法絕非佛法也。而其明光大手印、大圓滿法教，又皆同以常見外道所說離語言妄念之無念靈知心錯認爲佛地之眞如，不能直指不生不滅之眞如。西藏密宗所有法王與徒衆，都尚未開頂門眼，不能辨別眞僞，以依人不依法、依密續不依經典故，不肯將其上師喇嘛所說對照第一義經典，純依密續之藏密祖師所說爲準，因此而誇大其證德與證量，動輒謂彼祖師上師爲究竟佛、爲地上菩薩；如今台海兩岸亦有自謂其師證量高於　釋迦文佛者，然觀其師所述，猶未見道，仍在觀行即佛階段，尚未到禪宗相似即佛、分證即佛階位，竟敢標榜爲究竟佛及地上法王，誑惑初機學人。凡此怪象皆是狂密，不同於眞密之修行者。近年狂密盛行，密宗行者被誤導者極衆，動輒自謂已證佛地眞如，自視爲究竟佛，陷於大妄語業中而不知自省，反謗顯宗眞修實證者之證量粗淺；或如義雲高與釋性圓…等人，於報紙上公然誹謗眞實證道者爲「騙子、無道人、人妖、癩蛤蟆…」等，造下誹謗大乘勝義僧之大惡業；或以外道法中有爲有作之甘露、魔術……等法，誑騙初機學人，狂言彼外道法爲眞佛法。如是怪象，在西藏密宗及附藏密之外道中，不一而足，舉之不盡，學人宜應愼思明辨，以免上當後又犯毀破菩薩戒之重罪。密宗學人若欲遠離邪知邪見者，請閱此書，即能了知密宗之邪謬，從此遠離邪見與邪修，轉入眞正之佛道。　平實導師著　共四輯　每輯約400頁（主文約340頁）賠本流通價每輯140元。

宗門正義—公案拈提第六輯：佛教有六大危機，乃是藏密化、世俗化、膚淺化、學術化、宗門密意失傳、悟後進修諸地之次第混淆；其中尤以宗門密意之失傳，爲當代佛教最大之危機。由宗門密意失傳故，易令 世尊本懷普被錯解，易令 世尊正法被轉易爲外道法，以及加以淺化、世俗化，是故宗門密意之廣泛弘傳與具緣佛弟子，極爲重要。然而欲令宗門密意之廣泛弘傳予具緣之佛弟子者，必須同時配合錯誤知見之解析、普令佛弟子知之，然後輔以公案解析之直示入處，方能令具緣之佛弟子悟入。而此二者，皆須以公案拈提之方式爲之，方易成其功、竟其業，是故平實導師續作宗門正義一書，以利學人。　全書500餘頁，售價500元（2007年起，凡購買公案拈提第一輯至第七輯，每購一輯皆贈送本公司精製公案拈提〈超意境〉CD一片，市售價格280元，多購多贈）。

心經密意—心經與解脫道、佛菩提道、祖師公案之關係與密意。二乘菩提所證之解脫道，實依第八識心之斷除煩惱障現行而立解脫之名；大乘菩提所證之佛菩提道，實依親證第八識如來藏之涅槃性、清淨自性、及其中道性而立般若之名；禪宗祖師公案所證之眞心，即是此第八識如來藏；是故三乘佛法所修所證之三乘菩提，皆依此如來藏心而立名也。此第八識心，即是《心經》所說之心也。證得此如來藏已，即能漸入大乘佛菩提道，亦可因證知此心而了知二乘無學所不能知之無餘涅槃本際，是故《心經》之密意，與三乘佛菩提之關係極爲密切、不可分割，三乘佛法皆依此心而立名故。今者平實導師以其所證解脫道之無生智及佛菩提之般若種智，將《心經》與解脫道、佛菩提道、祖師公案之關係與密意，以演講之方式，用淺顯之語句和盤托出，發前人所未言，呈三乘菩提之眞義，令人藉此《心經密意》一舉而窺三乘菩提之堂奧，迥異諸方言不及義之說；欲求眞實佛智者、不可不讀！主文317頁，連同跋文及序文…等共384頁，售價300元。

宗門密意—公案拈提第七輯：佛教之世俗化，將導致學人以信仰作爲學佛，則將以感應及世間法之庇祐，作爲學佛之主要目標，不能了知學佛之主要目標爲親證三乘菩提。大乘菩提則以般若實相智慧爲主要修習目標，以二乘菩提解脫道爲附帶修習之標的；是故學習大乘法者，應以禪宗之證悟爲要務，能親入大乘菩提之實相般若智慧中故，般若實相智慧非二乘聖人所能知故。此書則以台灣世俗化佛教之三大法師，說法似是而非之實例，配合眞悟祖師之公案解析，提示證悟般若之關節，令學人易得悟入。平實導師著，全書五百餘頁，售價500元（2007年起，凡購買公案拈提第一輯至第七輯，每購一輯皆贈送本公司精製公案拈提〈超意境〉CD一片，市售價格280元，多購多贈）。

淨土聖道—兼評日本本願念佛：佛法甚深極廣，般若玄微，非諸二乘聖僧所能知之，一切凡夫更無論矣！所謂一切證量皆歸淨土是也！是故大乘法中「聖道之淨土、淨土之聖道」，其義甚深，難可了知；乃至眞悟之人，初心亦難知也。今有正德老師眞實證悟後，復能深探淨土與聖道之緊密關係，憐憫衆生之誤會淨土實義，亦欲利益廣大淨土行人同入聖道，同獲淨土中之聖道門要義，乃振奮心神、書以成文，今得刊行天下。主文279頁，連同序文等共301頁，總有十一萬六千餘字，正德老師著，成本價200元。

起信論講記：詳解大乘起信論心生滅門與心眞如門之眞實意旨，消除以往大師與學人對起信論所說心生滅門之誤解，由是而得了知眞心如來藏之非常非斷中道正理；亦因此一講解，令此論以往隱晦而被誤解之眞實義，得以如實顯示，令大乘佛菩提道之正理得以顯揚光大；初機學者亦可藉此正論所顯示之法義，對大乘法理生起正信，從此得以眞發菩提心，眞入大乘法中修學，世世常修菩薩正行。平實導師演述，共六輯，都已出版，每輯三百餘頁，優惠價各200元。

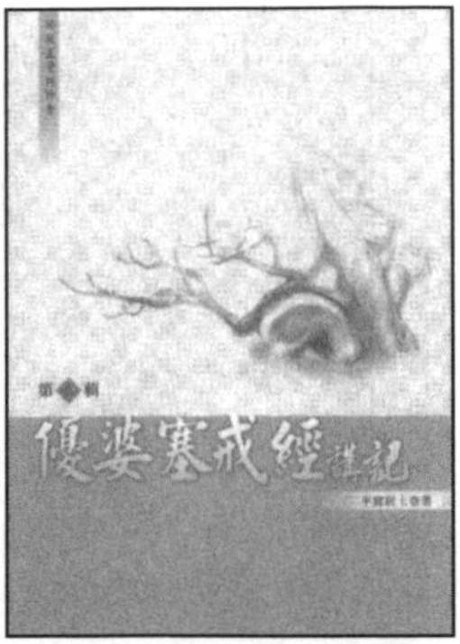

優婆塞戒經講記：本經詳述在家菩薩修學大乘佛法，應如何受持菩薩戒？對人間善行應如何看待？對三寶應如何護持？應如何正確地修集此世後世證法之福德？應如何修集後世「行菩薩道之資糧」？並詳述第一義諦之正義：五蘊非我非異我、自作自受、異作異受、不作不受……等深妙法義，乃是修學大乘佛法、行菩薩行之在家菩薩所應當了知者。出家菩薩今世或未來世登地已，捨報之後多數將如華嚴經中諸大菩薩，以在家菩薩身而修行菩薩行，故亦應以此經所述正理而修之，配合《楞伽經、解深密經、楞嚴經、華嚴經》等道次第正理，方得漸次成就佛道；故此經是一切大乘行者皆應證知之正法。平實導師講述，每輯三百餘頁，優惠價各200元；共八輯，已全部出版。

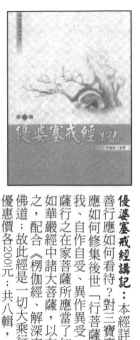

真假活佛—略論附佛外道盧勝彥之邪說：人人身中都有眞活佛，永生不滅而有大神用，但衆生都不了知，所以常被身外的西藏密宗假活佛籠罩欺瞞。本來就眞實存在的眞活佛，才是眞正的密宗無上密！諾那活佛因此而說禪宗是大密宗，但藏密的所有活佛都不知道、也不曾實證自身中的眞活佛。本書詳實宣示眞活佛的道理，舉證盧勝彥的「佛法」不是眞佛法，也顯示盧勝彥是假活佛，直接的闡釋第一義佛法見道的眞實正理。眞佛宗的所有上師與學人們，都應該詳細閱讀，包括盧勝彥個人在內。正犀居士著，優惠價140元。

阿含正義—唯識學探源：廣說四大部《阿含經》諸經中隱說之眞正義理，一一舉示佛陀本懷，令阿含時期初轉法輪根本經典之眞義，如實顯現於佛子眼前。並提示末法大師對於阿含眞義誤解之實例，一一比對之，證實唯識增上慧學確於原始佛法之阿含諸經中已隱覆密意而略說之，證實 世尊確於原始佛法中已曾密意而說第八識如來藏之總相；亦證實 世尊在四阿含中已說此藏識是名色十八界之因、之本—證明如來藏是能生萬法之根本心。佛子可據此修正以往受諸大師（譬如西藏密宗應成派中觀師：印順、昭慧、性廣、大願、達賴、宗喀巴、寂天、月稱、……等人）誤導之邪見，建立正見，轉入正道乃至親證初果而無困難；書中並詳說三果所證的心解脫，以及四果慧解脫的親證，都是如實可行的具體知見與行門。全書共七輯，已出版完畢。平實導師著，每輯三百餘頁，定價250元。

超意境CD：以平實導師公案拈提書中超越意境之頌詞，加上曲風優美的旋律，錄成令人嚮往的超意境歌曲，其中包括正覺發願文及平實導師親自譜成的黃梅調歌曲一首。詞曲雋永，殊堪翫味，可供學禪者吟詠，有助於見道。內附設計精美的彩色小冊，解說每一首詞的背景本事。每片280元。【每購買公案拈提書籍一冊，即贈送一片。】

我的菩提路第一輯：凡夫及二乘聖人不能實證的佛菩提證悟，末法時代的今天仍然有人能得實證，由正覺同修會釋悟圓、釋善藏法師等二十餘位實證如來藏者所寫的見道報告，已為當代學人見證宗門正法之絲縷不絕，證明大乘義學的法脈仍然存在，為末法時代求悟般若之學人照耀出光明的坦途。由二十餘位大乘見道者所繕，敘述各種不同的學法、見道因緣與過程，參禪求悟者必讀。全書三百餘頁，售價200元。

我的菩提路第二輯：由郭正益老師等人合著，書中詳述彼等諸人歷經各處道場學法，一一修學而加以檢擇之不同過程以後，因閱讀正覺同修會、正智出版社書籍而發起抉擇分，轉入正覺同修會中修學；乃至學法及見道之過程，都一一詳述之。其中張志成等人係由前現代禪轉進正覺同修會，張志成原為現代禪副宗長，以前未閱本會書籍時，曾被人藉其名義著文評論 平實導師（詳見《宗通與說通》辨正及《眼見佛性》書末附錄…等）；後因偶然接觸正覺同修會書籍，深覺以前聽人評論平實導師之語不實，於是投入極多時間閱讀本會書籍、深入思辨，詳細探索中觀與唯識之關聯與異同，認為正覺之法義方是正法，深覺相應；亦解開多年來對佛法的迷雲，確定應依八識論正理修學方是正法。乃不顧面子，毅然前往正覺同修會面見平實導師懺悔，並正式學法求悟。今已與其同修王美伶（亦為前現代禪傳法老師），同樣證悟如來藏而證得法界實相，生起實相般若真智。此書中尚有七年來本會第一位眼見佛性者之見性報告一篇，一同供養大乘佛弟子。

鈍鳥與靈龜：鈍鳥及靈龜二物，被宗門證悟者說為二種人：前者是精修禪定而無智慧者，也是以定為禪的愚癡禪人；後者是或有禪定、或無禪定的宗門證悟者，凡已證悟者皆是靈龜。但後來被人虛造事實，用以嘲笑大慧宗杲禪師，說他雖是靈龜，卻不免被天童禪師預記「患背」痛苦而亡：「鈍鳥離巢易，靈龜脫殼難。」藉以貶低大慧宗杲的證量。同時將天童禪師實證如來藏的證量，曲解為意識境界的離念靈知。自從大慧禪師入滅以後，錯悟凡夫對他的不實毀謗就一直存在著，不曾止息，並且捏造的假事實也隨著年月的增加而越來越多，終至編成「鈍鳥與靈龜」的假公案、假故事。本書是考證大慧與天童之間的不朽情誼，顯現這件假公案的虛妄不實；更見大慧宗杲面對惡勢力時的正直不阿，亦顯示大慧對天童禪師的至情深義，將使後人對大慧宗杲的誣謗至此而止，不再有人誤犯毀謗賢聖的惡業。書中亦舉證宗門的所悟確以第八識如來藏為標的，詳讀之後必可改正以前被錯悟大師誤導的參禪知見，日後必定有助於實證禪宗的開悟境界，得階大乘真見道位中，即是實證般若之賢聖。全書459頁，僅售250元。

維摩詰經講記：本經係 世尊在世時，由等覺菩薩維摩詰居士藉疾病而演說之大乘菩提無上妙義，所說函蓋甚廣，然極簡略，是故今時諸方大師與學人讀之悉皆錯解，何況能知其中隱含之深妙正義，是故普遍無法爲人解說；若強爲人說，則成依文解義而有諸多過失。今由平實導師公開宣講之後，詳實解釋其中密意，令維摩詰菩薩所說大乘不可思議解脫之深妙正法得以正確宣流於人間，利益當代學人及與諸方大師。書中詳實演述大乘佛法深妙不共二乘之智慧境界，顯示諸法之中絕待之實相境界，建立大乘菩薩妙道於永遠不敗不壞之地，以此成就護法偉功，欲冀永利娑婆人天。已經宣講圓滿整理成書流通，以利諸方大師及諸學人。全書共六輯，每輯三百餘頁，優惠價各200元。

真假外道：本書具體舉證佛門中的常見外道知見實例，並加以教證及理證上的辨正，幫助讀者輕鬆而快速的了知常見外道的錯誤知見，進而遠離佛門內外的常見外道知見，因此即能改正修學方向而快速實證佛法。 游正光老師著 。成本價200元。

勝鬘經講記：如來藏爲三乘菩提之所依，若離如來藏心體及其含藏之一切種子，即無三界有情及一切世間法，亦無二乘菩提緣起性空之出世間法；本經詳說無始無明、一念無明皆依如來藏而有之正理，藉著詳解煩惱障與所知障間之關係，令學人深入了知二乘菩提與佛菩提相異之妙理；聞後即可了知佛菩提之特勝處及三乘修道之方向與原理，邁向攝受正法而速成佛道的境界中。平實導師講述，共六輯，每輯三百餘頁，優惠價各200元。

楞嚴經講記：楞嚴經係密教部之重要經典，亦是顯教中普受重視之經典；經中宣說明心與見性之內涵極爲詳細，將一切法都會歸如來藏及佛性—妙眞如性；亦闡釋佛菩提道修學過程中之種種魔境，以及外道誤會涅槃之狀況，旁及三界世間之起源。然因言句深澀難解，法義亦復深妙寬廣，學人讀之普難通達，是故讀者大多誤會，不能如實理解佛所說之明心與見性內涵，亦因是故多有悟錯之人引爲開悟之證言，成就大妄語罪。今由平實導師詳細講解之後，整理成文，以易讀易懂之語體文刊行天下，以利學人。全書十五輯，2009/12/1開始發行，每二個月出版一輯，2012年4月全部出版完畢。每輯三百餘頁，優惠價每輯200元。

明心與眼見佛性：本書細述明心與眼見佛性之異同，同時顯示了中國禪宗破初參明心與重關眼見佛性二關之間的關聯；書中又藉法義辨正而旁述其他許多勝妙法義，讀後必能遠離佛門長久以來積非成是的錯誤知見，令讀者在佛法的實證上有極大助益。也藉慧廣法師的謬論來教導佛門學人回歸正知正見，遠離古今禪門錯悟者所墮的意識境界，非唯有助於斷我見，也對未來的開悟明心實證第八識如來藏有所助益，是故學禪者都應細讀之。　游正光老師著　共448頁　成本價250元

菩薩底憂鬱CD：將菩薩情懷及禪宗公案寫成新詞，並製作成超越意境的優美歌曲。　1.主題曲〈菩薩底憂鬱〉，描述地後菩薩能離三界生死而迴向繼續生在人間，但因尚未斷盡習氣種子而有極深沈之憂鬱，非三賢位菩薩及二乘聖者所知，此憂鬱在七地滿心位方才斷盡；本曲之詞中所說義理極深，昔來所未曾見；此曲係以優美的情歌風格寫詞及作曲，聞者得以激發嚮往諸地菩薩境界之大心，詞、曲都非常優美，難得一見；其中勝妙義理之解說，已印在附贈之彩色小冊中。　2.以各輯公案拈提中直示禪門入處之頌文，作成各種不同曲風之超意境歌曲，值得玩味、參究；聆聽公案拈提之優美歌曲時，請同時閱讀內附之印刷精美說明小冊，可以領會超越三界的證悟境界；未悟者可以因此引發求悟之意向及疑情，眞發菩提心而邁向求悟之途，乃至因此眞實悟入般若，成眞菩薩。　3.正覺總持咒新曲，總持佛法大意；總持咒之義理，已加以解說並印在隨附之小冊中。本CD共有十首歌曲，長達63分鐘，附贈二張購書優惠券。請直接向各市縣鄉鎮之CD販售店購買，本公司及各講堂都不販售。

禪意無限CD：平實導師以公案拈提書中偈頌寫成不同風格曲子，與他人所寫不同風格曲子共同錄製出版，幫助參禪人進入禪門超越意識之境界。盒中附贈彩色印製的精美解說小冊，以供聆聽時閱讀，令參禪人得以發起參禪之疑情，即有機會證悟本來面目，實證大乘菩提般若。本CD共有十首歌曲，長達69分鐘，於2012年五月下旬公開發行，請直接向各市縣鄉鎮之CD販售店購買，本公司及各講堂都不販售。每盒各附贈二張購書優惠券。〈禪意無限〉出版後將不再錄製CD，特此公告。

金剛經宗通：三界唯心，萬法唯識，是成佛之修證內容，是諸地菩薩之所修；般若則是成佛之道（實證三界唯心、萬法唯識）的入門，若未證悟實相般若，即無成佛之可能，必將永在外門廣行菩薩六度，永在凡夫位中。然而實相般若的發起，全賴實證萬法的實相；若欲證知萬法的眞相，則必須探究萬法之所從來，則須實證自心如來—金剛心如來藏，然後現觀這個金剛心的金剛性、眞實性、如如性、清淨性、涅槃性、能生萬法的自性性、本住性，名爲證眞如；進而現觀三界六道唯是此金剛心所成，人間萬法須藉八識心王和合運作方能現起。如是實證《華嚴經》的「三界唯心、萬法唯識」以後，由此等現觀而發起實相般若智慧，繼續進修第十住位的如幻觀、第十行位的陽焰觀、第十迴向位的如夢觀，再生起增上意樂而勇發十無盡願，方能滿足三賢位的實證，轉入初地；自知成佛之道而無偏倚，從此按部就班、次第進修乃至成佛。第八識自心如來是般若智慧之所依，般若智慧的修證則要從實證金剛心自心如來開始；《金剛經》則是解說自心如來之經典，是一切三賢位菩薩所應進修之實相般若經典。這一套書，是將平實導師宣講的《金剛經》內容，整理成文字而流通之；書中所說義理，迥異古今諸家依文解義之說，指出大乘見道方向與理路，有益於禪宗學人求開悟見道，及轉入內門廣修六度萬行。講述完畢後將擇期陸續結集出版。總共9輯，每輯約三百餘頁，優惠價各200元，2012/6/1起已開始出版，每二個月出版一輯。

空行母—性別、身分定位，以及藏傳佛教：本書作者爲蘇格蘭哲學家，因爲嚮往佛教深妙的哲學內涵，於是進入當年盛行於歐美的藏傳佛教密宗，擔任卡盧仁波切的翻譯工作多年以後，被邀請成爲卡盧的空行母（又名佛母、明妃），開始了她在密宗裡的實修過程；後來發覺在密宗雙身法中的修行，其實無法使自己成佛，也發覺密宗對女性岐視而處處貶抑，並剝奪女性在雙身法中擔任一半角色時應有的身分定位。當她發覺自己只是雙身法中被喇嘛利用的工具，沒有獲得絲毫應有的尊重與基本定位時，發現了密宗的父權社會控制女性的本質；於是作者傷心地離開了卡盧仁波切與密宗，但是卻被恐嚇不許講出她在密宗裡的經歷，也不許她說出自己對密宗的教義與教制下對女性剝削的本質，否則將被咒殺死亡。後來她去加拿大定居，十餘年後方才擺脫這個恐嚇陰影，下定決心將親身經歷的實情及觀察到的事實寫下來並且出版，公諸於世。出版之後，她被流亡的達賴集團人士大力攻訐，誣指她爲精神狀態失常、說謊……等。但有智之士並未被達賴集團的政治操作及各國政府政治運作吹捧達賴的表相所欺，使她的書銷售無阻而又再版。正智出版社鑑於作者此書是親身經歷的事實，所說具有針對藏傳佛教而作學術研究的價值，也有使人認清藏傳佛教剝削佛母、明妃的男性本位實質，因此洽請作者同意中譯而出版於華人地區。珍妮·坎貝爾女士著，呂艾倫 中譯，每冊250元。

霧峰無霧—給哥哥的信　本書作者藉兄弟之間信件往來論義，略述佛法大義；並以多篇短文辨義，舉出釋印順對佛法的無量誤解證據，並一一給予簡單而清晰的辨正，令人一讀即知。久讀、多讀之後即能認清楚釋印順的六識論見解，與眞實佛法之牴觸是多麼嚴重；於是在久讀、多讀之後，於不知不覺之間提升了對佛法的極深入理解，正知正見就在不知不覺間建立起來了。當三乘佛法的正知見建立起來之後，對於三乘菩提的見道條件便將隨之具足，於是聲聞解脫道的見道也就水到渠成；接著大乘見道的因緣也將次第成熟，未來自然也會有親見大乘菩提之道的因緣，悟入大乘實相般若也將自然成功，自能通達般若系列諸經而成實義菩薩。作者居住於南投縣霧峰鄉，自喻見道之後不復再見霧峰之霧，故鄉原野美景一一明見，於是立此書名爲《霧峰無霧》；讀者若欲撥霧見月，可以此書爲緣。游宗明 居士著 成本價200元。

藏傳佛教的神話—性、謊言、喇嘛教：本書編著者是由一首名叫「阿姊鼓」的歌曲爲緣起，展開了序幕，揭開藏傳佛教—喇嘛教—的神秘面紗。其重點是蒐集、摘錄網路上質疑「喇嘛教」的帖子，以揭穿「藏傳佛教的神話」爲主題，串聯成書，並附加彩色插圖以及說明，讓讀者們瞭解西藏密宗及相關人事如何被操作爲「神話」的過程，以及神話背後的眞相。作者：張正玄教授。售價200元。

達賴真面目—玩盡天下女人：假使您不想戴綠帽子，請記得詳細閱讀此書；假使您不想讓好朋友戴綠帽子，請您將此書介紹給您的好朋友。假使您想保護家中的女性，也想要保護好朋友的女眷，請記得將此書送給家中的女性和好友的女眷都來閱讀。本書爲印刷精美的大本彩色中英對照精裝本，爲您揭開達賴喇嘛的眞面目，內容精彩不容錯過，爲利益社會大衆，特別以優惠價格嘉惠所有讀者。編著者：白志偉等。大開版雪銅紙彩色精裝本。售價800元。

喇嘛性世界—揭開藏傳佛教譚崔瑜伽的面紗：這個世界中的喇嘛，號稱來自世外桃源的香格里拉，穿著或紅或黃的喇嘛長袍，散布於我們的身邊傳教灌頂，吸引了無數的人嚮往學習；這些喇嘛虔誠地爲大衆祈福，手中拿著寶杵（金剛）與寶鈴（蓮花），口中唸著咒語：「嗡．嘛呢．叭咪．吽……」，咒語的意思是說：「我至誠歸命金剛杵上的寶珠伸向蓮花寶穴之中」！「喇嘛性世界」是什麼樣的「世界」呢？本書將爲您呈現喇嘛世界的面貌。當您發現眞相以後，您將會唸：「噢！喇嘛．性．世界，譚崔性交嘛！」作者：張善思、呂艾倫。售價200元。

末代達賴—性交教主的悲歌：簡介從藏傳僞佛教（喇嘛教）的修行核心—性力派男女雙修，探討達賴喇嘛及藏傳僞佛教的修行內涵。書中引用外國知名學者著作、世界各地新聞報導，包含：歷代達賴喇嘛的祕史、達賴六世修雙身法的事蹟，以及《時輪續》中的性交灌頂儀式……等；達賴喇嘛書中開示的雙修法、達賴喇嘛的黑暗政治手段；達賴喇嘛所領導的寺院爆發喇嘛性侵兒童；新聞報導《西藏生死書》作者索甲仁波切性侵女信徒、澳洲喇嘛秋達公開道歉、美國最大藏傳佛教組織領導人邱陽創巴仁波切的性氾濫，等等事件背後眞相的揭露。作者：張善思、呂艾倫、辛燕。售價250元。

黯淡的達賴—失去光彩的和平獎：本書舉出很多證據與論述，詳述達賴喇嘛不爲世人所知的一面，顯示達賴喇嘛並不是眞正的和平使者，而是假借諾貝爾和平獎的光環來欺騙世人；透過本書的說明與舉證，讀者可以更清楚的瞭解，達賴喇嘛是結合暴力、黑暗、淫欲於喇嘛教裡的集團首領，其政治行爲與宗教主張，早已讓諾貝爾和平獎的光環染污了。　本書由財團法人正覺教育基金會寫作、編輯，由正覺出版社印行，每冊250元。

第七意識與第八意識？「三界唯心，萬法唯識」是佛教中應該實證的聖教，也是《華嚴經》中明載而可以實證的法界實相。唯心者，三界一切境界、一切諸法唯是一心所成就，即是每一個有情的第八識如來藏，不是意識心。唯識者，即是人類各各都具足的八識心王——眼識、耳鼻舌身意識、意根、阿賴耶識，第八阿賴耶識又名如來藏，人類五陰相應的萬法，莫不由八識心王共同運作而成就，故說萬法唯識。依聖教量及現量、比量，都可以證明意識是二法因緣生，是由第八識藉意根與法塵二法爲因緣而出生，又是夜夜斷滅不存之生滅心，即無可能反過來出生第七識意根、第八識如來藏，當知不可能從生滅性的意識心中，細分出恆審思量的第七識意根，更無可能細分出恆而不審的第八識如來藏。本書是將演講內容整理成文字，細說如是內容，並已在《正覺電子報》連載完畢，今彙集成書以廣流通，欲幫助佛門有緣人斷除意識我見，跳脫於識陰之外而取證聲聞初果；嗣後修學禪宗時即得不墮外道神我之中，得以求證第八識金剛心而發起般若實智。平實導師 述，每冊250元。

國家圖書館出版品預行編目資料

狂密與真密／平實導師著. 初版
台北市：正智，2002－　〔民91－　〕
冊；　公分
含參考書目
ISBN 957-30019-1-8（第一輯：平裝）
ISBN 957-30019-2-6（第二輯：平裝）
ISBN 957-30019-4-2（第三輯：平裝）
ISBN 957-30019-4-5（第四輯：平裝）
1. 密宗

226.91　　91003012

狂密與真密
——第三輯

作　者：平實導師
校　對：余書偉　陳介源
出版者：正智出版社有限公司
電話：〇二 28327495　28316727
傳眞：〇二 28344822
111 台北郵政 73-151 號信箱
郵政劃撥帳號：一九〇六八二四一
正覺講堂：總機〇二 25957295（夜間）
總經銷：飛鴻國際行銷股份有限公司
231 台北縣新店市中正路 501-9 號 2 樓
電話：〇二 82186688（五線代表號）
傳眞：〇二 82186458　82186459
初　版：公元二〇〇二年六月　二千冊
初版六刷：公元二〇〇八年三月　二千冊
定　價：三〇〇元